1980년 사북
여성의 탄광살이와 항쟁 참여

사북항쟁구술자료총서 2
1980년 사북: 여성의 탄광살이와 항쟁 참여

초판 1쇄 발행 2020년 12월 28일
구   술 | 이명득 · 장분옥 · 조순란 · 이옥남
면   담 | 김세림 · 김아람 · 문민기 · 장미현 · 후지타 타다요시
펴낸이 | 윤관백
펴낸곳 | ᑐ도서출판 **선인**

등 록 | 제5−77호(1998.11.4)
주 소 | 서울시 마포구 마포대로 4다길 4, 곳마루빌딩 1층
전 화 | 02)718−6252 / 6257
팩 스 | 02)718−6253
E-mail | sunin72@chol.com

정 가 19,000원
ISBN 979−11−6068−426−1 94900
ISBN 979−11−6068−424−7 (세트)

사북항쟁구술자료총서 2

1980년 사북

여성의
탄광살이와
항쟁 참여

구술 | 이명득 · 장분옥
조순란 · 이옥남
면담 | 김세림 · 김아람
문민기 · 장미현
후지타 타다요시

 도서출판 선인

[일러두기]

1. 구술자의 발언은 최대한 그대로 살렸다.

2. 회차에 관계없이 시간 흐름대로 배열하였다.

3. 비공개해야 하는 인명과 발언은 일부 삭제하였다.

4. 구술 당시의 상황이나 행동은 ( ) 안에 표시하였다.

5. 탄광 용어 등 이해하기 어려운 말은 각주로 설명하였다.

6. 추가 설명이 필요한 경우에 [ ] 안에 내용을 추가하였다.

축사

　지역의 아픈 과거! 그리고 반드시 진실이 규명되어 관련 당사자들이 민주화운동 유공자로 당당히 인정을 받고 치유되어야 할 과제! 사북사건 40주년을 맞이하여 우리 군민들의 노동운동 역사를 담은 『사북항쟁 구술자료총서』 발간을 4만여 군민과 함께 축하를 드립니다.

　아울러 총서가 발간되기까지 많은 협조를 해 주신 사북항쟁동지회 회원들과 (재)3·3 기념사업회 그리고 고한·사북·남면·신동 지역살리기공동추진위원회를 비롯한 관계자 모든 분들에게 진심으로 깊은 감사의 말씀을 드립니다.

　1944년 미국 필라델피아에서 개최한 국제노동기구 총회에서 '노동은 상품이 아니다. 표현의 자유와 결사의 자유는 필수적 요소다.'라는 선언을 채택하였듯이 정직한 노동을 통한 대가요구는 보통 사람들의 삶 자체일 것입니다.

　민주화의 희망이 싹트던 지난 1980년 광주 민주항쟁에 앞서 정선군에서 전개된 사북사건은 군사정권의 비호하에 자행된 부당한 노동행위에 대한 근로조건 개선 등을 요구하는 지극히 정당하고 자발적인 노동운동이었음에도 불구하고 많은 논란의 중심에서 벗어나지 못하고 있습니다.

　그동안 이원갑 사북항쟁동지회 명예회장님과 황인오 회장님을 비롯한 많은 분들이 진실규명을 위해 노력한 결과 사북사건의 정당성 인정과 함께 우리나라 민주화운동에 큰 획을 그었다는 평가를 받고 있으나, 아직까지 사건에 대한 정확한 규명이 부족함은 물론 관련된 많은 사람에 대한 명예회복 등의 후속 조치가 없는 것이 사실입니다.

이러한 시점에서, 사북사건 40주년을 맞이하여 강원도와 정선군에서 (재)3·3 기념사업회의 협조를 받아 발간한 『사북항쟁 구술자료총서』는 진실 규명에 한 걸음 더 다가서는 매우 큰 의미가 있다고 생각됩니다.

특히, 사건 관련 당사자 중 많은 분이 타계하셨거나 고령 등으로 힘든 삶을 이어가고 있음을 감안할 때, 앞으로 이런 사업을 꾸준히 추진하고 더 많은 자료가 확보되어 빠른 시일 내에 관련자의 명예회복에 도움이 되길 기대합니다.

아울러, 잘 알고 계시는 바와 같이 사북사건을 이어받아 정선군민들이 1995년 3·3 대정부 투쟁을 통해 제정된 「폐광지역 개발 지원에 관한 특별법」이 개정 또는 추가연장이 되지 않으면 2025년에 종료됩니다.

그동안 정선군을 비롯한 폐광지역에서는 대체산업으로 유치한 강원랜드를 통해 많은 도움을 받았지만, 올해 전 세계적 팬더믹(pandemic)을 초래한 코로나19 사태는 강원랜드 단일기업에 의한 의존도가 절대적인 정선군의 경우 카지노 영업장 장기휴장으로 재래시장, 식당, 숙박, 택시 등 민간경제를 침체시켰음은 물론, 지방자치의 근간을 형성하는 지방세 및 세외수입 등 지방재정 확충에 많은 어려움을 주고 있습니다.

이는 곧 지역 산업의 단일화가 아닌 다양화를 요구하는 방증이며, 이런 문제점 등을 해결하고 폐광지역이 지속 가능한 발전을 유지하기 위해 「폐광지역 개발 지원에 관한 특별법」 개정이 반드시 필요합니다.

정선군에서는 현재 국회에서 진행 중인 법률개정안을 면밀하게 주시하는 한편 강원도 및 지역주민 등과 협조하여 꼭 법률이 개정될 수 있도록 하겠습니다.

독립운동가 신채호 선생님은 '역사를 잊은 민족에게 미래는 없다'는 말씀을 하셨습니다. 「폐광지역 개발 지원에 관한 특별법」 제정과 강원랜드 설립은 사북사건의 위대한 정신을 계승한 정선군민이 있었기에 가능했으며 이런 의미에서 정선군은 폐광지역 역사의 근원이며 앞으로도 변함없이 폐광지역 역사와 번영을 주도하는 주체가 될 것임을 믿어 의심치 않습니다.

다시 한 번 총서 발간을 축하드리며 사북사건과 관련 당사자들이 군민 모두에게 영원히 기억되길 기대합니다. 감사합니다.

2020년 12월
정선군수 최승준

발간사

　수천 명의 광부와 그 가족들이 노동 조건 개선과 노조 민주화를 위해 목청을 높여 일어섰던 1980년 4월의 사북항쟁은 우리 지역의 뿌리입니다.

　사북항쟁 15년 이후 1995년 3월에는 3·3주민대투쟁이 일어났습니다. 폐광 지역의 회생을 통해 주민 생존권의 확보가 절실했고, 국가적으로도 국토의 균형 개발이 필요했습니다. 이러한 운동의 결과 강원랜드가 사북에 설립되었습니다. 그렇기에 오늘날의 사북은 사북항쟁과 그 희생의 결실인 것입니다.

　우리 3·3기념사업회는 위와 같은 역사적 성과를 지속적으로 계승 발전시키고자 2006년에 주민들이 자발적으로 설립하였고, 지자체가 조례로 만들어 그 운영을 지원하고 있습니다. 설립 이후 우리 재단은 지역의 현실을 반영하고 지역의 특수성을 고려한 사업을 진행해 왔습니다.

　뿌리관에서는 사북항쟁과 3·3투쟁을 함께 기념하기 위해 지역의 탄광 역사와 주민운동사를 전시하고 있습니다. 뿌리관은 '동원탄좌 근로자 복지회관'이었던 곳으로, 사북항쟁 직후 노동자들의 불만을 달래기 위해 정부와 회사가 공동으로 지은 시설물이었는데, 현재는 지역 역사전시관, 야외상설무대 등 지역의 역사와 주민을 위한 복합문화건물로 운영하고 있는 것입니다.

　이번 『사북항쟁 구술자료총서』 발간 및 탄광 운영 관련 자료 수집도 그러한 사업의 일환입니다. 역사문제연구소의 연구진은 재단과 긴밀하게 소통하며 구술자료를 수집하였고, 문서 자료를 데이터베이스화 하여 향후 사북 지역사 연구의 기초 자료로 축적하고 있습니다. 지역 밖의 연구진이 수 년에 걸쳐 지역과 협력하며 연구를 추진하는 좋은 사례를 만들어 나가고 있는 것입니다.

이번 책의 구술자들은 역사의 증언자이자 지역의 어른입니다. 그동안 지역을 배경으로 한 드라마나 다큐멘터리가 있었고, 사북항쟁을 다룬 영화와 프로그램도 나왔습니다. 그렇지만 지역 주민이 주인공이 되는 일은 많지 않았습니다. 재단에서 2013년에 발간한 고한·사북·남면 구술 채록집에서조차도 3명의 인터뷰 밖에 싣지를 못했습니다.

이번 『사북항쟁 구술자료총서』는 약 48시간에 걸친 10명 구술자의 증언이 수록된 방대한 자료집입니다. 우선 이 책에는 지역에서만 이야기할 수 있는 생생한 경험이 담겨 있어, 1980년 사북항쟁은 물론이고 그 전후 지역의 생활상, 변화상을 알 수 있습니다.

또한 과거 지역과 주민이 겪은 아픔이 고스란히 담겨있습니다. 지역에는 젊은 세대가 많지 않고, 과거 이야기를 접하기도 어렵지만, 이 책을 통해 지역의 이야기가 후대에 전해지는 계기가 되기를 바랍니다. 더 나아가 지역의 역사와 현재를 깊이 이해하는 방법의 하나로서 이 책의 간행이 작은 사례가 되었으면 합니다.

책의 형식을 정하기 위해 많은 고심을 했다는 말을 들었습니다. 말을 글로 그대로 옮기는 것이 쉽지는 않지만 이 사북 지역의 구술에는 사투리가 있고 또한 탄광에서만 사용하는 특수용어도 있어서 연구진은 말을 글로 옮기기까지 여러 번 확인 과정을 거쳐야 했습니다.

그 결과 자료집에는 지역의 '말'이 그대로 실려 있고, 여러 광산 용어들을 비롯하여 사투리도 살아 있습니다. 책은 전체 3권으로 적지 않은 분량이지만 한 사람의 일생이 영화처럼 또는 옛날이야기처럼 펼쳐져 있어서 흥미롭게 읽을 수 있습니다.

우리 재단에서는 매년 4월 21일에 사북항쟁, 3월 3일에 3·3투쟁 기념식을 주관하고 있습니다. 이 기념식은 사북항쟁동지회, 고한·사북·남면·신동 지역살리기공동추진위원회를 비롯한 지역주민의 적극적 참여로 원활하게 이루어지고 있습니다. 2020년부터는 강원도에서 사북항쟁 기념식 지원도 받고 있습니다. 앞으로도 사북항쟁이 지역의 뿌리이자 한국 민중운동사, 노동항쟁사의 한 줄기로 자리매김 할 수 있도록 기념사업을 계속 추진할 것입니다. 아울러 당사자분들 일상의 평안과 복리 증진을 위헤서도 계속 힘씨나길 것입니다.

2020년 12월
(재)3·3기념사업회 이사장 최경식

간행사

　1980년 4월 21일 강원도 정선군 사북읍의 동원탄좌 사북광업소에서 어용노조 퇴진과 임금인상을 요구하는 탄광 노동자들의 투쟁이 폭발했습니다. 수천 명의 광부와 그 가족들은 사측의 압박과 경찰의 물리력에 맞서 3일 동안 사북광업소를 장악하고 스스로 새로운 질서를 만들어가는 한편 노·사·정 대표의 협상을 통해 평화적인 사태 해결을 이루었습니다. 사북 지역 광산 노동자들의 투쟁은 단지 우발적인 사건이 아니라 이전부터 전개되었던 생존권 투쟁과 노조 민주화 운동의 연장선에서 발생한 것이었으며, 유신체제 붕괴 이후 열린 공간에서 터져 나오던 민중의 해방 선언이기도 했습니다. 사북 지역 노동자들은 10년 전에 전태일 열사가 당신의 몸에 불을 붙이고 외쳤던 "노동자는 기계가 아니다"라는 절규를 이어받아 노동자도 인간임을 선언하고 권력과 자본의 노동 착취와 비인간적 대우에 맞서 싸웠던 것입니다. 우리는 이를 '사북항쟁'이라고 부릅니다.

　그러나 사북항쟁은 노·사·정 대표의 합의를 무시하고 물리력을 투입한 신군부의 폭력에 의해 좌절되었습니다. 수백 명의 광부와 그 가족들이 계엄당국에 연행되어 모진 고문과 가혹행위를 당했으며, 그 중 수십 명이 '폭도'로 몰려 감옥에 갇혔습니다. 항쟁에 참여했던 사람들은 그 이후에도 감시와 탄압에 시달렸고, 사북항쟁은 '폭동'이라는 이미지에 갇힌 채 그에 대한 진실은 철저하게 금압되었습니다.

그럼에도 사북항쟁 참여자들은 진상규명과 명예회복을 위해 지난 40년 동안 힘겨운 노력을 기울여 왔습니다. 이러한 성과에 힘입어 2008년에는 '진실과 화해를 위한 과거사 정리위원회'로부터 사북항쟁 당시의 국가권력에 의한 인권침해 사실을 인정받았습니다. 특히 작년부터는 사북항쟁에 대한 진상규명과 명예회복, 정부의 사과와 배상, 관련자에 대한 직권 재심 등을 요구하는 활동을 벌이고 있으며, 올해에는 사북항쟁 40주년 기념행사를 감동적으로 개최하기도 했습니다.

사북항쟁의 진상과 역사적 의미를 밝히는 작업은 앞으로도 계속되어야 하며, 여기에는 항쟁 당사자들만이 아니라 유관 학계와 시민사회의 관심과 참여가 필요합니다. 수십 년간 지속된 사북항쟁에 대한 폭동적 이미지가 단지 국가와 자본에 의해 주조된 것만이 아니라 노동운동에 대한 사회적 편견, 특히 '막장 인생'이라 불리곤 하는 광산 노동자에 대한 사회적 멸시와 냉대에 의해 고착된 것임을 상기한다면, 학계와 시민사회의 성찰과 분발이 더욱 절실히 요구됩니다.

이러한 맥락에서 이번에 발간되는 『사북항쟁 구술자료총서』(전 3권)는 그 의미가 대단히 크다고 하겠습니다. 이 자료집은 역사문제연구소 민중사반 소속의 사북팀이 사북항쟁 관련자들을 구술면담한 내용을 정리한 것입니다. 역사문제연구소 민중사반은 2015년 여름 워크숍을 계기로 사북항쟁의 주역인 이원갑 선생님과 인연을 맺었으며, 이듬해에 김세림, 김아람, 문민기, 장미현, 장용경, 후지타 타다요시 등 연구자들을 중심으로 '사북팀'을 결성하고 사북항쟁에 대한 학술적 연구를 수행해 왔습니다. 사북팀은 책상머리에 앉아서 연구하는 것에 머물지 않고 사북 현지를 방문하여 관련 자료를 수집·정리하고 항쟁 관계자들을 만나는 등 현지 조사를 지속했습니다.

그러한 성과 위에서 작년에는 〈1980 사북, 탄광의 사회사〉라는 주제로 학술행사를 열었고, 올해에는 사북항쟁 40주년 기념 심포지엄 〈사북,

역사를 열다〉를 성황리에 개최하였습니다. 또한 사북팀은 매년 열리는 사북항쟁 기념식 등 많은 행사에 참여하고 사북항쟁의 진상규명과 명예회복 운동에도 적극 동참하였습니다. 이런 와중에 2017~2018년에는 국사편찬위원회 구술자료 수집사업의 지원을 받아 사북항쟁 관련자 10명을 면담할 수 있었습니다. 이 작업은 항쟁 참여자들의 헌신적인 진상규명 노력과 사북팀의 진정성 있는 연구 및 참여가 함께 어우러지는 장이었던 셈입니다.

『사북항쟁 구술자료총서』는 일차적으로는 사북항쟁의 진상규명에 기여하겠지만, 여기에 담긴 내용은 사건 그 자체에만 한정되지 않습니다. 구술면담은 항쟁 이전의 삶, 항쟁의 발발과 전개 과정, 항쟁 이후의 삶을 모두 포괄하며, 진상규명과 명예회복 운동도 중요한 축을 이루고 있습니다. 특히 사북항쟁이 광산 노동자만이 아니라 그 가족들이 함께 참여했던 특성을 갖는다는 점을 고려하여 사북 탄광촌에 살던 여성들의 일상생활과 항쟁 참여를 깊이 있게 다루었습니다.

40년 전에 국가와 자본의 폭력, 사회적 냉대를 뚫고 민중의 자기 해방에 떨쳐나섰고 그 이후로도 항쟁의 진실을 알리기 위해 온 정성을 다해온 구술자 선생님들께 깊은 경의와 연대의 마음을 전해드립니다. 또 서울과 사북을 오가며 열정적으로 작업을 수행한 역사문제연구소 사북팀 연구자들께 감사와 격려의 말씀을 드립니다. 앞으로도 사북민주항쟁동지회와 역사문제연구소가 사북항쟁의 역사화를 위해 함께 노력하고 깊이 공감해 나가자는 다짐을 해봅니다.

2020년 12월
역사문제연구소 소장 이용기

책머리에

2020년인 올해는 1980년 4월에 발생한 사북항쟁이 40주년을 맞는 해입니다. 이 『사북항쟁 구술자료총서』(전 3권)는 역사문제연구소의 민중사반 사북팀이 2017~2018년 동안 진행한 국사편찬위원회 구술자료수집 사업 '사북항쟁 참여자의 삶과 기억 Ⅰ, Ⅱ'의 결과물을 정리한 것으로 사북항쟁에 참여했던 당사자 및 관련자의 목소리를 담고 있습니다.

민중사반은 2015년 여름 워크숍으로 사북과 관계를 맺기 시작했습니다. 당시 강원랜드와 관광 시설들 속에서 남아있는 탄광의 흔적들을 찾고자 했던 기억이 납니다. 지금은 출입이 제한된 동원탄좌 유물보존관을 그때는 둘러볼 수 있었고, 갱도 인차 체험도 했습니다. 탄광촌에서 리조트 도시로 급격하게 변화한 사북 지역의 모습은 연구자들에게 여러 질문을 던졌습니다.

탄광이었던 여러 지역 중 사북을 선택했던 것은, 무엇보다 사북항쟁의 경험과 그 유산을 보고자 했기 때문이었습니다. 당시 사북민주항쟁동지회(이하 동지회) 회장이었던 이원갑 님과 뿌리관에서 두 시간여 동안 간담회를 하고 난 뒤, 사북항쟁 연구의 필요성을 제기하게 되었습니다.

2015년 2월에 이원갑, 신경 두 분은 재심에서 사북항쟁 주도 혐의의 무죄를 선고받았지만, 이원갑 님은 기뻐하지만은 않았고 여전히 해야 할 말이 많은 듯했습니다. 그리고 신경 님은 항쟁 직후 사북을 떠난 상태였습니다. 폐광 후 동원탄좌의 건물이 대부분 철거된 가운데 그나마 남겨진 유물보존관에서는 사북항쟁을 다루고 있지 않았습니다. 이에 연구자들은 그 배경과 맥락을 포함하여 1980년 사북항쟁 당시와 그 후 지역사회에서의 기억의 문제까지 관심을 가지지 않을 수 없었습니다.

이후 뜻을 모아서 2016년부터 6명의 연구자를 중심으로 '사북팀'을 구성하여 활동을 시작했습니다. 초창기에는 연구팀 구성원들이 모두 민중사반에 속하지는 않았고, 각자 본래의 연구 주제와 관심을 사북에 반영하는 방식으로 연구를 구상하고 있었습니다. 간행사의 표현을 빌리자면, 일단 "책상머리에 앉아서" 연구를 시작했던 것이었습니다.

연구의 시작은 사북항쟁과 탄광에 대한 기존 문헌자료를 검토하는 것이었습니다. 1980년 재판 기록과 신문기사, 1985년의 보고서, 2008년 진실화해를위한과거사정리위원회 조사 결과를 비롯하여 여러 문헌기록을 살펴보았습니다. 그러나 사북항쟁의 실체에 접근하는 것부터 한계에 봉착했습니다.

사법 조치의 과정은 신군부의 계엄하에서 이루어졌고, 그 판단 또한 전두환 집권 과정에서 나온 것이었습니다. 그 절차의 불법성은 말할 것도 없고, 고문 피해에 의한 증언일 수 있다는 점도 고려해야 했습니다. 당시 언론보도 역시 같은 맥락에서 과장과 왜곡을 거슬러 읽어야 했습니다. 1985년의 보고서는 항쟁의 배경으로써 광산 노동의 구조적 현실을 잘 드러냈고, 과거사위의 보고서는 항쟁 당사자들이 겪은 국가폭력의 피해를 규명하며 국가의 사과를 권고했습니다. 하지만 그 이후로 진전된 연구도, 국가의 사과도 없었습니다.

이에 연구팀은 생존한 당사자들을 만나야겠다고 생각하게 되었습니다. 2017년 사북항쟁 37주년 기념식에 참석하여 항쟁 당사자 모임인 동지회 구성원들과 처음 만났습니다. 기념식 전후의 모습은 지역에서 항쟁의 의미가 무엇인가 생각하게 했습니다. 기념식에 참석한 동지회 구성원은 20여 명 정도에 불과했습니다. 항쟁 참여로 유죄 판결을 받은 분이 28명이었다고 하더라도 당시 항쟁의 규모와 이후 영향을 고려하면 동지회는 이원갑 님의 의지로 어렵게 유지되고 있다고 느껴졌습니다.

동지회에서는 연구팀을 환대하고 구술 섭외에도 적극적으로 응해 주셨습니다. 그 결과로 2017년에 신경, 황인오, 이명득, 이정근 님을 만났습니다. 이듬해에 연구팀도 다시 참가한 38주년 기념식은 서로의 안부를 확인하는 자리이기도 했습니다. 그리고 2018년에 이원갑, 장분옥, 조순란, 이옥남, 윤병천, 최돈혁 님과 구술을 진행했습니다.

책에 담긴 구술 내용은 참여자들의 1980년 사북항쟁 당시의 경험을 포함하여 전 생애를 아우르고 있습니다. 생애사 구술을 통해 구술자들이 항쟁에 참여하게 된 계기와 과정, 그 이후의 삶의 궤적을 보고자 했습니다.

구술에 대한 정보는 다음과 같습니다.

구분	성명	구술일시	구술장소	총 구술시간	현 거주지
1권	이원갑	2018년 6월 30일, 7월 1일	구술자 자택	6시간 24분	강원 정선군 고한읍
	신경	2017년 6월 2일, 6월 3일	성북동 이종석 별장, 역사문제연구소	6시간 16분	경북 경주시 안강읍
	황인오	2017년 8월 13일 ~9월 10일	동북아평화경제협회, 부천시의회	12시간 8분	경기 부천시
2권	이명득	2017년 4월 22일, 4월 27일	구술자 자택, 역사문제연구소	4시간 26분	강원 정선군 사북읍
	장분옥	2018년 6월 19일	구술자 자택	2시간 42분	경기 성남시
	조순란	2018년 4월 20일	구술자 자택	1시간 52분	강원 정선군 고한읍
	이옥남	2018년 7월 1일	구술자 자택	1시간 57분	강원 태백시
3권	윤병천	2018년 6월 30일, 7월 2일	구술자 자택	4시간 1분	강원 정선군 남면
	최돈혁	2018년 7월 1일, 7월 2일	구술자 자택	4시간 49분	강원 태백시
	이정근	2017년 4월 22일, 4월 27일	구술자 자택, 역사문제연구소	4시간 12분	강원 정선군 사북읍

10명의 구술자들은 남성 6명, 여성 4명이고, 항쟁 참여자이거나 그 배우자입니다. 연구팀은 최소 2명부터 6명 전원이 함께 면담하는 형식으로 공동작업을 했습니다. 주면담자가 구술의 흐름을 이끌되, 배석 연구자가 놓치는 내용을 보완하고 촬영을 진행했습니다. 또한 연구팀은 구술을 하고 난 후에도 구술 내용, 환경, 구술자의 특성 등에 대해 자주 대화하고, 의견을 나누었습니다. 구술자별로 1회부터 5회까지 구술이 이루어졌습니다.

이 구술자료총서는 다각도에서 그 역사적, 실천적 의미를 가지고 있습니다. 먼저 사북항쟁의 계기와 경과에 대해 여러 당사자들의 기억을 통해 사실에 접근할 수 있다는 것입니다. 신군부와 전두환 정권은 항쟁 당시 광산 노동자들의 폭력행위만을 부각시키고, 지역민 사이에서의 상호고발을 유도했으며, 레드 콤플렉스 낙인을 방조하여 당사자와 지역민을 침묵하게 만들었습니다. 이에 당사자들의 이야기는 사북항쟁을 '폭동'이나 '사건'이 아닌 '항쟁'으로서 사실을 규명하고, 그 성격을 규정하는데 중요한 근거가 됩니다.

항쟁이 폭발할 때, 주동자나 조직이 존재한 것이 아니었습니다. 이 책에서는 4월 21~24일 동안 여러 곳에 있었던 당사자들의 행위와 항쟁 전개 과정을 교차하여 볼 수 있습니다. 또한 1980년 이전의 누적된 경험, 조직화 되지 않은 상태에서의 항쟁 진행 과정, 그 상황에 대한 참여자들의 인식을 포함하고 있습니다.

또한 구술에서도 파악되는바, 광주항쟁 이전 시점인 사북항쟁에서 신군부는 공수부대를 대기시켰고, 항쟁 참여자들은 무기고를 지키며 최악의 상황에 대비하고 있었습니다. 이는 5 · 17 계엄 이전부터 신군부가 극단의 폭력을 동원할 계획이 있었음을 보여주기도 합니다. 공수부대 투입 고려와 광부들의 무기고 수호는 광주항쟁과 사북항쟁을 비교할 수 있는 점들을 시사하기도 합니다.

아울러 이 구술에서는 국가폭력의 구체적인 피해 사실을 보여주고 있습니다. 항쟁 참여자를 처벌하지 않겠다는 수습 협상은 지켜지지 않았습니다. 기망을 통한 불법 연행 과정, 구금과 고문의 구체적인 실상 또한 구술에 반영되어 있습니다. 항쟁 당사자들의 피해는 1980년에 한정되지 않습니다. 국가폭력과 억압적인 노동 조건에 의한 피해는 이후 삶에 장기적으로 영향을 미쳤습니다. 우연히 또는 현실 상황에 문제제기를 하기 위해 항쟁에 참여했던 결과가 일생에 고통이 되고 있다면, 그 과정의 역사화와 책임 규명은 절실하지 않을 수 없습니다.

현재 항쟁 당사자 20여 명이 민주화운동 관련자로 인정되었으나 몇 백만 원의 배상에 그쳤습니다. 동지회에서 항쟁을 복권하고 기념하며 피해를 배상해야 한다는 주장은 이러한 배경에서 나오는 것입니다. 이와 관련하여 향후 정부 차원의 사과 등 조치가 이어져야 합니다. 증언을 하신 구술자들과 동지회 회원 외에도 발견되지 않은 피해자가 많기 때문에 조사 역시 시급히 이루어져야 하겠습니다. 항쟁 참여자들 중에는 사북을 떠난 경우도 많은데, 항쟁 후 동원탄좌로의 복직이 어려웠을 뿐만 아니라 '전과자', '빨갱이'라는 낙인으로 인해 지역에서 살기 어려웠던 점이 작용했습니다.

다음으로 이 구술자료총서에는 그간 사북항쟁에서 주목하지 않았던 여성들의 이야기가 담겨 있습니다. 참여자뿐만 아니라 배우자의 이야기를 적극적으로 채록한 이유는 사북항쟁이 한 개인을 넘어 그들의 가족에게 미친 영향력을 살펴보기 위해서입니다. 특히 여성 배우자들의 경우, 주모자로 지목된 남성 배우자가 구속되면서 가족들의 생활을 책임져야 했습니다.

이들이 사북항쟁 후 가정을 이끌기 위해 분투했던 경험들은 사북항쟁의 젠더 차이와 그 의미를 보여줍니다. 여성들은 항쟁에 참여하기도 했지만 그 역할이 의미 있게 해석되지 않았습니다. 여성 구술자들은 생애 처음으로 자신이 인터뷰의 주인공이 되었다는 점을 유의미하게 받아들였고, 가족관계와 감정까지 진솔하게 구술했습니다. 이러한 여성들의 이야기는 사북항쟁과 탄광 지역사를 여성의 관점에서 재해석할 수 있는 가능성을 제공합니다.

또한 구술자료총서는 사북 지역사회를 이해하는 기초자료가 될 수 있을 것입니다. 대부분의 독자들에게는 사북이 카지노, 리조트의 공간으로 보일 수 있지만, 이곳은 정부가 대단위탄좌를 설정한 1960년대 초반부터 많은 사람들의 생활 터전이었습니다. 이 책의 구술자 8명은 사북을 포함한 정선 남부와 태백 지역에서 지금도 거주하고 있으며 산업과 지역의 변화를 몸소 체험했습니다.

동원탄좌가 있었던 사북, 삼척탄좌가 있었던 고한, 대한석탄공사 장성광업소가 있던 태백은 1960~80년대의 석탄산업의 중심지였습니다. 경제성장에 매진하길 요구하는 시대에 석탄산업의 현실은 탄광 노동자들의 현장 경험과 생활 환경에서 선명하게 드러나고 있습니다. 구술자들은 탄광에서 일상에 죽음을 둔 채 노동하였고, 가정을 꾸렸습니다. 항쟁 후에는 산업의 쇠퇴와 함께 일용 노동, 식당 등 비정규 노동을 할 수밖에 없었습니다. 과거에는 타지역에 에너지를 공급하기 위해 노동했던 지역이 현재 어떠한 상황에 놓여 있는지, 광부였던 지역민의 삶이 어떠한지 귀를 기울였으면 합니다.

구술자료총서 제1권 『1980년 사북: 항쟁의 발발과 명예 회복 과정』은 사북항쟁 전후의 상황을 상세히 보여주는 이원갑, 신경, 황인오 님의 이야기로 구성되어 있습니다. 이원갑 님은 일찍부터 사북항쟁을 많은 이들에게 알렸고, 민주화운동으로 인정받기 위한 투쟁을 지속해오면서 항쟁의 상징처럼 자리 잡았습니다. 이에 사북항쟁과 관련한 인터뷰, 기고 등을 활발히 전개하였는데, 이 과정에서의 발화는 일정하게 고정된 측면도 있습니다. 연구팀은 이 점까지 고려하여 그들의 생애에서 사북항쟁의 위치와 의미를 찾고자 하였고, 항쟁의 계기와 경과 등에 대해서도 정형화되지 않은 구체적인 활동과 인식을 듣고자 했으며, 실제로 그간 알려지지 않은 많은 사실관계를 담아냈습니다.

신경 님은 1969년부터 동원탄좌에 근무하였고, 사북항쟁 이전에 노조 대의원을 맡아서 회사와 노조의 처우에 문제를 제기하였습니다. 구술 내용을 통해 볼 때, 그는 나서는 것을 좋아하지 않는 성격이고, 항쟁 참여가 특별한 사명에서 비롯되었다고 하지 않았습니다. 항쟁 참여는 자신이 아니면 아무도 광부들의 이해를 대변해 주지 못하는 상황에 이르렀기 때문에 그 '책임감'을 감당하는 것이었습니다.

황인오 님은 2019년부터 동지회 회장을 맡게 되었습니다. 사북항쟁 당시에 사건을 서울에 알리고자 했고, 이후 현재까지도 항쟁의 진상규명과 명예 회복을 위해 활발하게 활동하고 있습니다. 그는 1980년 여름에 있었던 서울 미스유니버스 대회장 점거 미수 사건의 당사자이기도 합니다. 이와 함께 구술에서는 카톨릭광산노동상담소 활동, 사북항쟁 참여자들이 민주화운동 관련자로 인정받는 과정, 항쟁의 역사적 복권을 위한 노력 등을 들을 수 있었습니다.

제2권 『1980년 사북: 여성의 탄광살이와 항쟁 참여』에는 항쟁 참여자인 이명득 님과 참여자들의 배우자인 장분옥, 조순란, 이옥남 님의 이야기를 실었습니다. 이들의 이야기는 여성이기 때문에 더욱 고통스러웠던 사북항쟁의 고문과 이후 지역에서의 생활을 보여줍니다.

이명득 님은 부녀회장으로 활달하게 생활을 했고, 항쟁 때 참여를 독려하는 방송을 했습니다. 그는 보름 동안 구금되어 경찰에 의한 성적 학대를 당한 피해자이지만, 여성이기 때문에 그 경험을 알리기도 어려웠습니다. 상당한 시간이 흐른 후에야 용기를 내어 자신의 피해 사실을 말하기 시작할 수 있었습니다.

장분옥 님은 항쟁 폭발의 직접적인 계기였던 경찰 지프차 사건의 피해자 원일오의 배우자입니다. 남편이 이 부상으로 인해 광산 노동을 할 수 없게 되었고, 강제퇴직과 퇴거를 겪었습니다. 이후 식당 설거지, 청소, 공사장 등의 많은 노동을 하며 가계를 책임졌습니다. 경기도에 거주하지만 기념식 등 사북에서의 행사와 진상규명 활동에 적극적으로 활동하고 있습니다.

조순란 님은 이원갑의 배우자이자 9명 자녀들의 어머니입니다. 항쟁에 직접 참여하지는 않았지만, 여성의 눈으로 본 항쟁의 장면들이 책에 담겨 있습니다. 남편이 구속된 후에는 회사에서 나오던 쌀 등의 배급이 끊겨서 우유배달, 주점 등 여러 노동을 수행하며 가족들의 생계를 책임졌습니다.

이옥남 님은 남편인 최돈혁이 1987년 무렵까지 동원탄좌에서 일했지만, 그 후 태백으로 이주하여 살고 있습니다. 그는 결혼 전에 직업이 있었고, 활동적인 성격이었던 것으로 보입니다. 사회에 관심이 많았고, 학업 열망도 있었습니다. 그녀가 항쟁이나 남편의 피해에 대해 친정에도 말할 수 없었다는 증언이 특히 안타깝게 느껴집니다.

제3권『1980년 사북: 항쟁과 그 이후의 삶』에는 사북항쟁의 직간접적 참여자로서 남성 광부의 이야기를 모았습니다. 윤병천, 최돈혁, 이정근 님의 이야기를 통해 사북항쟁 이전 광부들의 상황과 사북항쟁의 경험, 사북항쟁 이후로 달라진 광부의 삶을 세밀하게 볼 수 있습니다.

윤병천, 최돈혁 님은 사북항쟁으로 구속된 후 동원탄좌에 복직하였지만, 회사 내에서의 은근한 따돌림 등으로 광부 생활을 이어갈 수 없었습니다. 또한 사북항쟁 구속자라는 이유로 자녀가 피해를 입기도 하였고, 항쟁 이후 배우자와 사별하면서 그 원인을 사북항쟁에서 찾기도 합니다. 이러한 내용은 사북항쟁으로 인한 피해가 신체적인 고문에 머무르지 않고 그 이후 삶의 과정에 큰 영향을 미치고 있음을, 그것이 자녀 세대에게도 상처가 되었음을 보여줍니다.

이정근 님은 태백 철암과 사북의 탄광에서 30년 이상 근무한 광산 노동자입니다. 두 사업장에서 모두 사고를 당하기도 했고, 두 지역의 차이, 광산 노동의 구체적인 모습을 들려주었습니다. 그는 직접 사북항쟁에 참여하지 않았지만 항쟁 배경에 대한 생각을 보여주었고, 배우자 이명득이 어떻게 연행되었는지에 관한 구체적인 과정과 탄광촌의 일상에 대해서도 들려주었습니다.

사북항쟁에 참여한 것으로 알려진 인원만 약 4천여 명에 달하고, 불법 연행과 구금 및 고문 피해를 겪은 분들 역시 수백 명 이상입니다. 이번 구술자료총서 발간을 계기로 더 많은 참여자들을 발견하고 그 기억들을 보존하며, 항쟁의 연구가 신척되어야 한다는데 공감대가 형성되기를 바랍니다.

구술자료총서에 수록된 분들을 포함해 동지회의 여러 분들은 몸에 새겨진 국가폭력의 공포를 이겨내며 오랜 침묵을 깨고 2000년대부터 자신들의 피해상을 사회에 외쳐왔습니다. 하지만 그로부터 20여 년이 지난 현재까지도 사북항쟁의 역사적 복권은 완전히 이루어지지 않았습니다. "소리를 암만 질러도 허공에 사라지고 없"었다는 이원갑 님의 말씀에 이번 구술자료총서 발간이 하나의 메아리가 되기를 소망합니다.

이 구술자료총서가 발간되기까지 많은 곳의 도움이 있었습니다. 정선군과 3·3기념사업회에서는 연구팀이 구술자료 정리에 몰두할 수 있도록 지원해주셨습니다. 책 발간을 허락한 국사편찬위원회와 촉박한 일정임에도 출판을 결정해주신 도서출판 선인에도 감사의 인사를 드립니다.

2015년에 시작된 동지회와 연구팀의 인연은 계속 이어지고 있습니다. 동지회는 경찰 고문치사 피해자들의 재심 청구를 촉구하며 2019년 8월에 특별위원회를 발족하였고, 「폐광지역 개발 지원에 관한 특별법」 제정을 촉구하고 있습니다. 사북항쟁의 역사화와 기억은 국가만의 몫이 아닙니다. 그럼에도 불구하고 국가폭력의 피해를 정부가 사과하고, 생존한 피해자들을 위로하는 것은 그 중요한 출발점이 될 것입니다.

이 구술 채록과 이후 진행하고 있는 문헌자료 수집의 전 과정을 3·3 기념사업회, 정선 사북·고한·남면·신동 지역살리기 공동추진위원회 및 정선지역사회연구소와 함께 하고 있습니다. 이들은 지역에 애정을 둔 삶이란 어떤 것인지, 앞으로 지역의 미래를 어떻게 그릴지 연구팀이 고민하게 만들며 연구팀을 성장시키고 있습니다. 연구팀과 지역은 긴밀히 연대하면서 서로의 입장이 다를 때에도 경청하며 연구와 사업을 진전시키고 있습니다.

이 구술자료총서는 많은 어려움에도 자신의 생애를 기탄없이 보여준 구술자분들이 계셨기에 나올 수 있었습니다. 녹취와 편집 과정에서 발생한 오류는 전적으로 면담자들의 책임입니다. 40주년을 앞둔 2019년 10월 2일, 구술자 이명득 님은 갑작스럽게 유명을 달리하셨습니다. 그해 여름, 불편한 몸으로 기자회견에 참석하여 고문을 당했던 정선경찰서 앞에서 울분을 토했던 모습이 생생합니다. 이명득 님을 포함하여 사북항쟁 전후로 그리고 산업화 전 시기에 걸쳐 희생된 광산 노동자들과 그 가족의 명복을 빕니다.

2020년 12월
역사문제연구소 민중사반 사북팀

목차

이명득

장분옥

조순란

이옥남

이명득

1940년 함남 출생
1950년대 후반 풍기에서 직조공장 근무
1960년 이정근과 결혼, 영주로 이주
1973년경 철암에서 사북으로 이주
1980년 지장산 사택 B지구 부녀회장으로 시위
　　　　방송, 연행 및 고문
2019년 사망

1. 결혼 전의 생활

◇ ◈ ◇
출생과 성장 과정

원래 고향은 어디신데 사북으로 오셨나요?

우리 고향은 경북 봉화. 지금 우리 시댁 어른들은 전부 봉화에 묘지가 다 이렇게 해 놨는데. 우리 죽으믄 글로 다 나갈 거예요.

본가가 봉화에 있는 거죠?

아, 우리, 친정은, 아버지하고 서울이고, 해방 직후에 우리 아버지가 열차 기관사였거든. 우리 엄마는 평범한 외동딸이었어. 외동딸이었는데, 남북이 분단되기 전에는 열차가 이북까지 들어왔거든. 들어왔다가 나왔다 들어갔다 나왔다 하는데, 해필[하필] 재수가 없느라고 딱 들어왔는데 딱 고마 막혀 버리가지고. 마 그 얘기까지 다 할라믄 말도 못 해요. 근데 우리 4남매를 낳아가지고, 아버지는 이북서 심장마비로 돌아가시고, 우리 엄마 혼자 "이렇게 됐다가는 안 되겠다." [그리고] 참 이북서는 농사 같은 것도 진짜, 우리 집 농사가 아이믄 [살기 힘들었어]. 거긴 뭐 떡 얻어먹고 고기 얻어먹긴 힘들어. 돼지로 매 순대 빼서 멕이고 했는데.

이북에서는 어디에 계셨는지 혹시 기억하세요? 어떻게 38선을 넘어오셨어요?

이북에 있을 때 [38선이] 막혔지. 이북의 저 함경남도에 있었던 거 같애. [아버지는] 나중에 돌아가시고 거기에도 또 오빠들한테 청년단체들 가입을 하라고 오빠들 둘이 있으니까, 자꾸 와서 펜을 가져 와서 "이 집에 남자가 있죠? 그렇죠? 이래 와가지고, 적고 이러면 귀찮잖아. 귀찮아서 엄마가 없다고. 그 밑에 방공 굴같이 파놓고 새다리[사다리]를 놓고, 거기

모-든 찬 거는 거다 다 갖다 여어 놓고 있는데, 거다가 [남자형제들을] 여어 놓고 딱 이래 막아버린거라. 뭐 사람이 있는지 없는지 몰라. 종만 이렇게 왱-불면, 내 그 때 여섯 살이었더라. 오빠 둘은 거기 방공굴에 들어가 있었고. 하여튼 거기 있었는데, 어느 날 갑자기 오빠를 찾으러 와서, 자꾸 [청년동맹에] 가입을 하라는 거예요. 엄마가 [남자는] 없다고. 우리는 둘 모녀백에 안 산다고, 그래가지고 그냥 엄마가 큰 맘 먹고 내가 입은 두루막에다가 돈을 전부 상간 상간[사이 사이] 여어[넣어] 가지고 손으로 싹 다 누벼가지고선, 내가 입은 옷만 안 뒤빘지[뒤졌지]. 내가 여섯 살 요만한데도, 똑똑했이. 다른 사람들은 빤쓰 밑까지 나 뒤비. 얼마나 나오는 데 고생이 [많았는지] 말도 몬해.

이북에서 기차 타고 내려오셨어요?

어. 그래가지고 그 직전까지, [사람들이 어머니한테] 어디 가냐고. [어머니가] "내가 애들 데리고, 혼자 못 살아서, 친정 쪽에를 갈라고. 내가 남편도 없지, 혼자 못 살아서 갈라 한다."고 그래서 인제 억지로 거짓말을 하고 해가면서 그 나와 가지고, 38선 직전까지 와가지고서는, 거기서 인제 돈을 주면은 밤 정각 열두 시에 이쪽을 넘겨주는 사람이 있어. 길잽이가. 근데 그 사람을 엄마가 어떻게 알아가지고, 한데, 고걸 요새로 말하면 소련 사람이에요. 근데 그 38선 접경에 댕기면서 창을 들고 댕기면, 넘어간 사람 눈에 잡혔다 하믄 그냥 확 찔러 다 죽여 버리는 거여.

이제 그 사람이 그 틈을 타서 냄기는데[넘기는데], 넘어올 때 넷 집이 넘어왔는데, 한 집은 애가 얼마나 우는지. 막 딴 사람까지 다 죽게 생겼다고 딴 사람들이 막 말을 하니 애를 그냥 수건으로 입을 틀어막았는데, 애가 죽었는지 살았는지 모르제. 그래, 그 사람이 밤 열두 시 돼서 왔는데, 나는 그래도 걸었어. 계속 걸었지. 저 오빠들 따라서 계속 걷고. 앞에 서 가지구선 계속 걸어서 인제 38선 넘었어. 넘어가지고, 얼매-끔 얼매끔

[얼마쯤 얼마쯤] 뭐 오니까, 여기가 남한이니까 인제 살았다고. 남한이니까. 그 사람은 그 시간에 또 되돌아가야 된대. 근데, 그 사람들이 그 쉬는 시간을 딱 알더만. 한참 자는 시간에 [사람들을] 넘겨주고, 또 그 사람이 또 [소련 경비병들] 쉬는 시간에 또 넘어가야 되기 땜에, 얼른 넘겨주고는 그냥 바로 넘어갔어. 또 잘 가서 잘 살아라 그러면서.

그랬는게, 넘겨주고서 그 사람은 갔고, 그러니 이쪽에 넘어왔던, 이북서 넘어온 사람, 남한으로 가는 사람들 숙소가 하나 있어. 그래 이 집에서 묵고, 날이 새면은 이 질[길]을 딱 나가면 남한, 양양이 됐든 속초가 됐든 하여튼 그 길로 나가믄 [남한으로] 나간다고 하고 그 사람이 딱 나가 버렸어. 그래 그 집에 들어가니까 얼얼하고. 들어가니까 뭐, 담요를 막 방문에다 다 쳐 캄캄하고 불은 없지 뭐. 그래 펴 놓고, 밤에 소련군이 찾아와 가지고[찾아오니까 그렇게 불빛을 가린 거지]. 요새로 말하면 소련군이에요. 그 전에는 '로시케'라 하더라고. 로시케라 했는데 그래 그 집에서 다 앉아서 그냥 날을 새웠어. 그래 뭐 밤에 그래 걸어오고 했지요. 뭐 얼마 안 있으면 날 새잖아. 날 새고 하니까, 그냥. (한숨) 날이 붐– 하니 새니까, 인제 먼동이 텄으니까, 아침 같은 거는 뭐 해결도 몬하고[못 하고] 그냥 그질[그길]로, 이 길을 따라서 나가라 그랬단.

이북에서 나올 때 뭘 가지고 내려오셨어요?

집에선 아무리 뭐 부자로 잘살아도 그래 나오니께 뭘 가지고 나왔겠어? 솥단지 하나하고 이불 하나하고 그것만 해서 그냥 가지고 나왔고, 있던 살림살이 다 버리고 다 그냥 내삐리두고[내버려두고] 저가 다 하는 거지 뭐[거기 있는 사람들이 다 가져가는 거지 뭐]. 땅도 참 많았고 사는 건 진짜 대부자였었는데.

월남하신 후에 홀어머니랑 생활은 어떻게 하셨어요?

월남해서 어머니가 사시느라고 고생이 많았지. 그래 나와서 일가친척

하나 없지. 진짜 뭐 사느라고 말이 아니었어. 장사도 하고 봉화시장에서 그냥 앉아서 파는 장사도 하고, 뭐 이고 댕기며 하는 장사도 하고. 뭐 장사도 그래 많이 하셨어.

친정어머니가 삯바느질, 바느질 같은 것도 잘하셨다고 들었는데요?

어. 삯바느질은 엄마가 아주 (엄지손가락을 치켜들며) 이거랬어. 저 옛날에는 뭐, 요새야 저 결혼식장서 뭐 드레스로 저랬지만, 옛날에는 신랑 옷, 신부 옷 전부 다 꼬매는 거 그거 바느질 아주 전문으로 하시고. 하여튼 뭐 어데 결혼식이다 하면 아주 삯바느질이 들어온다니까. 들어오면 만날, 밀려서 그거 하다가 이제 장사도 끊고. 삯바느질 그기.

옆에서 좀 도왔어요?

엄마하고 계속 같이 있었는데. 그래서 나도 손부리가 야물어. 이런 저, 옛날에는 버선을 신는데 버선이 이 밑바닥이 싹 다 나가도, 거다 요렇게 삼각선매로[삼각선처럼] 볼을 돌아가지고 그 밑에다가 또 버선 모양으로 고래 해가지고, 딱 씌워가지고 아주 곱기 감쳤어. 한 여남 켤레씩 했어요. 농[장롱]에다 여 놓고. 나는 옷을 많이 안 버래[버려]. 딱 앞치마 하나. 딱 두 벌 내놓으면 딱 두 벌 그거, 거 한 벌 빨아서 이제 말루면[마르면] 그거 또 입고, 또 입은 거 또 빨고 이랬지. 버선도 막 이거 신었다 저거 신었다 막 해가지고 지저분하게 막 [그러지 않아]. 지금도 맹 우리 집에, 뭐 안방 그렇지. 저 문 달으러 오면서 농에 이불을 봐도 아주, 옷을 하나 개 놔도 착착 그렇게 딱 질서 있게 개 놓지. 그렇게 막 흐트러서 막 정신 사무랍게[사납게] 안 내놔. 내가 보기에는 이렇게 엄청 이래도. 마음은 진짜 내가 아주 얼매나 꼼꼼하다고.

그걸 어머니한테 드리면 어머니가 그걸로 생계를 꾸리신 거예요?

어. 그거 가지고 우리 엄마는 또 바느질은 아주 [뛰어났어]. 남 시집

장개[장가]가는 바느질을 하고 1등이야. 우리 엄마가 외동딸이라도 진짜 너무너무 똑똑해서.

◇ ◈ ◇
6·25 전쟁 전후의 경험

이북에서 유복하게 사셨고 오빠들이 그곳에서 교육을 좀 받으셨나요?

거기에선 그래 교육을 안 받을라고 엄마가 데리고 나왔지. 그래 나와 가지고 어떻게 나갔는 게 영주로 왔어. 영주로 가가지고, 우선 갈 데 올 데가 없으니 뭐 어떡해? 그 군청 뒤에 전각이 있는데, 거기에서 몇 집이 거주를 했어. 거주를 하다가, 어떻게 들어온 게 또 봉화로 들어왔어. 봉화로 들어와가지고 또 어떻게 해서 들어온 게, 여 태백 장성. 장성에 들어와가지고, 엄마가 그 소장한테 가서 얘기를 해가지고, 우리는 이북에서 지금 월남해 나온 사람인데 먹구살 길도 없고 하니까 큰아들을 좀 일을 시켜달라고, 입적을 좀 시켜달라고 [했어]. 옛날엔 좀 석공을 들어가긴 힘들었는데, 그 얘길 하니까 "그러냐."고 그러면서 대번 소장이 내일부텀 나와서 교육을 받고 출근을 하라 그래.

오빠가 인제 군대 가서 전사당했거든. 끌려나가가지고, 군 가가지고. 저 해금강 그 쪽에서 그때, 옛날 백골부대 미리 들어가서 수색을 해야 뒤에 후방에 군인들이 따라 들어가고 하는데. 그 백골부대가 제일 위험한 부댄데, 그 나제[나중에] 막 본 게, 여기에 천향[1], 법전면[2]으로 오라 그래서 그때 엄마하고 둘이 왔어. 와가지고 하룻밤 자고 그 이튿날, 1월 달인데 또 저 법전 논에 군인들이 쫙 찼는데 어디 가 있는 줄도 몰라. 근데, 오빠는 함 나를 봤다 하더라고. 엄마하고 동생하고 왔으니까 인제 대장한테

---

1 경상북도 예천 천향골로 보임.
2 경상북도 봉화군 법전면 법전리.

[오빠가] 애길 하니까, "그러면 니는 빠져라" 그래가지고 그날 산에 인제 같이 훈련 안 가는 [거지]. 인제 산에 안 가는 거지요, 엄마하고 쉬라고.

선생님이 여섯 살일 때 오빠가 몇 살이셨어요?

내가 여섯 살 때, 오빠가 열, 열셋, 열세 살이랬나요? 큰오빠가 그랬고, 적은오빠는 열두 살, 열한 살인가 그랬댔고.

큰오빠가 석공에 들어가시고 나서 얼마 안 돼서 군에 징집되셨나요?

그래. 석공에 들어가가지고 그래도 군 갈 나이 때까지 일을 했어. 일을 하니 뭐 쌀도 주고, 석탄, 탄도 주고. (웃음) 뭐, 옛날에는 또 탄 다 땠지, 뭐. 석탄, 기계를 이래 뭉쳐가지고 팬 것도 있고 이런 탄 뭉치는 것도 받아 오면 갖다 때고. 뭐 설탕도 주고, 별 희한한 것, 사탕도 주고 별 희한한 것 다 석공에서 주니, 희한한 것 참 다 주더라고.

작은오빠는 그때 학교 다니셨어요?

작은오빠는 그때 장성에서 학교에 다니고, 큰오빠는 그냥 일하고. 그런께, 나는 뭐 그때쯤에는 나이가 적으니까 학교 갈 나이가 안 됐으니 집에서 엄마랑 같이 있고. 그래 여기[남한] 와서도, 엄마가 두부도 하고 돼지도 멕이고 뭐 해가지고 참 사는 거는 뭐 끄떡없었어. 근데, 북한이 좀 살 만하니 6 · 25 사변이 났잖아. 6 · 25 사변이 나가지고, 뭐 어떡해? 또, 오빠들 가입하라고 또 쇠창 든 남자 둘이 또 와가지고 지랄하는거야. 말하자면 빨갱이 새끼들이. 아이, 다 가입하라 구러면은 그 쪽이 아니야?

의용군 가입하라고요? 그 전에 오빠들이 국군으로 징집은 안 됐어요?

그때 아직 군 안 갔지요. 군 안 갔을 때, 일을 댕기고 할 때니까. 근데 설렁거리고 하든, 집집마다 댕기믄, 책장을 뜯고 그래서 이 집에 남자 있으믄 가입하라고. 그러니 안 했어. 인제 안 하고 있다가, 할 수 없이 엄마가 또 "안 되겠다. 또 나가자." 이래. 또 그래가 피난 나가니라고, 있는 거 그대로 나두고 그냥 또 몸만 빠져서 저− 태백산 그 구마동이라는 데 그 산골로 가가지고, 오빠들 낮에는 산에 가 또 숨어 있고, 낮에는 우리 움막 같이 쳐 놓고 거기서 또 고생, 고생. 비가 막 짜 들어오면 그냥 물방울이 막 떨어지고 한데, 그래도 거기서 한 서너, 너덧 집이 버텼어. 버티는데, 그 낮이면 총대 길단하게[기다랗게] 메고, 지금 이북 놈들, 빨갱이 놈들이 총대를 기단하이[기다랗게] 메고 [나타났어]. 그때는 남한에 나와서 살 때 아니야? 그 놈의 새끼들이. 그래 하고 하는데, 남자들이 있냐구 [묻고] 남 자들이 없다고 [대답했지]. 저른[저런] 밭에 가면 그 뚜까리라고 나물 같 은 거, 대추 같은 거, 그 다 뜯어서 삶아서 그냥 소금 안에다 무쳐서 그냥 먹고, 보리밥 계속 연명만 하고 사는 거지. 그래다가, 그때 나는 응, 총 맞 아 죽을 뻔 했네. (웃음)

엄마가 웃동네, 감자 캔 데 가서 감자를 좀 캐 주고, 감자 한 자리[자 루] 이고 엄마는 언덕길을 천천히 내려오고, 그때 나가[내가] 여덟 살인가 아홉 살인가 그랬는데, 학교 하다가 고만 [하고] 또 그래 피란 나갈 때였 으이 학교를 못 하지, 뭐.

그랬는디, 막 뛰[어]서 내려오니까 빈 집이 하나 있었는데, 아, 총, 총 부리가 여기에, 두 개가 딱 와가지고 가슴을, 긍께 빈 집에 처마 밑에 앉 아서 이[서캐] 잡고 인제, 옷을 뒤벼가지고 이 잡고 있다가 막 타닥거리는 내려오는 소리에 고만 이 새끼들도 놀래서, 놀래가지고 그만. (웃음) 놀래 가지고 총부리가, 애기한테 이렇게 댔던가, 엄마한테 댔던가. 엄마가 감 자 자리[자루]를 얼른 내라놓고 애가 모르고 [그랬다고], 이 길이 이 언덕 길이 져가지고 이렇게 뛰서 이럴 적에 놀래서[놀래켜서] 미안하다고, 아 주 또 죽을 사죄를 했지, 뭐. 그 총부리를 거두드라구. 아이구, 그래 그러 다가, 어떻게 나갔는 게 천향으로 해서, 이 나가는 게 봉화로 나갔어. 봉 화 가서 그래 정착을 하게 됐었죠.

오빠들도 같이 무사히 봉화까지 가셨던 거예요?

그럼. 오빠들도 봉화까지 가가지고, 큰 오빠는 봉화서 인제 군으로 갔어. 갔는데, 한 번 호강도 못 해 보고, 한 번 살아 보지도 못하고 총각 시절에 오빠가…. 요새메이로[요즘처럼] 그때 스물한 살에 군인으로 지원하고 이건 없고, [징집영장이] 나오는 대로 가는데, 그때 스물… 스물세 살인가 스물네 살인가 그 [때가]. 그래 인제 군[징집영장]이 나와서 그래 갔는데, 가가지고 처음으로 그 법전에서 마지막 밤을 새웠어. 그래 그런데, 아침에 그 군인들이 밥을 뭐 해가지고 군인 전부 항구[반합]에다 국 뜨고 밥 뜨고 헤기지고, 두 모녀를 주디라고. 그래 믹고, 오빠들은 전부 나 인제 저 벌판에, 말하자면 학생으로 지금 전부 교단에 다 그냥 쫙 서 있는 택[턱]이야. 그건 인제 각 분야대로 대장이 오늘 어느 배치로 어데로 가고, 그래 바르고 있다[기다리고 있다가] 저 군인들이 밥을 주는 걸 먹고, 그래 거 나와서 할라 하니 전부 면회 가는 사람들이 얼마나 많은지.

다른 가족들도, 면회하러 온 사람들도 많이 있었어요?

어. 많이, 많이, 나왔어. 그때 그 법전에서 마지막으로 큰오빠를 보고, 허먼[지금까지] 못 봤어. 그 [면회하고 난] 다음에 편지는 한 두어 번 왔어. 왔는데, 그 다음 마지막 편지가 중대장이 이덕길이가, 해금강을 바라보면서 사라졌다고 해가지고 뭐, 자손이 있나요 누가 저거 할 사람이 없어서, 지금도 저 현충원에 가면 전부 이름도 다 있고 다 유골 주워서 저거 한 거, 적은오빠가 있어도 인제 나가[나이가] 87, 88세 됐지. 이래가지고 이제는 치매기도 있고 해서 그러니 뭘 내가 저럴[볼] 수 있나? 뭐 오빠가 아들 하나 있는데 아들도 다 벌어먹고 살기 힘든데, 지 자식들 가운데 누가 찾겠나? 그가가, 현충원에도 인제 한 번 못 가 봤지만, 거 가가지고 이름도 한 번 지금 아직 못 찾아봤어.

사망 통지서 받고 나서는 그냥 시신도 못 찾은 거예요?

응. 사망 통지서 받고 엄마가 막 죽는다고 울고 하는 거 보고, 참 가심
[가슴] 터질 일이야. 그래가지고, 그래고는 큰 오빠를 다신 못 봤고,

둘째 오빠는 전쟁 때 징집 안 당하시고 같이 봉화 집에 계셨어요?

어. 봉화에 가가지고, 봉화에 가서 그래 일정한 저게[직업이] 없이, 먹
고 댕기면서 뭐 장사 같은 거 좀 쪼끔씩 하고 뭐 이래 하다가 거도 또 군
대로 갔어.

둘째 오빠도 군대에 가셨어요?

어. 군대로 가가지고, 지금은 울산에 계신데 치매가 너무 와가지고 곧
돌아가시게 생겼어. 근데 이북[에서 나와서], 엄마 친정이고 아버지 고향
이 서울이라도 [왕래가 없었어요]. 엄마가 이 꼴을 해가지고 나는 친정집
[못 간다고] 친정 쪽에 안 가고, 시집 쪽에도 [안 갔어]. 시집도 저 서울,
수원 쪽이여. 그쪽에 황해도 연안 이씨들이 많이 산다고 하더라고.

[친척 쪽으로] 안 가셨어요?

음. 안 가가지고, 나는 일가친척도 없어. (웃음)

그래도 보통 오면 아는 사람 먼저 찾아가지 않아요?

그냥 뭐 엄마도 친정이 서울이고 아버지도 서울인데, 내가 이 꼴 해가
지고 나오이[나오니] 그래 걸어서. 그때 뭐 옛날에 어디 차가 있나? 뭐 인
자 돈 준다 해도 차도 없고 전부 걸어서 댕겼지. 걸어서 나오이[나오니]
뭐 꼴도 멜이[면목이] 없는 게, 내가 이 꼴을 해가지고 "여태 저 이북서 살
다가 남한에 이제 친척들 찾아오면 친척들이 좋아하겠나?" 이러고 안 찾
아갔어. 안 찾아가가지고, 우리도 가르치[쳐] 주지를 않애가지고 친척이
있어도 [모르지요]. 뭐 엄마는 또 외동딸이고 하니까 또 외할아버지, 외
할머니 돌아가시니 묘를 어데 썼는지 그것도 모르고. 또 아버지 친척들도

저 연안 이씨들이 수원 쪽에 어데 있다 해도 가르쳐 주지를 안 하니 우리는 전혀 모르지.

친척들 찾아가면 안 되냐고 물어보셨어요?

뭘 물어도 "이 꼴을 해가지고 나는 가기가 싫다." 이래가지고 그냥 나와서 일가친척 하나 없이 사느라고 고생이 진짜 이루 말을 못 했지, 뭐. 서른이 안 되게 [탄광에] 들어와 가지고, 최소한 나이가 80살이 다 돼 가니 이게 어떻게 하나.

◇ ◈ ◇
직조 공장 근무

큰오빠 전사하고 나서 봉화서 어머니랑 살 때 둘째 오빠가 생계를 좀 꾸리셨어요?

그때 둘째 오빠가 군대 가고 없었고, 어머니하고 둘이 있을 때 내가 열다섯 먹어서 저 풍기, 또 직조 공장에 가서 [일했어]. 또 첫 번에는 우선 가서 바닥일, 바닥 쓸고, 좋은 언니들이 만내면 "베틀에 올려놔서 인제 짜 봐라." 이러고. 이래서, 몇 번 베틀을 하나 맡아서 짤 정도가 됐는데 바닥일 하고, 밥 하고, 주인네 김치고 뭐 그런 거 마당에 담아 놓으면 저거 갖다가, 그때는 무시[무] 하나 이만한 게[거] 꺼내다가 녹[놓고] 먹으면 참 맛있었어.

풍기에 이북에서 내려오신 분들 모여서 살았다고 하는데, 풍기 공장 다닐 때 월남민들이 모여서 사는 것 보신 적 있어요?

근데 그거는 모르겠고, 난 내 혼자 그냥 직조 공장에 갔어.

누가 소개해 줬어요? 혼자 가셨어요?

아니, 그것도 없고 풍기에 직조 공장 있다 그래서 아는 사람이 하나 살기 땜에 그 갔다가 그 직조 공장 거기에 한번 구경을 가자 그랬지. 바닥일 하는 애를 하나 구한다고 그래서, 그럼 내가 하겠다고 그래서 엄마 혼자 두고 내가 했지. 그래 하다가, 직조 공장이 없어졌어. 없어진다고 말 나와 가지고 그때부터 [일]하고 월급을 한 번 [받은 적] 없고, 인제 월급 대신에 직조로 그거 한 대여섯 필 가져와가지고.

그럼 그 공장을 열다섯 살부터 언제까지 다니셨어요?

그래서 스무 살에 이 양반하고 결혼했지.

결혼하기 전까지 계속 직조 공장에 다니셨어요? 두 분 어떻게 만나게 되셨어요?

아니. 공장엔 그래[오래] 안 다녔지. 안 다니고, 집에서 그냥 뜨개질도 하고 친구들 그저 하고 그때는 요새 나락밭에, 논에 골뱅이도 잡고, 그런 거 하고 별 고생 다 했어. 스무 살까지도 별 고생 다 하다가, 봉화서 중신 으로 저 양반을 만났어.

남편 분은 원래 고향이 봉화세요?

아니 영주.

영주? 거기 다 인근이니까 누가 아는 사람이 소개했어요?

근데, 중신이 몇 군데서 왔는데도 다 싫다 그랬어요. 다 싫다 그랬는 데, 하이고 세상에, 그 옛날 우리 시어머니가 참 신세를 많이 졌는 분이 한 분 계셔. 포산댁이라고, 지금 태백 휴양로 요 돌아가면 그 시계방 그 집인데, 그 집에 7남맨가 8남매 돼. 근데, 그 집에 넷째 딸이 내하고 동갑 이야. 하여튼 그 할마이가 뭐 신을 한 켤레 다 닳도록 우리 집에 댕겼으 니, 더 좋은 데가, 우리 아바이보담 더 [좋은 데도 소개했는데], (웃음) 살 기가 낫고 포목장사도 하고, 읍사무소 댕기고 이러니께 [소개를 했는데], [나는] 다 싫단 거지. 다 싫다구.

시집가기가 싫으셨어요?

난 시집 안 간다고. 내 성격은, 나는 시집 안가고 나는 홀로 살 거니까 걱정 말라고. 쪼금 있으면 나는 객지로 나갈 거라고. 이래 이러고. 그래 버티고 있었는데, 하이고 할마이가 어쩌든 내한테 동갑 친구 엄마가 얼마나 신발이 닳도록 댕기는지. 그래서 할 수 없이 [만났어]. 나는 그러구 또, 한 날 노인들이 화전놀이를 가는데, 니가 따라가서 창꽃[3]을 좀 따야 되겠대. 그때 나는 스무 살인데, 그때 나이로는 스무 살이래고 하든 요새 스무 살 아주 애로 치지만은.

스무 살인데, 칭꽃 따서 찹쌀로 전을 좀 부쳐야 뇌셌대요. 그래 노인들 한 열아홉이 가는 데 따라갔더니, 어떤 노인이 나를 자꾸 보는 거예요. 그래 그 노인이 바로 우리 시어머니라. (일동 웃음) 저 양반 어머니랬어. 시어머니가 꽃 따러 가도, 머리꼬리 땋아서 이만치 내랐는 걸 보고, 또 앞을 봐도, 뭐 하는 것도 잘하니까 자꾸 자시는 것도 안 자시고[드시고] 계속 눈이 [나를 찾아봐요]. 그런데 '저 노인이 왜 저래 나를 저래 보나. 이상하네. 응? 참 보는 것도 진짜, 희한하네.' [이렇게 생각했어요]. 그래 집에 와서 인제 엄마한테, 아이 "그, 왜 할머니 한 분은 왜 나를 그렇게 보는데?" 이러니께, 부산댁이, 뭐 중매 들어오는 그 할머니래. 근데 그 할머니도 또 밉지 않게 생겼고 하더라고. 근데, 그 할머니 보고 사는 건 아니고 신랑 될 사람 보도 안 했고 그런데, "아이 몰라. 엄마 맘대로 할라면 해. 엄마 맘대로 해." 그랬더니, 그게 그만 허락이라고 해가지고.

언제 결혼을 하셨어요?

스무 살 때 바로 봉화서 결혼식을 올렸어요. 아바이도 가매[가마] 타고 오고, 나도 가매 타고 왔어요.

---

3 진달래꽃.

◇ ◈ ◇
가수의 꿈과 친정어머니에 대한 추억

근데 왜 결혼 안 하신다고 생각하셨어요?

아이, 하믄 여러 가지가 또, 자식도 놓고 뭐 이러믄 골치 아플 거 같애서, 안 하고 나는 그냥 [혼자 살라고 그랬어]. 근데 내가 참말 남한에 나와서 사는 것도 괜찮고 했으면은 나는 가수가 꿈이었거든. 내가 젊어서 노래를 너무너무 잘했어. 근데 내가 가수가 꿈인데, 그 꿈을 못 이루고 인제 늙었는 게 내가 너무너무 한이 되고 진짜 원통해. 그래 누가 참말로 서울에 누가 있어서, 쪼끔만 밀어줬으면 진짜 가수를 [할 수 있었을 텐데 하는 생각이 들어요]. 인젠 뭐 늙어 되도 안 하겠지만, 그때[는] 가수가 꿈이었고 대도시로 가려고 했는데, 내 꿈은 뭐 우예 되도[어찌 되었든] 내가 벌어가지고 [살 생각이었어요]. 그때 내가 스무 살까지 내 혼자 있으니까, 엄마가 인제 자꾸 집을 나가지 말라 그랬어. 그래 있다 보니까 고만 스무 살까지 있었는데, 엄마가 결과적으로 내 꿈을 다 망쳤어. "니가, 그러믄 일가친척 하나 없이 맹꽁이메로[맹꽁이처럼] 서울에 가서 니가 뭐 어떡할라구 니가 나갈라 그러냐. 그러니까 그런 거 다 접고, 내하고 같이 그냥 생활하자." 하다가 엄마도 결과적으로 우리 집에 와서 돌아가시고.

계속 그래도 모시고 사셨네요.

어. 엄마를 내가 모시고 살았어. 내가 모시고 살고, 오빠는 군대에서 계속 장개도 안 가고 계속 군대 말뚝 박고 그냥 그래 있어 놔놓으니까. 오빠도 늦게 [장가를] 가서 조카가 하나밖에 없어.

가수가 되는 꿈을 가지고 계셨는데 옛날에 노래를 어떻게 연습을 하셨어요?

요즘은 어데 가도 친구들끼리 가서 노래를 해도, 만날 하여튼 저 이명득이 따라갈 사람 없다 했다. 노래는 진짜 잘했다고. 요새 애들은 한 서른 [넘으면], 한 50, 60대 미만까지는 친목계를 하니 외국, 제주도 [등으로 다니지요]. 아주 딴 외국은 안 가 봤고, 제주도 가고 국내 많이 놀러 댕겼지. 하여튼 뭐, 가믄 마이크 잡고 판은 내가 혼자 다 했지요.(일동 웃음) 우리 엄마 사진 한 번 보여 줄게.

응. 진짜 너무 닮으셨어요.

　　우리 엄마 환갑 때, 내가 이거 옷, 그거 한 벌 해 드렸더니 그거 입고 찍었지. 엄마가 육십세 살에 암으로 돌아가셨다고. 육십 세 살이면, 요새는 새댁 아니야?

2. 신혼생활과 이주 과정

◇ ◈ ◇
봉화에서 지낸 신혼 시절과 고된 농사

결혼하신 다음에는 신접살림을 봉화에서 차리셨어요?

그래. 그래가지고, 내가 월남하고 돌고 돌아서 장성으로 와가지고 있다 또 피란 나가서, 어떻게 가니께 또 봉화로 또 가가지고 그래 정착할 때 [결혼을] 했다.

남편 분은 결혼하실 당시에 뭘 하고 계셨어요?

집에서 농사짓고 있었지. 형이 군대 가고 없으니까 형수님하고, 어머니하고, 당신[남편]하고 세 분이 [살고 있었지요]. 우린 결혼해가지고 한 달쯤은 시어머니하고, 동서하고 [살았어요]. 시숙이 또 제대 맡아 와서 이제 같이 살아야 하니까 [분가했지요]. 한 두어 달 쯤은 있다가, 친정어머니는 따로 계시다가 [우리 집으로] 들어오시라 그랬지. 어머니 혼자 있기가 너무 저러니까 내가 "여 와가지고, 같이 살자." 그러고, 와서 외손자들도 봐주고, 그래 사시다가, 옛날에 뭐 돈이 있어요? 병원에를 자주 갈 수 있나요? 속이 좀 얹힐[체한] 것 같은 게 좀 안 좋다고 얘길 하더라고. 근데, 그 병원에를 가자 그래도 뭐 좀 얹혀서 그렇지 뭘, 안 간다고.

그래 또 농사일 바쁘고, 애 딸려 있고, 옛날에는 보리 같은 거 낮에 가서 보리 누런 거 모가지 뚝뚝 짤라서 그냥 낫으로 비다가[베다가] 그냥 탁탁 쳐가지고 큰 가마솥에다 볶아가지고, 그걸 낮에 둘이 디디는 절구방아에다, 요새매이로 이래 뭐 이렇게 치는 절구도 아니고 이 발로 밟는 절구에다 찧어가지고, 반은 볶아지고 밥을 해 놔놓으면 모가지가 뜨끔뜨끔하고. 그래가지고, 감자 놓고 그래 해가지고 먹고 뭐, 아이고.

농촌에 있을 때 농사짓는 게 너무 힘드셨어요?

아이 힘들지, 뭐. 농사짓는 데 힘 안 들어? 농사짓는데, 또 집에 있으
믄 인제 모내기나, 모 같은 거 숨구고[심고] 이러면 참 하고 오전에 열 시
에 참 먹지, 열두 시에 점심 먹지, 오후 네 시에 또 참 먹지. 그래 보믄, 그
러고는 각자 또 다 집으로 가지. 웬만하믄 저녁꺼지는 안 먹지만. 아유.

큰아드님은 농촌에서 농사지을 때 낳으셨어요?

응. [그때] 낳았어. 응. 봉화에서 아들 3형제 낳아가지고.

◇ ◈ ◇
철암 광산으로의 이주

그럼 따님은 언제 낳으셨어요?

어. 딸은 여 또 철암에 와가지고 낳았어. 철암에 와가지고 또 한 10년
간 살았거든. 철암에 와가지고 광산업에 한 10년간 또 있다가, 아바이가
저 항에서 전차에 [끼어서] 요 늑골이 또 부러져가지고. 그때 또 항께 소
송해가지고, 그래가지고 사북에 들어와가지고 [살았어요]. 개고생 다 했
다. 아이고.

**왜 봉화에서 철암으로 가셨어요? 농사지어서는 애들을 키우기 힘들다고 옮겨야
겠다고 결정하셨어요?**

응. 내 아바이가 인제 미리 자리를 잡았지. 그래가지고 그질[그길]로
왔지. 친정어머니는 봉화서 돌아가셨는데, 돌아가신 묘를 [오빠가] 울산
에서 일일이 댕기면[서] 벌초를 할 수도 없고, 또 내가, 또 영주 나가서 벌
초하러 나가는데 일부러 봉화까지 또 가야 되잖아. 그래서 어머이는 울산

오빠네 식구 다 와가지고 우리 큰아들하고 다 가서 묘를, 삽을 하나 사가지구 가서 묘를 파가지고, 어째 유골을 갖다가 태워서 요 중학교로 올라가는 저쪽 산등성이에다 다 갖다 뿌렸어. 그래 놓으니 아주 마음이 편해. 우리 저 엄마는 꿈에도 한 번 안 나타난다.

왜 철암에서 사북으로 옮기셨던 거예요? 남편 다치시고 나서 철암 광산을 그만두신 거예요?

그러니까 거기[철암]서 일단 변호사, 소송을 하니까, 그 회사는 못 댕기잖아. 그래서 옮겼지.

보상금 받고 퇴직하신 다음에 또 사북으로 가셨던 거네요?

보상금이나 뭐 그전에 많았나, 뭐? 뭐 많지도 안 했어. 안 해도[소송을 안 하려고 해도], 안 그러면 회사가 그것도 더 안 줄라 그러니 할 수 없이 [소송했지].

그런데 남편이 농사지으시다가 탄광 일을 바로 또 어떻게 하셨어요? 배우셨어요?

배우고 말고 뭐, 광부 일이야 막일 같은 거 아무나 하니까. 농사짓기 보담이야 더 낫지.

선생님도 철암으로 옮기고 나서는 그래도 농촌에 있을 때보단 낫다고 생각하셨어요?

아유, 봉화서 아들 3형제 낳아가지고 철암에서도 [힘들었어요]. 우리 저 밖에 있는 큰 장 단지, 우리 장 하나 갖다 담아 놨는데, 그 장 단지 소달구지에다가 싣고 봉화역에 와서 역에다 부쳐가지고, 요새메이로 이삿짐 차가 뭐 있나? 그런 게 없잖아. 그런 거 역에서 다 찾아가지고, 처음 다 갖다 나르니라고 죽을 애를 먹고. 그때 남의 점방 하나 얻어가지고 우선 있다가, 철암에서 집을 하나 사가지고. 그래 있었지.

또 조금 적은 집을 하나 사가지고 있다가 식구가 여섯이니 또 조금 저래가지고, 그래 뭘 냐낸들[가만있으면] 나오나? 아를 업고도 방애골이라는 데가 20린데, 20리 설탕 갖다 다 하고, 뭐 밀가리[밀가루] 갖다 다 하고, 뭐 미음 갖다 다 하고, 뭐 하믄 거 가져가서 감자하고 바까가지고[바꿔가지고] 그래 나름 [먹고살았지요]. 이제 아[이]를 못 업고, 우리 큰아들[한테] 애들 좀 잘 보라고 [하고]. 그 집, 안집도 옆방에 그때 살 땐데, 그 집도 아들이 3형제, 우리도 아들이 3형제, 그 머시마[남자애]끼리 얼매 싸움을 하겠나? 근데, 우리 큰아들이 워낙 성질이 곱고 해 놓아나니 싸움도 [안 해]. [일 마치고 와서] 그래, 승일이 엄마도, "아이고, 어매, 애들 좀 싸웠어요?" 이러믄, "아니요. 안 싸웠어." 그래.

그래서 내기 올 때믄, 고등어 한 손이래도 사가지고 오년, 싑에 쏙 큰 거를 안집 하나 주고, 적은 거 무솥[솥에 무] 깔고 지져가지고 먹고. 큰 거는 꼭 안집에, 뭐 어른 위하듯 그래 위하고 살았다고. 그 방애골 댕기믄, 감자 한 20키로[킬로그램]짜리를 두 자리[자루] 해서 딱 해서 걸머지믄 어깨가 다 내려[앉아]요. 올 때 갈 때가 50리 되요. 50리를 걸어댕기고 했는데, 집안[남편]은 감자 열 개만 짊어져도 지지도 못하고 참말로 죽을 고생 했어. (웃음)

그래도 큰아드님이 엄마 돕는다고 동생들을 잘 돌봤나 봐요?

어. [큰아들이] 동생들을 다 잘 돌봤어. 잘 돌보고, 남의 아들 싸울라 그러는 것도 잘 만류를 해가지고 하나도 싸우진 안 하고 그래. 그러고 그 집 아들[아이들]이랑 밤에 화장실이 그쪽에 외딴 데 있어놓으니 안 가고 마당에다 창포똥4을 싸 놓는 거, 식전에 나가서 내가 그거 다 쳐서, 다 화장실에 다 갖다 버리고 마당 싹 쓸어놓고, 그래 뭐 주인한테 불평할 게 하나도 없지, 뭐.

철암에서 첫 번째 작은 집 마련하셨을 때 어떠셨어요?

---

4 '창포'는 소화불량이라는 뜻이 있다. 속이 좋지 않은 상태의 대변을 가리키는 것으로 보인다.

어. 적은 집을 마련해서, 또 거 가[서] 살다가, 그 적은 집에서 또 딸 하나를 낳았어, 막내딸. 지금 올해 사십다섯 먹은 딸. 그거 하나 낳아가지고 장사도 못 하고, 우선 또 며칠 들어앉았다. 철암이나 여 사북이나 물 때문에, 거기도 두레박 샘인데 아들[아이들] 보내믄 위험해. 두레박이, 그 들여다보면 [두레박이] 막 풍덩 [떨어지는데] 물이 얼매 [나 깊은지], 샘은 막 이렇게 널러빠지는데[넓은데] 들이다보면 물이 막 치렁치렁 한데 [아이들은 못 보내죠]. 그래 딱 1주일 집에 들어앉았다가, 애 놓고 빨래 같은 건 전부 아바이가[남편이] 아들[애들] 데리고 밤에 후라쉬 가지고 가서 빨래하고 [했는데] 더 못 들어앉아서, 그래 나가서 쪼매난 바게스[양동이]로 가[가지고] 댕기면서 쪼끔씩 물을 길어다가, 쪼끔씩쪼끔씩 댕기면 그 질[그길]로 또 그때 몸이 회복된 거야. 뭐 아주 죽으란 법은 없어. (면담자 웃음)

그래가지고 그래 산 게, 어떻게 또 큰, 고 적은 게 한 서너, 두서너 살 때부텀 큰아들은 학교 갔다 오믄 또, 적은 것들이 애를 보고, 나는 인제 [일하러 다니고]. 또 영주, 또 참외를 차떼기로, 또 참외를 가져와서 역전 앞에 갖다 놓고, 가마니를 깔아 놓고 [팔았죠]. 그걸 역전 앞에 갖다 부라[부려] 놓고서는, 굵은 거는 도매 다 해 보내 놓고, 역에도 참외 그 저 요만큼 한 건 아주 한 보따리씩[씩] 또 역에 또 주고. 또 남는 거는 한 다라이[대야]씩 또 줄 사람들 주고, 한 다라이씩 이어다가 아들[아이들] 먹는 거는 실컷 먹었어. 그래. 아바이 혼자 벌어가지곤 도저히 학교 같은 거는 꿈도 못 꾸고 그래가지고 우리 4남매래도 대학교는 하나밲에 안 하고, 전부 고등학교는 다 했어요. 요새 같으면 뭐 우예[어떻게] 해도 다 대학교를 다 시키지만은, 옛날 그때만 해도 고등학교 적에도[고등학교만 해도] 지금 대학교 필적할 만큼 다 나왔다. 저 며느리가, "아이고, 어머이가 그래도 참 대단하지, 그때 어떻게 세상에 다 고등학교꺼정 시킬 생각을 했어요?" 허는 거[야].

◇ ◇ ◇
사북으로의 이주와 사택 구하기

막내따님이 몇 살 때까지 철암에 사셨어요?

딸이 그때가 열 살 먹었나? 가도[개도] 국민학교에 있다가 전학 떼 가지고 일로[사북으로] 왔지.

지장산사택 내에서 돈을 빌려주고 그랬어요? 아니면 계를 같이 하셨어요?

빌려주고 그거는 없었어. 근데 나도 쪼채고[쪼들리고] 하는데 뭐 돈 빌려주고 이럴 건 없어. 그때 돈이다 하든, 참 요새 돈으로 뭐 한 돈 천만 원만 있어도 내가 사북에 내려앉아서, 그때 처음 들어오니까 시장 안에도 장사집들이 비어 있는 게 많더라고. 근데 용소집이라고, 칼국시집 거 가서 칼국수 한 그릇 먹고, 저 [지금] 카지노 올라가는 마실, 그 골말에다 올라가는 마실 거기 입구에다 방을 하나 얻었더니, 해필 그 아바이가 술집 근처를 빌려 놔놓으니, 글쎄 밤이면 밤새도록 떠들어서 잠을 못 자요. 그래가지고 할 수 없어 지장산으로 왔는 게, (웃음) 처음 반장이 만날 나가라고 지랄지랄해서.

그럼 맨 처음부터 지장산 사택에 오신 건 아니고, 골말에 먼저 계시다가 사택으로 들어오신 거예요?

어. [사북으로] 와가지고 뭐 갈 데 올 데 없으니, 골말에 우선 방을 하나 얻었지. 얻었는 게, 술집 [옆집]을 얻어가지고, 시끄러워서 도저히 견딜 수가 없고 아들[애들]하고 살 수가 없어. 못 살어. 그래가지고 차를 하나 불러가지고, 요 올라가서 빈집이 있길래 그냥 좀 깨끗하다 싶어서 들어갔더니, 방구석은 어떻게 났는지 연탄불을 암만 때도 밑에는 요만치 새카맣게 타도 고다[거기다] 아들 발만 요래 디 여치[디밀어 넣을 수 있지] 얼음장인 건 한가지[마찬가지였어요]. 우에[윗목에], 우에 물을 떠다가 한 그릇 놓으믄 물이 막 얼어. 이 연탄개스땜에, 연탄개스가 행여나 있을까 싶어서 저 물은 항시로 요만한 양댕이로 하나 떠다가 물 이래 놓거든. 놓는데 물이 뭐 어떤 건 뭐, 살얼음이 찌고[끼고], 어떤 거는 더 얼었고 막 이래요. 우리 방도 그렇고, 방 두 갠데. "아이고, 못 산다." 그래가지고, 그래 살았다.

사북에도 남편이 직장을 알아 놓으신 다음에 식구들이 다 이주를 하셨던 거예요?

음, 그때까지는 내가 장사하고 철암에 혼자 애들 데리고 있었고 아바이는 여 사북에 저 875라는 데를 가서, 함바집에서 밥 먹고 거기서 혼자 생활하고 있었고. 그래 인제 여기[사북]로 와도 집을 구해야 되니, 집 구하기가 힘들어요. 근데, 사택은 지장산에 무지하게 많이 지어 놨어도, 사택 반장이 이게[뇌물] 좋아서, 그것도 다 처먹는 거 얼마나 억세 빠지고 지랄하는지.

사택 반장에게 뇌물을 줘야 사택을 배정받았던 거죠?

어. 그래 무입주[무단 입주]를 했어요. 가 37동으로. 이삿짐 부르기[부리기] 좋은 데, 소비조합 뒤에다 그냥 부라 놓고 했더니, 날마다 아바이가 병반 갔다 와서 자믄 잠을 못 자요. 사택 반장이 와가지고 집 비우라고 괴롭히는 거라고. 입주증을 안 끊어가지고. 무단 입주했다고.

왜 집을 비우라고 하는 거예요?

어. 무단 입주했다고. 그런 집이 쌨거든[많았거든]. 그래 입주 안 하고 사는 사람도 더러 있고, 또 빈집이 그렇게 많았어. 그때 우리가 60, 68년도에 들어왔는데, 그때는 집이 전부 빈집도 많고 이래서 그냥 무단 입주했더니, [사택 반장이] 집 비우라고 와가지고 물을 한 통 이고 막, "아줌마 기다리고 있었어요. 집 비워요." [하는 거야]. "아 이 양반아, 일단 이사를 했는데 집을 뭔 집을 비와? 어? 뭔 집을 비우란 말이여?" 그러고는 '네까짓

놈[한테] 내가 주니?' [했죠]. 한번 보믄 요거[뇌물] 바라는 것 같더라고.

내가 회사 사택 계장네 집을 찾아가서 나이가 한 팔십 된 할머니가 계시더라고. 소고기 두 근 하고 과일하고 이래 사가지고 가서, "할머이, 사실 내가 철암에서 이래 와가지고 집이 없어가지고 무단 입주를 했더니, 저 전 반장[전 씨인 반장]이, 사택 반장이 날마다 집 비우라고 저러니 일 갔다 와서 잠을 제대로 못 자요." 이랬더니, 아이고 세상에 이놈의 할머이가, 거도 뭐 아들은 사택 계장이래도 저건 모르지. 뭐 사택 계장이 오는지 뭐 헌데, 할머니가 이건 가져가라고. "아이 할머니 일단 내가 사가져 왔는 걸 기져갈 것 같으믄 내가 가저오겠어요? 할머니 국이래도 한 녹 끓여 드시라고." 이러고, 그래갖고 왔더니, 이틀 돼서 연락이 왔어. 집 비우라고. 그 사택 계장이 와가지고, "아 이 아짐마 보통 성질이 아잉게. 어, 그래 이 아짐마가 보통이 아이래[아니래]." 이러니께, 내가 왜 그러냐고 이러니까, (웃음) 사택 계장을 통해가지고 그 37동 1호 입주증, 집을 그 연탄 공장 있는데 거기에 놓고, 앞에 샘이 있고 물이 좋으니까 제일 좋은 집으로 옮겨 주라고 한다고.

[반장이] 와 가지구서 이 아줌마가 보통이 아이라고 하니까. 보통이 아이긴 뭐 더, 똑같은 사람이에요. 사람인데, 왜 사람을 이렇게 자꾸 그래 비하를 하느냐고. "사람이 솔직하게, 그럼 나는 목마르니까, 솔직히 막걸리 한 잔이래도 사 달라 이러면, 내 사드린다고. 그런데, 실실 꼬아 놓고, 사람 사는 데 자꾸 와가지고 집 비우라고 이러고, 이러는데, 사람 성질이 돋치나 안 돋치나? 그래, 그러니까 내가 사택 계장을 찾아간 거라고." 이랬더니 "하이고, 솜씨가 보통이 아이다." [그래요]. 내가 아이고, 어떤 사람인데, 날 잘못 봤다가는 큰일 나요. 내가 참말로 참 그런 소리까진 안했지만, 참 만주 벌판에서 진장 여기까지 와가지고, 엔간 고생 다 하고 내가 그런 솜씨가 없고 저거할 거 같으믄 오늘날까지 살아남질 안 했다고. 그래 입주증을, 저 밑에 몇 동이 그 집이 좋으니까 [옮기라는 걸] 이삿짐 나르는 게 딱 질색이니까, 여

기래도 좋으니까 여기에 그냥 끊어 달라고 [하니] 입주증을 가져왔더라고. 그래, 계장한테 얘기하이 그만 대번에 그 이튿날 [해결이 된 거지].

옆집에 사시는 가족들이랑도 친하셨어요?

어. 옆집에 사는 사람들이 다 같은 광산 일 해먹고 이러는데 서로 불평 불만이 있나? 뭐, 한 동에서 뒷동이고, 앞 동이고 뭐, 그 옆에 사람들하곤 다 친했어.

사택 단지 안에는 과장이나 계장 집이 따로 있었어요?

그런 거는 없고, 다 종업원 따로 돼 있었고, 또 밑으로 앞[에] 계장, 반장, 뭐 이런 사람들 사는 아파트가 또 따로 있어. 계장 사택은, 요 광업소 회사 노무계 그 우로[위로] 전부 글로[거기로], 아파트 따로 있어. 그때는 없었고 중앙사택이 있었죠. 지금 여 오는 데 차 많이 대 놓고, 밑에 지금 지하 5층까지 파 내려갔는 데, 그 씨레기[쓰레기] 많이 갖다가 이렇게 내 놓은 데 거기 사택 다 있었어.

그 중앙사택에는 종업원들은 별로 갈 일이 없었겠네요?

근데 나는 가서 계장 먹아지[멱살] 두 번 들고, 새마을사택 과장은 내만 가믄 살짝 빠져나가 버린다고. 계장한테 싹 밀어버리면 계장놈이 내한테 멱살 딱 잡혀가지고 저 구석에다 팍 몰아여어[몰아넣어] 놓고, 바로 저 중앙사택 입주증, 저 반장한테 열데[열쇠] 주라고 얘기하라고 막 코너에 몰아여어 놓고, 날만 보면 그만 기절을 하지. (웃음)

3. 탄광촌 여성들의 삶

◇ ◈ ◇
고단한 탄광 마을의 살림하기

아이들 키우실 때도 옷을 만들어서 입히고 하셨어요?

　아들 둘 낳을 때까지는 친정엄마가 계셨거든. 계셔 놓으니 엄마 손을 [손으로] 다 키웠어. 그 배냇 안에 저고리를 고 계속 내리 그냥 입혔지. 옛날에는 뭐 요새매로[요즘처럼] 천이나 좋나. 무명으로 짓고 광목으로 짓고 이래가지고, 그 배 안에 저고리[배냇저고리]를 계속 그냥 내 아들 낳는 대로 그냥 내리 입혔지. 요새는 기저구 같은 거 사제도 좋지만은, 사제 같은 게 어디 있어. 저 밀가루 봉제[봉지]가, 이렇게 막 국수 반죽 같은 거 하고 [남는] 밀가루포가 빳빳한 거. 그때는 헝겊으로 밀가루 자루가 나왔거든. 그거 한 스무나흔[스물 몇] 개 사다가 빨아서, 양잿물에 빨아 뽀얗게 해가지고 또 며칠 또 삶아 씻어. 그래 그때만 해도 위생적으로 어떻게 머리가 돌아갔는지, 또 몇 날을 해도 그걸 또 삶아 씻어가지고 또 물에 담가 놨다가, 또 한 번 더 삶아서 그래서 이제 그 줄에다 널어 바싹 말라가지고, 쫙쫙 개서 딱 요래 요래 놓고 [기저귀로 썼지]. 거다 이 젖은 없어도, 젖이 참젖이라가지고 젖을 계속 짜 내고.

네 명 다 모유로 컸어요?

　다 젖 먹고 컸어. 젖 먹고 컸는데. 저 애가 긴 똥이나 싸 놔놓으면 그 광목이라 놓으니 추운데 그 강물에 가면 가기나[지기나] 가나[지나]? 안 가[져]. 비누나 좋나? 옛날에 양잿물에 이렇게 해가지고, 그 짚을 태워가지고 이제 양잿물하고 또 댕가래하고. 댕가래라는 거, 쌀 댕가리 있어. 쌀을 세 번째 깎으믄 아주 보드라운 댕가리가 나오거든. 그거하고 양잿물하고 섞어서 비누로 [썼어]. 시커멓게, 이래 똑 색깔이 이래. 이런 걸 가지고 문때서[문질러서] 씻고. 찬물에 가믄, 그 뜨신 물에다가 담아가지고 치대가지고. 장갑이나 있나? 맨손으로 치대가지고 가서 찬물에 빨믄 잘 가지도[지지도] 안 한다니[까]. 그런 고생까지 했어.

탄광마을에 원래 구판장 같은 게 있잖아요. 거기서 비누 같은 걸 사기 어려웠어요?

우리 애들 키울 때는 그게 구판장이란 게 없었고, 철암에서도 그런 게 없었고 사북에를 드가가지고 이제 구판장이 생겼어. 이제 흰 비누 같은 것도 사서 썼지. 그리고 냄비를 한 번 닦아도 연탄불 위에다 놓으니 그 구녕[구멍]에다가 새카만 게 올라와가지고 하얗게 닦아서 거다 국을 끓이고 뭐 찌개를 해도 금방 새카매져 버리고. 검은 불이 연탄 구녕으로 올라와가지고. 그걸 요런 빨간 비누가 있어. 빨간 비누. 뭐 요새 같이 수세미가 좋나? 인제 짚을 비벼가지고 요 보드랍게 이래가지고서는 거다가 빨간 비누를 묻혀가지고. 냄비를 새카마믄 새카만 대로 쓰지를 안 하는 성질이야. 우예든동[어떡하든] 그걸 하얗게 맨들어서 [썼어]. 냄비도 작은 냄비, 큰 냄비 이래가지고. 그 사택에 살아도 "하이고, 이 집은 저 저 냄비 해 놓은 거 좀 보라고." 참 별나다 소리도 들었다.

보통은 까만 때가 묻어 있는 상태로 쓰죠?

새카맣[게], 물이 있나? '시간 물' 주는 거, 시간 돼서 못 받으면 물을 못 받아. 근데, 쌀뜨물도 받아 놨다 빨래 치대고 이래야 돼. 빨래 치대가지고 저 가서 빨래하고, 털신 신고 양말 두 컬레씩 신고 가도 발이 동태발이 돼요. 한겨울에 얼어서 빨래가 해 놨는 게 장작개비 같애. 옛날에 장갑이 있나? 맨손으로 [빨았어]. 하이구… 요새 생각하믄 참말로 고생하고 참 눈물 나고 진짜 말도 못 해. 그래서 그래 우리 집은 막내아들이 고등학생이고, 딸이 6학년인가 중1이었나 학교에 [다닐 때였는데], 아들[아이들]

밥 해놓고, 그때 버스가 처음으로 올라왔는데, 한 너덧 번 댕겼어. 근데, 그것도 새벽에 잠 안 자고 가가지고, 깡통을 놓든지 돌을 놓든지 자기에 놨는 저거[순서]를 알고. 거기 뭘 놨으니까 그 자리가 니 자리니까, 거 올라, 차례대로 따닥 못 타믄 걸어가야 돼. 그래, 종점 나가서 저거 만날 놓던 깡통을 그 차례가 하믄, 세 번째더라고. 어. 하믄 늘 일찍 와가지고 하믄, 1번 2번 놨었는데. (웃음)

그래가지고 수돗물, 시간 물 나올 때는 정신이 없지, 뭐. 그거 닦아서 저길라, 물 받을라, 생 뭐 같으고, 빨래 몇 가지 또 해서 널라 정신이 없이. 그리고[그러고] 살았어.

◇ ◈ ◇
부인회, 탄광 마을의 일꾼들

사택단지 안에서 부인회장은 어떤 역할을 하는 거예요?

지장산에서 옛날 부인회장은 15일에 새마을과에 와서 한 번쓱 그 산골에서 대청소 하고 그 산 중턱에서 내려오는 물을 따가지고, 호스를 연결해가지고서는 샘을 하나 맨들어가지고 인제 물 고생을 덜 했어. 그래 부인회장들이 돌을 다 이어다 나르고, 광업소 가서 내가 세멘[시멘트], 샘 짓는 목재 다 얻어가지고 와서, 그 종업원들 노는 날에 다 뚜드려 박고 해가지고선 세멘을 크게 해서 물 호스를 거따 대가지고 그래 물 고생 덜 하고. 어데 정선에 높은 사람이 온다든가, 학교에 높은 사람이 온다든가 하면은, 그 손님 치다꺼리 다 하고. 회원들 데리고 나는 국 끓이고 밥하고, 큰 거는 내가 맡고 뭐 무치고 뭐 씻고 뭐 하는 건 전부 회원들이 또 다 하고. 봉사 마이 했다.

학교에 손님들 오실 때도 부인회 어머니들이 나와서 도와주셨던 거예요?

학교서 교육감이나 이런 곳에서 한 번씩 시찰을 오면 그 부인회장하면서 밥하고, 국 하고 뭐 이런 거는 필수고 회원들 데리고 이장이 있고 반장이 있고 다 있으니까. 부인회장하고 반장하고 이장하고는 한 합[하나의 합]이 돼야 되거든. 그러니께 오늘은 어디서 교육감이 시찰을 오고, 정선군에서 누가 오고. 여 학교 교장님도 오시고 학교서 많이 온다 이러면 밥을 큰 가마솥을 반장이 리어카[에]다 실어서 갖다 다 걸어서 이제 해 주지.

반장은 남자예요?

이장이고 반장은 남자예요. 이장이 장거리 할 돈을 주면 우리들은 시장 내려가서 장거리 해가지고 올라가서 국 끓이고, 반찬 하고, 밥하고 그래가지고 대접하고. 정선군에서 누가 나온다, 저 교육청에서, 그리고 정선군에서 나오고, 경찰서장이 오고 오늘 뭐 높은 사람들 또 온다 이러면 또 밥하고 국 끓이 내면 그러고. 광업소에서 과장, 계장, 소장님들 지장산에 또 보러 오면 이장이 밥하라고 반장을 통해서 부인회장하고 [연락하고]. 언제래도 반장, 이장은 부인회장하고는 한 통이 돼야 되니까.

반장이랑 이장도 사북사건 났을 때 참여를 같이 했어요? 아니면 그 사람들 도망 갔어요?

그때는 반장은 우리 지구에 있었고요. 우리 B지구에 있었고 이장은 그 건너 A지구[5]에 있었는데 이장이 갔는지 안 갔는지는 모르겠어. 반장도 어떻게 됐는지 모르겠고. 서로가 다 고마 그 난리통에 서로가 헤어지고는 어떻게 된 걸 모르겠어.

---

5 사북탄광 사택 A지구. 동원탄좌 사북탄광에는 종업원 사택 A~D지구가 있었다. 사무관리계 사택은 별도의 장소에 있었고 구술 중에는 새마을사택이라고 나왔다.

지장산사택에 사는 어머니들은 부인회에 전부 의무적으로 가입해야 되나요?

아니에요.

하고 싶은 사람만 부인회 활동 하는 거예요?

그것도 회원이 될 만한 사람만 회원이었지. 다는 아니지. 회원이 한 20명 됐으니께.

회원들끼리는 좀 더 친해요? 회원들끼리는 좀 친목 관계가 좀 돈독해요?

회원들은 사람 다 좋았어. 그래 [구치소] 갔다 와서, 두 번 다시 하기를 싫어. 그래서 내 자유로 내놔 버렸지. 그래가지고, 그때 다쳐가지고, 강릉서 수술해가지고 저 태백 자유병원으로 왔을 때 홍춘봉[6] 기자가 그때 자유병원에 처음으로 찾아왔더라고. 무릎팍이 빼짝 말라가지고 꿇어앉으니, 이게 이 골이고 막 튀어 나올라 그러고, 그 옆구리가 다 저거하고 이러니 사진 찍고, 이래가지고. 또 이원갑이네 집까지 또 한 분하고, 서이가, 홍춘봉 기자가 전부 첫 번에 고생 많이 했었어. 그래가 인제 또 서울에 공사[7]도 다 끝나고 이러고. 내가 공사 2차로 또 내가지고 사북 연세병원에 있을 때, 서울에 농성하러 왔느라고 갔더랬다.

지장산 국민학교에는 종업원 아이들만 다 같이 다녔어요?

저 지장산 학교를 우리 손으로 지었다고. 그때 학교를 지어가지고, 딸이 거기서 6학년까지 해가지고 사북중학교로 또 내려오고.

그럼 위에 오빠들은 지장산 학교에 안 다녔어요?

어. 위의 두 오빠들은 안 댕겼고, 셋째 오빠가 댕겼지. 막내애하고 셋째 오빠만 지장산 학교 나오고. [나는] 그 지장산 학교 짓는 데, 거 일 다

---

6 2002년 노동일보 태백 주재기자였던 홍춘봉은 탄광촌 취재한 내용을 엮어 『탄광촌 공화국』이란 책을 출간했다. 이 책의 1부에서 사북사태의 뒷이야기를 다뤘는데 그 과정에서 이명득 구술자와 그 외 사북항쟁 관련자들을 취재했던 것으로 보인다.
7 수술과 치료를 의미함.

하고. 그 선생들의 사택 짓는 거, 도배 같은 걸 우리 손으로 다 하고. 화장실은 우리 여자들 너[넷]이서 그냥 모래 세멘 부어가지고 뒤벼가지고 해가지고 그냥 흙칼로 그냥 싹싹 해 바르고. 다 고생한 놈이, 그게 다 경험이야. 그 경험이기 땜에 그런 건 안 배워도 하고도 남아.

지장산 국민학교에 다니는 어린이들은 옷도 깨끗하게 세탁하지 않은 상태로 입고 다니거나 관리직 아이들하고 차이가 있었어요?

뭐 과장이나 계장집 아이들이랑, 그다음에 일반 종업원 광부집 아이들이랑 옷 같은 게 차이가 많이 났지.

학교에 누가 온다고 하면 학교에서나 부녀회에서 애들 옷을 좀 신경쓰라고 했나요?

뭐 옷 깔끔하게 입고 오라 그러는 건 없어도 오는 사람들 다 옷이 좋지 않아도 다 빨아서래도 깔끔하게 입고 다 오지. 다 젊은 엄마들이니까. 물은 귀하고 해도 옷은 다 깔끔하게. 우선 내부텀도 양말 한 짝도 신던 건 안 신고 가니까. 깨끗하게 그냥 빨아서 입지. 요새매로 제일 싼 게 옷 아니야? 제일 싼 게 옷이고, 옷이 세상에 안 떨어져서 버리지. 옛날에는 그 옷이 남발남발 다 떨어지도록 입으니 그래 그마만치 얼마나 빈곤했나 이거야.

◇ ◈ ◇
외상으로 꾸린 생활과 물 구하기

지장산사택에 사시는 분들이 대부분 살림도 억척스럽게 하는 분들이 많았어요?

아유. 다 억척인데. 억척이래도 또 애들도 많고, 한 집에는 정말 물 따루기로 저렇고, 연탄 오면 연탄 들[여] 놓는 것도 죽을 지경이고. 또 쌀이 오면은, 식구 많으면, 우선 우리 집부텀도 쌀은 한 가마니는 타야 되거든요. 80키로, 한 가마니는 타가지고. 그때는 뭐 월급이 얼마 되지를 안 하니 또 소비조합에 인감증 가지고 부식증 끊고. 또 쌀도 인감증 가지고 한 가마 반 끊어가지고. 그때는 나도 없어서 그랬다. 반 가마니는 걸[그걸 모두] 다 [팔려고] 하니 옳은 값을 받을 수 있어? 그래 한 반 가마니 팔아 가지고 그때 아버이가 술도 먹고 뭐 담배도 피우고 했으니까 [팔아서 담 뱃값도 대야지요].

그걸 누구한테 팔아요? 쌀 부족한 사람이 사가요? 아니면 장사치한테 팔아요?

뭐, 장사를 할라고 그랬는지 먹을라 그랬는지 [모르지만] 쌀을 [판다고] 하면 거서 또 누가 쌀 사는 사람도 있더라고. 거서 쌀 파는 사람들도 많고.

중간에 또 상인이 있었던 건가요?

싸지[많지]. 내부텀도 파니, 딴 사람도 [팔지]. 식구 많고, 인감증으로 [외상] 끊고 만날 선불을 미리 땡겨 놓으니 [월급] 봉투는 만날 적자야. 돈 탈 건 없어. 돈 쪼금 타 봐야 아들 그저 공납금 내고. 그러니 만날 지장산 와가지고 참 그런 꼬라지 많이 봤다, 진짜. 만날 부식을 시장에 한 군데 아주 대 놓고 먹고 그 다음 달에 월급이 나오면은 또 주고 못 주면 미안해서 또 딴 집에 가서 또 갖다 먹고. 못 줘도 못 준다 그래고선 거 갖다 먹어야 되니. 차마 미안해서 그 젊은 마음에는 못 가가지고 또 딴 집에 가서 먹고. 두 집을 저래니, 두 집 줄라믄 더 힘들잖아. (웃음)

그러니 내가 놀 수가 없어. 그 학교 짓는데, 옛날에는 일거리가 없었어. 요새야 뭐 카지노고 뭐고 하이원이고 뭐 온 천지가 전부 아짐마들 하나도 노는 사람이 없고, 식당에도 뭐 요새 사북 거 호텔에도 아줌마들 얼마나 많이 쓰나? 호텔 댕기는 사람들 한 달에 한 130만 원, 또 거서 주방 보는 사람은 한 150만 원. 또 아주 일류 주방은 한 200만 원 받는 사람도 있고. 그때는 일할 게 없어. 그래 학교 짓는 데 거 일하다가 그때는 저 질통에다 모래 지고, 자갈도 지고, 돌도 지고, 세멘도 지고.

학교 짓는 걸 도와주면 돈을 줬어요?

그래 줘도 월급을 하루 일당 [나오고], 한 달 되면 월급이 나오지.

그러면 대부분 다 부업 하고 싶어 했어요?

그래 그러다가 또 그 차가 들어오기 전에 신작로도 없었는데. 사북에서 지장산까지 신작로, 그 길을 맨들어서 올라 와가지고 했어요. [그 길에] 아스팔트를 까는데 로라[롤러] 운전수가 먹고 잘 데가 없대요. 그러니 내가 [어떡]하노 [했더니] "아줌마가 어데 좀 소개[해 주세요]."[라는 거야]. "여 다 사택이고 한데 어데 소개할 데가 없어요." 소개할 데가 없다고 이러니 여기 뭐 어디 사북에를 내려갔다가, 그 사람도 차도 없고 로라 하나만 가져왔는데, 그래 큰일이라 이러면서. 그때 내가 [학교 짓는 데] 질통 [지는 일] 이거 다 안 하고 그래 그 사람을 우리집 옆방에다 애들하고 같이 재웠다고.

하숙을 또 치셨어요?

어. 하숙을 쳤다시피 했어. 우리 애들, 딸아하고 막내이 아들하고는 또 우리 방에 자고. 우리 큰아들이 또 군대 가고 나니 아들 둘 하고, 그 아저씨하고, 그때는 여름이니까, 그렇게 춥지 않으니까 서이가[셋이] 그 방에서 자고. 아침 네 시 돼 일어나서 밥을 해가지고 아바이 또 도시락 싸고, 그 아저씨 또 일 보내고, 아들 학교 보내고. 또 열 시 되면 또 그 현장에 내려가서 솥단지 다 걸어 놓은 거 거기 또 [불]붙여가지고 라면 물을 또 끓여가지고. 라면 한 여남은 봉 삶아가지고 거 일하는 남자 인부들이 한 여덟아홉 명, 한 여남은 명 되니 또 거가서 주고. 헐개[바쁘게] 막 설거지 막 퍼뜩 해 놓고 또 올라와서 점심 또 해가지고, 또 저 그 로라 하는 사람 또 와 점심 먹고 한 시 돼서 일하러 나가믄, 또 네 시 되면 또 참 하러 가야 돼.

참 하러 갔다 오면 뭐 놀 길이 없고, 물 따를 길이 없어. 그래가지고, 참 진짜 뭐 똥 누고 밑 닦을 시간이 없어. 그래 저 사북을 못 내려와서 장사차가 오면은 거기에서 부식을 한 달치를 먹고 이제 월급 나오면 또 주고.

야채 팔던 부식차가 다녔군요?

응. 그때 부식차가 올라와 댕겼어. 그 차에다가 부식 파고, 배추고, 호박이고, 감자고 뭐 온[온갖] 게 전부 다 있지. 거서 필요한 거 해가지고 그 아저씨가 딱 장부에 적어 놓고 나도 맞장부를 하는 거야.

아저씨 장부랑 아주머니들 장부랑 다르면 서로 싸움이 일어나기도 하지 않았어요?

[그걸로] 싸우고 한 거는 없는데, 불 얻을 때 물 호스를 가지고 막.

아이들 국민학교 다닐 때나 그 후에도 부업을 많이 하셨어요?

어. 참외도 하고 뭐 여러 가지 많이 했어. 감 [수확 때]는, 저 삼척, 요 가는 데 신기라는 데 있지. 거기에는 열차 홈에서 전부 다 감을 따가지고 와서 생감은 생감대로 팔고, 또 침수[침시]⁸는 침수대로 팔고, 홍수[홍시]는 홍수대로 팔고. 그 파는데, 거서 떼 가지고 바로 막 열차루 싣고 바로 철암으로 나와 가지고 [팔았죠]. 철암 시장 앞에도 전부 그냥 장터야.

주변 소식이나 감 장사를 하려면 누가 아는 사람이 있어야 같이 하잖아요. 그런 정보는 어디서 얻으셨어요?

아이 그건 뭐 내가 다 알아서 그냥 댕겼지. 뭐 그런 건 누구 소개 받고 댕긴 것도 아녜요.

동네에서 부업 같이 다니시는 분들 계셨어요?

참외 하는 것도 내대로 했고, 뭐 감이고 [뭐고 내대로 했지요]. 철암에 앉아 또 고기[생선] 다이도 놓고 [팔고], 아를[아이를] 해 업고. 겨울철에도 동태, 그 얼어 빠진 거 다 들고 쳐서 깨가지고, 판자도 또 놓고, 난로

---

8 떫은 감을 인공적으로 익힌 감.

요만한 거 놓고 팔고.

번 돈은 다 저축하셨어요? 아니면 아이들 학교 다니는 데 쓰셨어요?

　학교 [보내는데 다 들어갔지요] 뭐, "엄마, 오늘 공납금 가져가야 돼요.", "엄마, 오늘 공책 사야 돼.", 또 뭔 "연필 사야 돼. 뭐 사야 돼." 아[애] 너덧이 졸라대다가 여기 철암고등학교 안 댕기고 영주고등학교로 갔어요. 고등학교 가가지고 또 그쯤 거도 가면 공납금이고 먹을 쌀이고 [대줘야 하고].

　우리 또 큰집 옆방에 지 친구 하나하고 둘이 있는데, 한 달 콩자반하고 여러 가지 뭐 반찬 좀 해가지고 나갔더니, 그날 저녁 자는데, 딴 학생하고 우리 아[아이]하고 공부하다가 자고. 나는 저녁을 먹고 문 앞에 자는데 아이 자다가 막 머리가 이래 돌겠드라고. 내가 잠이 깨고 [머리가 핑] 돌아서 팍 엎어지더라구. 이게 연탄개스구나 하고 문을 확 다 열어 놓고 아[애]들을 막 깨우니까 아[애]들이 정신이 없어. 정신이 없는 걸 [나는] 큰집에 [가서] 그 안에 "형님, 형님." 막 불렀어요. "아 여 연탄개스가 들어왔는 모양인데 이거 큰일났어요. 저 아[애]들이 이거 저 일어나질 않았는데 이거 어떻게 해요?" 이러니, 막 시숙이고 다 나오셔가지고 애를 들어다가 밖에다가 다 그냥 엎어 났다가 이 제껴 놓고 물을 확확 얼굴에 뿌리니까 정신이 좀 돌아오더라고.

　그 날 저녁, 내가 안 나갔으면 아[애] 둘 다 죽었어. 그래가지고 차단스[간이식 옷장] 그 하나만 있었고, 책상 쪼끄만 거 고 하나 있었는데, 고걸 들어내 놓고, 자리 싹 걷어 보니, 쥐가 이만큼만 한 게 저 뫼를[구멍을] 세 군데 내 났다. 구녕[구멍]을 내서.

아, 그래서 연탄가스가 새 들어왔구나.

　그 불 들어오는, 글로 고만 연탄개스가 들어와가지고. 아이고, 내가 이래도 참말, 여럿 살리고 저래고, 내가 영웅이다. 영웅이야. (면담자 웃음)

주변에서 여성들 사이에 싸움도 많이 있었나요?

뭐 주로 돈 때문에 싸우고 [그랬지]. 부식 값 받으러 왔다가, 사북서 먹고 옷값이고 부식 값이고 뭐 몇 달썩 안 주고 하니 막 자루를 가져와서 쌀이라도 내 놓으라고 막 자루 벌리고 하는 그런 경황은 많앴지. 많앴는데 직접 뭐 물 주고 배급 주고 하는 데서는 별로 싸움하는 거는 아주 내가 도맡아서 내가 싸우지 마라고. 뒤에 사람들 보라고. 사람들이 배급 타는 것도 줄을 나래비로 서 가지고 저 끝까지 있지요. 돈을 타도 인감증 요만큼한 거 하나 들고 전부 저래 섰지. 인감증 가지고 월급 탈 것도 없는데, 월급을 타가지고. 거 또 월급 나오는 날은 거 복지아파트 그쪽으로 뷘 상사들이 또 그렇게 많이 왔어.

근데 봉투를 놓고, 뭐 옷으로 가래다가[가리고는] 봉투를 빼가가지고 훔쳐 간 거[예요]. 돈을 빼고 어디 주머니 넣든지 어데 하지 세서 주고는, 땅바닥에다 이렇게 놓고 뭐 깜빡했지, 뭐. 옷을 이러고 디벼[뒤집어] 보고 하는 동안 뭐가 슬쩍 가져가가지고, 남편이 아주 하늘을 덮어씨고[덮어쓰고] 참 새카만 구뎅이에 [들어가 일하고 벌어 오는 돈을 잃어버렸어요]. 내 남편이나 마찬가지로 참 하루 나가면 죽을지도 모르는 그런 구뎅이에 일했껀 거를, 한 달 그게 있다 그래도 모질래서[모자라서] 저거[아껴 쓰고] 하는데도 그 돈을 마구 잃어버리고 했으니, 막 아저씨가 욕하고.

지장산사택에서 생활하실 때는 물이 많이 힘들었잖아요?

하유, 그 물이 힘들고말고. '시간 물'을 줬어요. '시간 물'을 줬는데 만약에 오후 세 시에 나오믄, 볼일을 못 봐. 기다리고 있어야 되고, 초롱⁹은 한 200개도 넘어요. 쭉 나가면 그 구시장로 가에[가장자리]까지 쭉 늘어서 있지요. 나는 그냥 중간중간에 요 갖다 놓고, 중간에 또 놓고, 뭐 쪼만하면 또 하나 갖다 놓고. 차례가 되면 물을 주니까. 거 먼저 받은 거 집에

---

9 석유나 물 따위의 액체를 담는 데에 쓰는 양철로 만든 통.

갖다 부어 놓고는, 부엌 안에 물통이 이만큼 한 게 서너 개 됐어. 물이 제일 귀하니까. 또 차례가 되면 또 받고.

이 '시간 물' 때문에 여성들 사이에 싸움도 있었어요?

몇 차례 물 땜에 싸움이 나가지고. 억세 빠진 여자들이 그 물 호스를 막 뺏아가지고, 막 집 앞 통에다 해야 될 걸 얼굴에다 막 실어내가지고. (면담자 웃음) 옷이 그냥 동태가 되고, 아이고 말도 못 해요. 그래가지고 내가 가서 물 호스를 확 빼앗아가지고 "이게 뭐 하는 짓이냐."고 [했지]. 언니가 아무리 억세도 내 말은 듣거든. 이게 뭐하는 짓이냐고 "아이, 저 젊은 새댁들 물도 못 받고 저 하루 종일 서 있는 걸, 와가지고 저 기다리고 있어도 물 한 초롱 안 주고, 이 왜 헛물을 이렇게 버리냐?"고 막 물 호스를 뺏어가지고 "아이, 언니. 집에 드가라."고 등 떠밀어가지고 좀 데려다 주라고 [했지]. 들여보내 놓고 물 못 받는 새댁들을, 결혼한 지 1년도 안 되고 이런 새댁들이 초롱들 다 앞에 가져오라고 그래가지고 물을 내가 그냥 다 주고.

선생님 하는 얘기를 사람들이 잘 들었어요?

그러믄.

부인회장이라서 그러셨나요? 아니면 무서워 보여서?

그래가지고, 아무리 억센 사람이래도 내가 들면 다 해결을 했거든. 내가 그마만침 쾔[별] 능력은 없지만은, 내가 해결사를 했어. 그래 뭐 쥐[쥐어] 뜯고 싸우고 뭐 이런 거는 내가 봐서는 B지구에서는 별로 없었고, 뭐 딴 일로 해서 뭐 싸우고 하는 일은 많더라고.

해결사를 해 주시니 사람들 어떻게 반응을 했어요?

[내가 해결해 주니 그 집 남편이] 아줌마 땜에 물 받았다고. 그 아저씨

가 그 이튿날이면, 저 우리 식구 물 못 받고 있는 거 형수 아니면 물도 못 받을 정도 됐는데, 물 받아서 너무 고맙다고 또 이러고.

또 어떤 일 하셨어요?

내가 나중에 아바이 물통 사고 이후에 세탁실에 근무해. 근무해 놔놓으니, 옛날엔 뭐 목욕탕이 있나? 남자들도 저거[사북항쟁]하고, 지장산은 목욕탕 생긴 지 얼마 안 됐거든. 그래 남자들은 씻지만, 여자들은 씻을 데가 없어.

그래 나는 밤에, 갑반 아침에 가고, 오후 세 시에 가고, 또 밤 열한 시에 가서 열두 시까진 교대하고, 이래. 그때는 내가 요 또 와서 우리 세탁실에 선탄부 아줌마들 씻고 하는 큰 목욕탕이 있어. 그 목욕탕에 그 며느리 데리고 걸어 내려와가지고, 딸하고 다 내려와가지고 우리 며느리도 배가 이만 했는데 마음대로 씻지. 뭐, 뭐 목욕들 다 하고. 나는 빨래 같은 거는 다 출근 차에 싣고 와가지고, 종업원 검은 옷 다 빨래해 놓고. 방통 같은 걸 몇 번 돌려서 싹 씻쳐 물 빼 버리고, 거다 여어[넣어] 놓고 빨래 돌려가지고. 건조기도 싹 닦아 버리고 거따가 뭐 풍차 돌리듯 돌려가 말라가지고[말려서] 다 개가지고 또 출근 차 올라오면 [그 옷을] 가지고 올라가고.

세탁실 근무는 다른 사택 어머니들도 하고 싶어 했어요?

하고 싶어 한 게 아니고 아바이 물통 사고 난 후에 좀 쉬다가 또 출근하고. 그것[세탁실]도 맘대로 못 들어갔어. [남편 사고 난 후에] 과장한테 얘기해가지고 [내가 세탁소에] 가서 들어와가지고, 한 10년 가까이 하다가 허리를 다쳤거든. 이래 또 공사를 한다 이래가지고 8년간 서울, 인천, 또 중앙병원에도 가서 한 8개월 있었지. 저 강릉 동인병원에서 수술해가지고. 이래가지고 충북대 병원에도 가 있었지. 태백 자유병원에도 있었지. 영월 정형외과도 있었지.

◇ ◇ ◇
도망간 아내들과 술집 마담들

사북 탄광촌에 사시다가 자식들 버리고 도망가는 어머니들도 좀 있었어요?

아, 있었지.

보통 왜 도망갔어요?

왜 갔나 하면은 그 광산에서 남편은 [술집에 다녀서 집에] 몇 날 없지. 월급 타 봐야 월급 적지. 그러니 그 학교 지으면서 젊은 새댁들이 많이 나왔어. 와서 일을 했거든. 우리는 거서 제일 왕으로 너이[넷이]가 딱 조가 돼 있어. 거서도 그 감독 친해서 바람나서 가고. 또 지장산에 축대 쌓는 데 거도 감독 있는데, 그 축대 쌓는 데 거서 술 겉은 거 한 잔쓱[씩] 먹고 하다가 그 감독이 좀 친절하게 해 주고 하면은 그 감독하고 [그 여성이] 또 붙어서 가 뻐리고. 뭐 갔는 일은 많아. 내가 알기로도 감독이라 그러면 다 외부서 [오고] 축대 쌓는 데서 감독하는 사람도 다 외부서 왔어. 그럼, 고만 붙어 아[애]새끼고 뭐고, 남편이고 일 가고 없는데 다 버리고 [도망을 가요]. 그런 집을 여럿 봤어.

그 집 애들은 어떻게 해요?

그래 미련 없어요. 한 집에는 아저씨도 진짜 맨제기[10] 겉고[같고] 한데, 아들은 너이인데[네 명인데]. 아이고, 여편네도 새카만 똑 흑인 비슷한 여자가 [있었는데] 그 여편네가 남자 하나를 붙어가지고 가 뻐리고. 남자가 유도리나 아무것도 없고, 나갈라 하이 아들 너이가, 거 밥 달라고 울지요. 뭐 일을 나갈 수를 [없고]. 자기도 뭐를 끓여 먹을 형편도 못 되고.

---

10 제기를 만들 때는 무게 중심을 잡기 위해 동전이나 쇠붙이를 넣어서 만드는 데, '맨제기'는 이것을 넣지 않고 만든 '맨(빈)' 제기라는 말이다. 중요한 그 무엇이 빠진 것처럼 어리숙한 사람을 가리킨다.

그러다가 아들[아이들]은 다 흩어져서 그만 다 지장산서 흩어져 나가고 아저씨는 병이 들어서 고만 죽었어. 아이고, 참 너무 안 됐고. 딱 한 집에 그런데 거 A지구고. 그 이장이 있는 그 사택에는 여자 하나, 시아버지는 그 공동 화장실에 청소[하는 일을] 댕기고 아저씨는 이리 [탄광에] 댕기고 하는데, 아저씨가 좀 다쳐가지고 이제 공상[11]으로 있는데 여편네가 남의 남자를 떡 봐가지고 또 가 빼리고. [그렇게] 갔는 집이 몇 집 봤어요. 뭘 하든 남의 사나[사내]를 붙어서 그래 가고, 남의 사나하고 붙어서 저거하고[바람나고], 몇 집 봤어요, 몇 집. 아이고.

부부간에 사이가 좀 안 좋았던 거 아니에요? 광부 남편들이 아내를 때리거나 욕 하니까 외부 남자한테 간 거 아닐까요?

그렇지. 그렇다고 암만 해도 가정이 저 없고[가난하고] 하니까 평탄치를 못하잖아. 평탄치를 못하고 하니까 뭐 치받고 때리고 하는 거야 또 뭐. 뭐 때리는 놈들이 과반수고 [그렇게 때리고] 하는 거 아니까. 고만 '그까짓 거, 내가 니놈하고 사니, 내 가는 게 낫겠다.' 이러고 가는 것도 있고. 그래 붙어 가는 것도 많고. 사택에서 아주 지지갈갈이[지랄들을] 해요, 별 거 별 거 다 보고.

사택에 사는 다른 여자분들은 그렇게 다른 남자랑 도망가는 여자들에 대해서 어떻게 생각하시는 편이었어요?

아이구, 거 아[애]새끼들 데리고 거 세상 우예라도 살아야지. 그래 어디 가면 어떻게 하나 그래, 응? 그 아새끼들 데리고 [살아야지]. 나도 옛날에도 저 영감쟁이하고 싫은 소리 하고 [하면은] 그때야 뭐 나가 한 서른 전후, 마흔 전이고 하니까. 아이고, '씨발아, 애를 한 번 멕여 버리고 내가 집을 나갈까?' 이런 생각하다가도 내가 만약에 나가고 나믄 우리 아[애]들은 진짜 학교도 못 가고⋯. '우예라도, 굶어도 아[애]들은 학교는 시켜

---

11 산업 재해를 당해서 집에서 쉬고 있는 상태.

야 되겠다.' 마음을 내가 꼭 먹었거든. 그래서 내가 고생을 하고. 만약에 내가 집을 나가고 나믄 그 날로써 아바이는 물론 술타령 할 거고, 뭐 지집[계집]이 집을 나가고 없는데, 애들 너이[넷이]가 밥 달라고 조르지. 뭐 학교 가게, 그 상황에 또 돈 달라고 하믄 그 꼴에 되겠나? 그래 참고 살았지 참고 살았어.

그러고 나중에, 그럼 서로가 마음이 가라앉았을 때 내가 따지지. "물론 없고 하니까 당신이 나한테 그런 말을 그래 함부로 하는데, 그런 말 하지 말라."고 [하고] "내가 막상 없으면은 저 애들은 뭔 꼴이 되나. 내가 애들 봐서, 진짜 있어 주지. 당신 보면 내가 당장 나가고 싶다." 막 [그러지요]. 우리 아바이 또 호인 겉어[같아] 노면[놓으니] 마흔 전에는 그런 생각도 들었는데 그래도 참고, 진짜 쌀 타서 어데 한 반 가마니씩 팔아가지고 아바이 담배 돈도 대 주고 저 술값도 [주고 그랬어]. 그러다 보니 술값도 만날 외상이고, 한번에는 우리도 우에 점방 집에 돈을 못 가져다 줬더니만 그 집 점방 아저씨가 자리[자루]를 들고, 쌀이라도 달라고 왔어. 근데 쌀도 딱 먹을 것만 타고 해가지고 쌀도 드릴 게 없고 하니까 요 다음 저놓으면은[월급 타면은] 어떠한 일이 있어도 드릴 테니까 좀 기다리고 계시라고 [한 적도 있어].

술집에 마담 언니들이랑 마을 어머니들이랑 사이가 안 좋았어요?

아. 술집 마담이고 뭐고 그 새카맣게 입고 진짜 뭐, 목욕탕이 있나? 그냥 오면 장화 벗고, 하이바[헬멧] 벗고, 옷이 그냥 탄가루가 더덕더덕 묻었는 거 겨울철에 그냥 현관 안에 걸어 놨다가, 낮이면 그 낭개[나무]에다 탁탁 털어가지고 [입고 다니는데]. 그냥 물, 그 저 세수대만 한 데다가 물 하나 주면, 거기에서 머리도 못 감고 낮만 씻고. 우선 우리집부텀도 낮만 씻고, 발만 씻고 그냥 들어왔지. 그러니 이불깃이란 건 만날 새카맣지 뭐. 그거는 뭐 어쩔 도리가 없었어. 목욕탕 생긴 지가 얼마 안 되고.

마담 언니들도 광부 아저씨들이랑 같이 술도 드시고 하시잖아요. 어떻게 생각하셨어요?

음, 그래 심정은 심정이지만은 그래도 그때 뭐, 술집이 지장산에 가게 하는 집 두 집, 통닭집 하나, 또 그 밑에 황기집이라고 술집 하나 있었어. 그러고는 저 위에 팔칠오광[875광]이라는 데, 거기서 항에서 나오믄 냄비 해뜩 디비진[뒤집어진] 데 요런데다가 물 찍 좀 붓고 김치 몇 쪼가리 띄우고, 두부 한 모 썰어 주고 한 만 원 썩 받아 처먹으니. 그거 뭐 돈이야 많이 벌었지. 돈이야 많이 벌었지만은, 그마만치 욕도 많이 얻어 처먹었어.

마을분들한테 욕을 먹었어요?

그러이. 광산 댕기는 사람 뭐 먹는다고 나무랠 수도 없어. 일단 나오믄 목에 탄가루가 다 걸렸으니 우선 막걸리 한 잔이라도 먹어서 씻어 내려야 되니, 진폐 환자로 [살아야 되잖아].

4. 사북항쟁 참여자가 되기까지

◇ ◈ ◇
항쟁 당시에 대한 기억

이원갑 씨는 사북항쟁 때 큰 역할을 하셨는데, 그분에 대해 어떻게 생각하세요?

그때 이원갑 씨는 지장산서 내려오면 그 밑에 크게 직원 사택에 있었는데, 그 사택에 있었어. 그 집엔 딸이 여덟이고 아들이 하나고, 9남맨가 8남맨가 그래. 근데 참 이원갑이도 혼자 벌어서 그 식구 멕이니라고 진짜 죽을 똥을 쌌어. 일은 잘 안 하고, 몸이 아프면 또 일을 못하고 하니 만날 아짐마[이원갑 부인]는 집에서 장사하고. 그냥 집에서 아들이나 돌보고 그래 먹고 하는 게 낫지. 딴 건 못해.

어제[사북항쟁 기념식 날]도 아유, "형님[이원갑 부인]. 참, 이원갑 씨 그때 가서 살고 할 때, 얼마나 고생이 많았소? 몇 남매 데리고. 술 한 잔 받아요." 그래 술 한 잔씩 나누고 그랬는데. 장사하고 뭐 하고 마 못 하고 그 아줌마는 애들 그저 끓여 멕이고 입히고. 그 집에 이원갑이가 좀 똑똑하잖아. 똑똑하니까, 회사에서 아주 빌어 묵을 회사는, 또 똑똑한 사람은 아주 딱 돌려 놓는 거 있지? 아주 나쁜 놈의 새끼들. 그러니 올바르게 안 하니 어제도 이르는 거 들어봐. 광부들은 죽자 사자 일만 하믄 배급 주고, 일은 시키는 대로 하고 돈을 주는 대로 받고. 그게 천직인 줄 알았는데 그게 아니고, 그 도급제로 일은 쎄가 나도록[혓바닥이 나오도록] 해도 돈은 얼마 안 되니, 그게 문제지. 그러니 똑똑한 사람들이 그런 걸 문제가 있다고 얘기를 하니, 회사에는 그런 사람을 제일 싫어하는 놈의 회산데. 그래 그것도 내가 사북사태 본론부텀 얘기할게.

그래서 동원탄좌에서 다친 환자가 월급이 적으니까, 공상비도 너무 적고 이러니 노조에 와서 따졌어. 따지고 하니까, 그 노조 지부장놈이 그랬는.

그런데, 인제 그 환자가 너무 따지고 하니까, 지서에다 연락을 했어. 요 사북지서에다 연락을 했는데, 사북지서 지프차가 하나 올라와가지고 또 환자한테 막 뭐라 그러고, 경찰이 저러니까, 이 환자가 부애가 나니께 그냥 이런 창문 이마난치 높으진 않애도 창문을 뛰[어]넘어서 떨어지는 걸, 지프차로 그만 그 사람을 갈고 넘어갔어. 그래가지고, 그질[그길]로부텀 이 [사북] 사태가 일어난 거야. 아무리 검은 탄가리[탄가루]를 쓰고 [이래도] 사람이 여태까지 참고 있었는데. 그래가지고 [짚차가 뭉개고] 넘어가가지고, 그 사람 병원에 갔지. 갔는데, 그걸 종업원들이 알고 그날부텀 일을 안 하고 사람을 개돼지새끼 취급을 하고 이게 뭐하는 짓이냐고 [들고일어난 거지요]. 바른 소리만 하믄 사람을 이렇게 억압적으로 이래가지고 되나? 일을 안 하고 그냥 종업원들이 싹 다 뭐 몰려서 그냥 광업소 마당[에 모였어].

그때 노조 지부장이 이재기랬어[였어]. 그 여자, 린치 사건. 그래가지고 여 처음 보니 뭐 싹 몰려, 뭐 몇 천 명이 일 안 하고, 구뎅이가 다 그냥 뭐 내려앉아도 [일을] 안 하고 버틴 거지, 뭐. 버티고 그질[그길]로 그냥 막 왕상왕상 막 난리가 난 거지. 짐을, 쌀 창고고 뭐고 뭐 짐을, 고무호스고 뭐고 다 끄집어 내놔 놓고 불을 싸지르고.

그러고 또 그 와중에도 딴 데서 깡패새끼들이 와가지고 사택에도 댕기면서 안 나가. 불이 [켜져] 있고 한 집은 유리창을 다 뚜드려 깨고. 나와서 합세 안 한다고. 그래 내가 아[애]들 불을 못 써서 밥을 못 줬다니[줬다니까]. 그래서 좀 밝아서[어두워지기 전에] 그냥 한 술 먹고, 말믄 말고 했지. 어두운데, 촛불을 써 놔도 문을 딱딱딱딱딱딱 뚜드리고 지랄을 하기 땜에 촛불도 못 써[켜] 났어. 그래가지고, 전신에 여자 남자 매 수천 명이 끌어 다 모여 놓고 그때부텀 인제 광업소 발딱 뒤비진[뒤집어진] 거야. 뒤비지고, 이재기 이 새끼는 고마 어디 도망을 뛰 가 버리고 없고. 고마 지부장네 집을 막 쳐들어갔어. 근데, 나는 여 와서 이렇게 오래 살아도 아직 그 여자 얼굴도 모르고, 그 여자 고기 장사를 해도 고기 파는 것도 한 번 보지도 못하고.

이재기 씨는 중앙사택 쪽에 살고 있었어요?

중앙사택이 아니고 요 방송국 옆에 거기에 살았었어요.

그럼 사택이 아니라 개인 집에 살았던 거예요?

어. 개인 집이야. 개인 집인데 그 개인 집이라도, 거기도 맨 사택이야. 근데, 만날 집 비우라 하던 전○찬이도 고 살았고. 그래 살았는데, 이재기 집을 가서 다 둘러[몰려]가서 저걸 하니께, 여자가 그 침대 밑에 들어가 있었는거라. 여편네들이 다 뛰 가가지고, 이래 지장산서도 봐도 하여튼 그 방송국 있는데 꽃밭이고. 근데 그 여자를 해 끌고, 뛰 내려오고, 그 전○찬이 그놈, 그 사택 반장. [우리에게] 사택 [방을] 안 주고 지랄했다고 그만, 그 고것도 그거 앙심으로 해가지고서는 그걸 뭐 얼매 뚜드리 팼는지, 가마니 말아가지고. 그거 뭐 병원에 갔다는데, 죽었는지 살았는지 모르겠어, 그것도.

그질[그길]로 막 사태가 일어난 거야. 사태가 일어났고, 막 경찰차가 그냥 수백 대가 와가지고 [있었죠]. 그래서 먼저 그 사태 난 후에, 전두환이가 여기엘 헬기 타고 와가지고, 지장산에 와 가지고 지프차가 한 댓 대도 올라와가지구선 [있었죠]. 내가 그때 화장실 갔다 오다가 요런 칼돌 우에다 엎어져가지고 무릎을 찧어가지고, 병원에 갈라고 이거 소비조합 앞에 앉았다니까[앉아있으려니까] 왜 이리 앉으셨냐고 그러더라고. 그래서 "무릎을 좀 다쳐가지고 지금 병원에 갈라고 앉았다." 이러니까 전두환이가 "얼른, 치료를 받으세요." 하더라고. 그래, 그러고 사택을 다 댕기며 둘러보고, 또 그쪽에 새로 지었는 사택들 고도[거기도] 전부 다 둘러보고. 그때부텀 학교 마당에다 그 헬리콥터 대 놓고, 지프차 한 대가 올라와가지고 다 시찰하고 내려갔어. 하여튼, 사북 이 일은 계엄사로 저거[처벌] 안 하겠다고 [약속]하고 갔는데 계엄사가 일어난 거야.

◇ ◈ ◇
지부장 부인 사건

그 부인회분들이랑 이장님들도 사북사건 났을 때 다 나오셨어요?

사북사건 났을 때 내가 부인회장이고, 부회장이 그때 갔댔고. 지장산서. 그래 반 사람 간 거는 모르겠어.

사북사건 후에 연행될 때 어떠한 상황이었어요?

결과적으로는 알고 보니까 나를 잡으러 온 게 아니고, 그 밑에 연탄 공장 있는 D지구 회장이 그 사진에 찍혔고 해가지고 그 여자를 잡으러 온 걸 재수가 없느니라고 내가 잡혀간 거여.

D지구 그분은 또 나중에 같이 잡혀가셨어요?

근데 그 여자가 잡혀가지가 않았는데. 안 잡혀가고 내가 5월 8일 날, 어버이날 잡혀가고. 그것도 몰랐는데 나중에 원주 사령부에서 와가지고 저거[조사]할 적에 알았지. 나중에서 알았는데.

지부장 부인 대조 조사 다시 할 때?

어. 지부장 부인 그 린치 사건 그거 좀 다시 재조사를 할 때, 그때 알았어.

대조 조사할 때 지부장 부인이 D지구 부인회장분 봤다고 얘기하셨던 거예요?

어. 근데 지부장 부인 [나를 보고는] 이 아줌마가 아니고 딴 아줌마라 하더라고. 근데 거도 뭐 부인회장이라 한데, 이 아줌마가 아니라고. 날 보고 이 아줌마가 아니고 딴 아줌마라 하더라고. 재수가 없으니 내가 간 거지, 뭐. 가가지고 일단 당한 건 당했으니 뭐, 다리 못 쓰고 지금 하는 것도 맹 그 건데기 고거 [당한 건데]. 그거 나중에 알고, 집에가[당신이] 잡혀갈 걸 운 좋게 잘 피했다 이러니까 "아이, 내가 왜 잡혀가요? 내가 왜 잡혀가요?" 그래. 그래서 내가 "운 좋게 잘 피했다." 일단 안 잡혀간 것만이[것만큼] 뭐 좋은 일이 없지. "거 잡혀갔으면 뭐, 참말로 뭐, 나이가 많고 적고를, 노소를 막론하고 거[거기] 가면 구석이[행색이] 말도 못 하게 고초를 당한다." 근데 결과적으로는 그 여자가 갈 거를 나중에 알고 보니, 그 형사놈들도 그러더라고. 그 저 B지구 부인회장이 잘못 잡혀왔다고. A지구, B지구, D지구, C지구 4개 지역에 부인회장이 하나썩 다 있었거든. 지부장 부인 대질할 때도 [날] 모르니깐 지부장 부인[이 나를] 부르진 않았지. 부르진 않앴는데 나중에 알고 보니까 그 여자가 갈 거를 집에가[당신이] 갔다고. 결과적으로 그리 그렇게 말이 나서 나도 알았지.

그건 어떻게 아셨어요? 어디서 들었어요?

그 말은 이장이 그러던가, 누가 누가 그러더라고.

마을에서 들으셨던 거겠네요?

마을에서 누가 저 밑에 낯 시키면 저 D지구 부인회장, "저 여자가 갈게." 그러니, 그러고 보니 얼마나 밉깔시러운지. 물 따르러 나가도 아주 밉어 죽겠어. 아주 그냥 미우나 마나 뭐 시방 고생하고 나온 거는 하마 벌써 했고. 안 한 거만이 천만[다행], 덕인데.

석방된 후에 그 D지구 부인회장님이랑 만나서 얘기한 적 있으세요?

그래서 내 그랬지. "집에가[당신이] 안 가가지고 다행이다." 내가 그러니께 "내가 왜 가요?" [하더라고]. "뭐 왜 가요는 왜 가요야. 본 사람이 있다는데. 본 사람이 있고. 본 사람 대 주까[대면시켜 줄까]?"

그랬더니 뭐래요?

　대 주까 이러니까 아무 말도 안 하더라고. 할 말이 없지, 뭐.

그 지부장 집에 갔던 사람들은 어떤 사람들이 갔어요?

　모르지요, 뭐. 직접 보지를 않았으니까. 뭐 지부장 부인을 잡아 왔다
소리는 집에서 들었고. 집에 있지도 못했어. 아들 밥을 해 주마[주면 누
가] 막 나오라 그래서 불을 써[켜] 놔놓으면 뭐 밖에서 저런 각목을 가지
고 창을 그냥 막 뚜드리고, 막 다 와르와르 다 깨고 지랄을 해서.

네. 거기에 보러 가셨던 거예요? 누가 그렇게 나오라고 각목으로 창문을 쳤던 거예요?

　아이, 그거 저 난리가 나면 그런 몰려다니는 놈들이 또 있잖아. 그런
놈들 많지, 뭐. 그거는 어디 지방 놈들이 아니야? 사북 사람들도 아니고
딴 데서 다 와가지고 그 지랄하는 거지.

◇ ◈ ◇
강요로 하게 된 방송

사북항쟁 때 "사람들이 모여 있다." 이 소식을 어디서 들었어요? 부녀회에서 방송
을 했다고 하는데 그런 게 있었어요?

　사람을 못 살게 하는데 어떡해? 그래 방송을 내가 했어. "여러분들은,
여러분들은, 집에 계시지 말고, 광업소 마당으로 다 모이시라니까, 한 분
도 빠짐없이 모이라고." 방송은 내가 했어. 4개 지역의 딴 부인회장들이
안 하니 뭐 어떡해? 내가 해[야 됐지]. 그래가지고 이제 집구석에 있지 말
고 다 현장에 싹 내려가라고. 한 날 이장이 와서, 그 여편네가 하나 또 [거
기서] 빠진 게 있었어요. "아이, 부인회장이 이래가 가만있으면 어떡하
냐?"고 [하더라고]. "가만있지. 그럼 뭐 춤이라도 춰야 되나, 뭐 우예야 되
노? 그러면. 어떡하란 말이여?" 이제 "아, 방송이라도 해야지." [이래] 방

송하라 소리를 무려 다섯 번을 듣다가 도저히 우리 집을 싹 다 몰려와가지고 방송 안 한다고 지랄 지랄을 해서, 그 아줌마들이 방송을 안 한다고 지랄해 놓고 다 도망을 담 위로 뛰 갔어. 그래 내가 뭐 여튼 [부인회장을] 한 지도 얼마 안 되고 방송 그 마이크를 들고 "집에 한 분도 계시지 말고 광업소 마당으로 싹 다 모이시라."고 [방송을 했어].

같이 싸우자는 차원에서 모이자고 방송을 한 거예요? 남자들이 같이 나가서 지금 싸우고 있으니까 힘을 좀 보태자고?
　어, 그렇지. "이제 여자들도 합세를 하라." 이거지.

방송을 안 하고 싶으신 거였어요?
　어, 난 그런 나중에 뒤가 좋지 않다는 일을 별로 하고 싶지 않았어.

그걸 알고 계셨어요?
　알고 있지. 그거 어떻게 왜 모르겠나? 그런데도 결과적으로 재수가 없으니까 [방송하러] 갔다 왔지.

그 네 개 부인회 회장님들은 단합이 되어서 "이때쯤 뭐 해야 된다." 이런 의논하고 나서 방송하셨던 거예요?
　뭐 부인회장도 단합이 잘 되질 안 해요.

어머니들이 몰려와서 부인회장이 나서라 요구하신 거예요?
　그래, 어머이들이 그 B지구 여자에 뭐, 우리 지구에 여자, C지구 여자들이 [몰려와서]. [내가] "왜 딴 부인회장한테 얘기를 안 했어요?" [하니] 다 했대.

다 했대요?
　"다 했으믄 왜 방송 소리가 안 나요? 그러면 그 여자들 미리 데려다 하면은 나도 우리 지구에 하겠어요."

다른 지구는 방송을 다 했대요?

아이, 첫 번에 그래 안 했지. 안 했는데, 그년들이 고마 저 밑에 내려가서 다 합세를 해 뻐려 놔놓으니 집에 내 혼자 [안 하고] 있는 [것도 미안하니깐] 결과적으로 딴 부인회장들은 저, 저 밑에 농성장에 다 내려가 있으니 내가 집에 있다가는 이제 그리 가서 방송 했다. (웃음)

방송하신 다음에는 사북광업소 앞마당에 내려가셨어요?

어. 그 다음에 고무호스고 뭐 이런 걸 밤이면 태워가지고 사람도 새카맣고. 그때 내 먼 데서 이렇게 봤어. 그날 지부장 [부인] 잡아 오던 날이래. 참 방송하던 데가 참 먼데, 저 아파트보담 더 멀지. 그런데 아직[아주] 인간 사태야 인간 사태. 지부장 집, 거 막 다 둘러싸가지고 난리였어. 우선 급하니까 지부장 부인은 침대 밑에 드가 있었는 걸 놔두지 신랑이 잘못했는데 뭐하러 여자를 끄집어 내가지고 끌고 기어와가지고선 그 망할, 못된 짓을 그래 [했어요].

그 지부장 부인을 잡으러 가는데 같이 가셨던 아줌마들은 원래부터 지부장 부인이랑 사이가 안 좋았던 분은 아니에요?

아니 뭐 별로 뭐 사이가 안 좋고 [그럴 것도 없고], 지부장 부인이 [누군지] 잘 알지도 못하면서. 그 신랑이 [노조위]원장으로서 그때 [못된 짓을 많이 해서] 그래. "어용 노조는 물러가라. 도급제 철회하라." 그러니 "식구도, 니도 한편이 아니냐?" 이런 식으로 해서, 그리 그 아줌마[지부장 부인]를 잡아다 그 지랄한 거지, 뭐. 솔직히 그 아줌마가 뭔 죄가 있어? 아무 죄도 없지. 저, 고기 다라이[대야] 이고 거도 뭐 아들하고 먹고살기 위해서 [애쓰는데], 고기 다라이 이고 일하고 이러고. 아들하고 참 제우[겨우] 산다 하더라고. 나중에 말 들어보이 제우 사는 놈을 글쎄 끌어다가 그 지랄을 했으니. 그 아들은 뭔 꼴이 됐겠어. 그래가지고 나중에 병원에 풀어다가 이제 계엄이 끝날 무렵에 풀어다가 병원에 갖다 눕혀 놓고. 여

동원탄좌 서울에 이사장이 지부장 부인 먹고 살 만침 뭐 돈이나 땅을 좀 줬다는데. 아이고, 아들들을 잘 키워가지고 아들 하나는 법관에 있다 하더라고.

지부장 부인 댁은 사북사건 이후 여기 사북에 계속 안 살고 이주하셨어요?
　아니지.

좀 있다가 1980년대에 나가셨어요?
　좀 있[다가] 그질[그길]로 나갔어.

4월 22일 날 여자 분들끼리만 또 시위를 했다고 나오던데요?
　지구에만 잘하면 됐지. 뭐 그깟 딴 게 잘하든 말든 [그것]까지, 그것과는 관계없고.

여자 분들끼리만 또 시위를 하면서 임금 인상해 달라는 요구를 했다고 자료에 나와 있는데요?
　아, 여자들은 뭐 인상해 달라고 한 건 없어. 그거는 남자들이 거 가서 밤을 새우고 하니까, 인제 솥 걸어 놓고, 밥하고 국 끓이고 막 하는 거는 여자들이 전부 다 했지, 뭐.

남편들이 나가 있으니까?
　이, 그래도 나는, 그때는 그런 건 안 하고. 저 지금 카지노 있는 김○완, 근데 김○완이도 광업소 마당에서 한 번 또 농성을 또 해가지고, 그때 일 안 하고 저래서 붙들려 들어가서 또 형 살고,

이거는 사북사건 이후에 또 쟁의가 났을 때죠?
　어. 그런데 내 [연행을] 갔다 온 뒤에, 그때 내 세탁실 댕길 때야.

한 번 더 쟁의가 났었죠?

어. 세탁소 댕길 때 형사, 오 형사라고 [있었어요]. 그때 고게 나이가 적은데, 고거 같은데 아무래도 고 책상 너머에서 거길 저거한[사찰한] 거 같은 [사람이]. 내가 세탁일 하다 이래 내다보믄, "아줌마, 저런 데 개입하지 말아요. 아줌마." [그런다고]. 아유 언젠 개입했어요? 이 양반이 꼭 말을 해도 꼭 그딴 식으로 말을 하고 한다고. 안 그런 말을. 노려보고 또 뭐, 아이, 아이 두 눈 가지고 보지도 못하냐고. (면담자 웃음)

◇ ◈ ◇
돌 던지기와 구경

사북항쟁 때 여성들은 돌을 던졌다고 하는데 실제 어떤 식으로 참여를 했어요?

어, 여자들은 그전에[예전에] 치마를 많이 입었는데, 치마에다가 돌을 싸다가 이제 남자들한테 갖다 퍼 주면 남자들은 돌 던지고. [지금] 카지노 들어오는 부근에는 쨀발이를 딱 해서, 동발[12]을 딱 해서 막아 놓고. 고 요 옆에 길로 댕기고 하는데. 경찰차가 한 20대가 와서 진압을 하고. 군인 차하고 막 그래 와 가지고. 그래 우리 종업원들도 역분이 [화가] 나 놓으니 막 돌도 그냥 막 [던지고], 뭐 무기 같은 건 하나도 없고. 열차가 못 댕겼는데 열차를 가갖고 그 역전 우에 합목장 있는 데서 그냥 아주 밤낮으로 열차가 오고. 거기 철길에 가서 눕는 사람이 말도 못 하는데, 뭐 "날 쳐라." 날 쳐 보라는 식으로 하니 열차가 못 댕겼는데 뭐.

사북항쟁 때 모여 있는 어머니들 밥하는 거 말고 뭐 하셨어요?

어머니들은, 글쎄 돌 치마로 싸다가 남자들을 갖다 주고. 그저 구경하는 사람. 구경하고.

---

12 갱목. 갱도 따위가 무너지지 않게 받치는 나무 기둥을 말한다.

구호도 같이 외치고 동참하는 분 안 계셨어요?

　돌도 억신[억센] 년들이나 매나[맨날] 갖다 주지요. 저거한[순한] 사람들이야 기냥 서서 뒤에서 바라다보고 그냥 구경만 하고 있는 거지, 뭐. 근데 공중에서 헬리콥터가 댕기면서 [사진을 찍었어요]. 그 헬리콥터가 사진 찍었는지 안 찍었는지도 모르는데, 정선[경찰서]에 가 보니까 그 사진 한 삼사백 장을 펴 놓고 여기서 누구를 봤는지 [경찰이 물어봤어요]. 뭐 사북에 사는 게 다 아는 사람이지, 뭐. 그때 내 모르면 빨갱이라 했는데. (웃음) 근데 "여기서 누굴 봤어요." 이러면 그 사람은 그 이튿날 대번 항에 새카마나 저 감독시켜서 누구 불러내라고 [해서 잡혀갔어요]. 이 차가 드가가지고 불러 싣고 나와가지고, 대번 지프차로 끌고 와가지고선 장화 벗어서[벗겨서] 장화가 그냥 짐더미 같고, 하이바 벗어서 이렇고. 그 새카만 놈을 [끌고] 들어와서, 창살에 다리를 걸고 꺼꿀로[거꾸로] 엎드린 놈을 개 패듯 패는데. 아이고, 못 들어.

5. 검거, 고문, 조사라는 폭력

◇ ◇ ◇

어버이날 검거되다

사북항쟁 후에 계엄사가 처벌 안 하기로 했으면 약속을 지켜야 되는데 다 잡아간 거예요?

어. 안 하기로 했으면 안했어야 되는데, [사람들을 연행]해가지고. 어느 날 갑자기 밤에 경찰차를 갖다 놓고 여자고 남자고 그냥 뭐, 을반 갔다 와 자든지 뭐 하든지 다 깨워가지고서는 [끌고 갔어요]. 그 집에 다 문 두드려가지고, 전부 파자마 바람으로, 여자는 그냥 속옷 바람으로 이[이렇게] 자는 놈을 다 그냥 버스간에다 [태우고], 막 구둣발로 차고 몽댕이로 때리고 지랄을 해서 다 끌고 갔어. 이[이렇게 끌고] 가가지고, 하여튼 한 이삼 일을 계속 그랬어. 그래 나는 뭐 별 죄가 없으니까 [걱정하지 않았어요]. 죄가 있고 한 년들은 하마 다 달아났는데, 우린 그걸 몰랐지, 뭐.

그래 인제 [그때부터] 37년 됐는데 그날 5월 8일, 어버이날이랬어. 근데, 며칠 전부텀 하른[벌써] 저 중앙사택, 새마을사택, 북부사택, 지장사택에 경찰차가 몇 대 쓱 와가지고서는 잡아가고, 똥방댕이[엉덩이를]를 그것도 차고 그냥 막 방댕이를 때리고 그냥 뭐 막 주[쥐어] 때리니. 그러니까 [정선경찰서에] 내려가지고 깜방에다 그냥 갖다 막 처 여어[넣어]놓고 그 하나하나쓱 막 불러 여어[넣어]가지고 조서 받고 하는데, 그래 그 사람들이 잡혀간 지 한 7, 8일 됐을 거야. 그래 7, 8일 됐는데, 나는 어버이날에 장을 좀 달일까 하고, 장 단지를 열고 하다니까 남자 둘이 들어왔어. 그때 내가 지장산[사택] B지구에 부인회장을 했는데, 부인회장이 너이[넷] 이랬거든. 내가 B지구 부인회장을 했는데, "여 부인회장이 맞습니까?" 그래서, "예. 왜 그러시나요?" 이랬는데 본 이름 이명득이고 가명이 이정숙이랬어. "이정숙 씨가 맞습니까?" 이래.

왜 가명을 쓰셨어요?

그거는 그냥 회사 가명으로 썼거든. 그래 "이정숙 씨가 맞습니까?" 그 래서, "예. 맞는데 왜 그러십니까?" 이러니까 "경찰서 좀 가야 되겠는데 요?" 이래. "왜요?" 이러니까 "좀 가 보믄 알 [거고] 좀 갈 일이 있어서 그 래요." 이래. 그 장 단지 그대로 그냥 덮어 놓고, 그대로 쓰레빠[슬리퍼] 신은 대로[채로] 그날 아침에 아들이 꽃을 하나 해서 달았는 거 떼지도 못 하고. 그냥 그거 달고.

이원갑 씨하고 같이 연행되셨어요?

이원갑이는 미리 [붙잡혀] 갔고, 하마[벌써]. 이원갑이는 하마 먼저, 제일 선두 [잡혀] 갔고. [사람들을] 뭐 붙잡아 간 지[지가], 하마[이미] 한 7일 전부텀 붙잡아 갔는데. 나는 뭐 죄가 없으니까 [잡혀갈 줄 몰랐죠]. 뭐 가서 사진에 찍힌 것도 없고, 헬리콥터가 댕겨도 나는 먼 데서 그냥 이 렇게 보기만 했지. 거 가까이 보도[보지도] 안 했어. 지부장 부인을 붙들 어 매 놓고, 그 가발 같은 거, 린치에다, 여[넣어] 가지고 담배를 거다가 꽂아 놓고 이 지랄하는 그거는 거 신○수라는 남자 새끼가 그 지랄하고.

그거는 신○수 씨가 진짜 하신 게 맞아요?

맞지. 그래가지고 요번에 [신○수가] 민주화 신청을 했는데 보상도 한 푼 없고. 그거는 원주 가서 형을 살고 나왔는데 하마 뭐 법에서 다 미리 다 하던데 뭐. 화약고 거 뭐도 지키고 하던 사람들도 신청을 했어. 정선 에 윤병천이도 하고 했는데 보상이 안 됐고, 뭐 보상 안 된 사람이 많아.

7, 8일 전에 잡혀가신 분들 중에 여자 분들도 계셨어요?

어, [정선경찰서에] 가던 날, 그래 인제 요서 지장산에서 나 하나만 싣고 갔는데, 저 지금 선명[아파트] 내려가는 데, 저 새마을사택 저짝 차 나오는 요 어구지[어귀]에 그 버스 서는 데, 거기서 남자 두 명 하고 여자 한 명하고 섰더라고. 근데 그걸, 거 가[가서] 또 태우더라고.

그 여자 한 명이 잡혀가시는 분이셨던 거죠?

어. 여자 한 명도 태우고, 나도 태우고 그래 된 [거지요]. [알고 보니] 뭐 새마을사택 부인회장[이었어요]. 인제 그 양반이 죽었어요.

그 부인회장은 누구세요?

김○연.

노○옥도 아는 분이세요?

노○옥은 원주 있는데, [사북항쟁 기념식에는] 안 와요.

안 와요? 노○옥 씨는 왜 잡혀가셨어요?

그거는 모르지. 거기는 초장 하면[초기에 이미] 버스에 잡혀갔고, 근데 남편은 아들[애들] 데려다주고 저 홍천에 처갓집 있는데, 애들 데려다 놓고 오다가 중간에서 아마 잡혀가지고 정선경찰서로 바로 그만 직송돼 버렸고.

강○자는 모르세요?

어. 강○자는 뭐 모르겠네요.

최○자는 들어보신 적 있으세요?

어, 최○자? 최○자도 그 전에 새마을사택에 억센 년 있었는데, 그년도 어데로 갔는지 뭐, 가 버리고 없어.

전○자 씨도 아세요?

전○자는 서울에 있는데.

전○자 씨도 부녀회장이셨어요?

아니야.

다 남편들이 잡혀가서 부인들도 잡혀간 건가요?

어, 남편 잡아간 집은 또 부인도 잡아갔고, 나는 어떤 놈이 불어갔나[불어서 갔나], 우리 아저씨[남편도 잡혀] 오나 하고 기절을 했다고. 우리 아[애]들 다 죽이나 싶어. 그래가지고 가서 둘이를 더 태우니 내까지 너이지. 그래 경찰 둘 하고 너이가 빽빽하게 이렇게 앉고, 타고, 요 사북 경찰도 아니고 고한지서로 가더라고. 가다만, 대번 경찰들이 남자들 둘도 빵댕이를 걷어차니까 저 가 퍽퍽 엎어지고. "여자 둘이 거 꿇어앉으라." 그래 꿇어앉았지요. 그래 "왜 그러나?" 이러니까, 이따가 정선을 갈 거니까 그렇게 알고 있으라고 하더라고. 그래 여자들은 뭐, 때리진 안하고 그냥 섬뜩하더라고. 하든 정선[경찰서]로 갈 거라 하니까.

◇ ◈ ◇
정선경찰서로의 이송과 혹독한 고문

그러면 고한지서로 갔다가 정선경찰서로 이송된 거예요?

그래서, 그러더니만 거기 남면 그 별어곡[13] 그 전에 열차역이 있었어. 요샌 역이 없지만은. 그래 거기 한 세 시 돼서 그 별어곡 역에다 갖다 내루더라고[내려놓더라고]. 내루는 데, [거기서 정선] 가니까 거도 열차 시간 기다리고 뭐 하다 보니, 여섯 시 기찬데, 들어가니 컴컴한데 뭐 정선역

---
13 정선군 사북읍 남면 별어곡역.

에서 막 경찰인지 군인인지 뭐 등거리[덩어리]가, 큰 대죄인이나 오는 거 같이 막 소란을 피워 대고 생 지랄을 하더라고. 근데, 거 내라주고서는 이것들은 돌아왔는지, 거 가서 인제 버스를 타고 정선경찰서로 그래 가고.

대번 그 감방으로 안 들어가고, 대번 초서장[14]으로 들어가는데, 그 여자 내 옆에 섰고, 나를 귀때기를 왕복으로 막 대여섯 대 때리더라고. 볼때기에도 대번 막 얼얼한 게, 그래서 나는 아무 잘못도 없고 한데 무슨 이유로 이렇게 때리는지 이유나 알고 맞어야 되지 않냐고 그러니까, "이게 뭐 부인회장깨나 하니 말빨이 좋구나." 이 지랄을 막 [하고] 한두 대 더 때리더라고. 볼때기 막 이렇게 부었시.

그래 거기서 때리기만 해 놓고, 이래 보니까 초서장이 이렇게 막 길고, 이쪽에는 똑[꼭] 돼지 집같이 초서 받는 데가 요만큼 한 칸이 한 20칸도 넘어요. 아주 그냥 그래 쫙 나가믄[나가면서] 그냥 붙었는데, 그날 밤에는 우선 끌어다가 그 감방을 갖다 옇[넣]더라고요. 갖다 옇[넣]어가, 가 보니 전부 사북 여자들이지, 뭐. 저, 최○자, 김○연이 싹 다. 지장산에서도 부회장, 더 뚱뚱한 [사람들이] 내보담 한 3일 전에 아저씨하고 잡혀가 버렸어.

그래 잡혀가가지고, 가 보니 여자들이 한 80명도 보이 넘겠더라고. 근데 뭐 그보다, 각중에[갑자기] 사람들이 들어와 놓으니 뭐, 그 죄수들이 그렇게 많이 들어오리라 생각도 [않고] 있다가 갑자기 잡아들여 놓으니, 목욕탕을 그냥 막 틔워가지고서는 너르게 해가지고 거다가 군인 매트리스 깔고, 밤에 군인 모포 한 장쓱 다 줘가지고 [그런데서] 인제 잠이 오나? 그러고, 밥은 아줌마가 해가지고 오는데, 이런 저 양갱이[양동이]도 아니고, 이런 고밥 같은 데다가, 보리밥에다 콩을 드문드문 섞어가지고 국 한 가지 딱, 고것만 가지고 들어와 가지고 그릇 가져온 거 떠가지고 주는데, 나는 한 3일을 안 먹었어. 밥 먹을 정이[정신이] 어디 있어? 뭐, 정

14 조사받는 공간을 의미한다. '초서'는 함경도 방언으로 '거짓말'이라는 뜻이 있다.

신이 [없어서] 안 먹으니까 기운 없지.

　이놈의 새끼들이 막 초서장 나갈 때는 양쪽을 끼고 갈 때 쓰레빠 신고 갔는데, 쓰레빠가 어디로 갔는지 마당에는 (웃음) 아무것도 없고. 광부들 스스로, 그 여자들도 하여튼 "[누구를] 불면은 당신은 보내준다." 이 지랄을 [하니까] 뭐 "누구도 봤다. 누구도 봤다." 해 놔놓으니, 고마 그 이튿날은 그 남자 고마 일 나갔어도 항 내에서 바로 잡혀서 오니, 고마 하이바고 장화고 뭐 집채미[집채]같이 앞에 쌓였어. 저 미리 왔는 남자들을 방방이 다 있는데, 그 방에 들어가면 창살에 발 걸어 놓고 몽댕이 갖다 개 패듯 팬다고. 하이구, 죽는 소리 참말 듣기가 너무너무, 아주 귀가 솟고 막 민망할 정도고. 내가 맞는 게 낫지, 아이고. 진짜 남자 맞는 거 못 보겠, 근데, 그 이튿날 되니까 인제 그날 밤에는 귀때기를 이래 맞고, 그 이튿날 끌려 나갔어.

　근데 [끌려] 나가 초서장 나가니까, 뭐 젊은 형사놈이지 디뎌 밟는 걸 보면 군인인 것 같기도 하고. 그때 계엄사가[계엄령이] 내렸으니 전부 다 군인들하고 뭐 경찰들하고 지랄하니. 그래 책상을 요맨한 거 하나 놓고 "가족은 몇 명이고?" 그래. 가족은 여섯이라고 이랬었는데, "큰아들은 뭘 해?" [그래서] "그래 군대 갔다." 이러니까, "[아들] 군대 간 어머니가 이래가 되겠어?" 그래. "뭘 어쨌는데요? 아들 군대 갔는데 내가 뭐 잘못한 거 있습니까? 내가?" 그러니까, "군대 갔으믄 더 잘해야지, 이래가 되겠어?" 이 지랄 하더라고. 그러디만, "밟아!" 이 지랄하니까 가꾸목[각목]을 요런 걸 갖다가, 세멘 바닥에 꿇어앉았더니 그걸 가지고 양쪽에서 두발로 요다가[허벅지와 종아리 사이에] 막 여어[넣어]놓고 이래 밟는 거야. 막, 막, 이게 다 빠져나온 거 같은 기 막 죽을 지경, 하이고, 15일간 막 밟히고 나니 걸음을 못 걷고, 이것들이 인제 막 끌고 댕겨. 두 놈이 사람을 끌어다가, 감방에 갖다가 처옇고[처넣고], 이제 나갈 때 또 그래 끌고 나가.

　그러고 또 한 날 볕이 나니까 건조 좀 시켜야 된다고 또 나오라 그래.

나가 있고, 경찰도 뒤에 다 [있고] 마당인데, 거 가서 토끼뜀을 뛰라는데 다리가 아픈 게 뭔 토끼뜀을 뛰어? 가만 앉았으니 "왜 가만 있노?" 그러고 또 똥방댕이를 서너 번 차더라고. 다리가 아파서, 다리를 디디[디뎌] 밟혀서 뛰지를 몬 한다고, 나는 몬 뛴다고. 뛰는 사람도 있고 못 뛰는 사람도 있으니, 그래 못 뛴다고 그러니까 여 똥방댕이를 구둣발로 한 서너 대 그걸 차고서는 뛰[뛰어] 가더라고. 뛰 가고, 그 볕을 한 시간 정도 그래 보이고서는 빵에, 또 다 들어가라고. 그 일나 서질[일어나 서질] 못하니까 또 끌어다가 그래 갖다 여었[넣었]다. 그 때 내가 나이가 딱 사십 하나였 있거든. 사십 하난네 (한숨) 3일까지 굶고 나니 진짜 막 죽을 지경이거든. 그리고 먹은 사람을 화장실을 나오면, 또 간수가 이리 앉아서, 지는 테레비를 요래 놓고 보니, 그런데 고 화장실은 요긴데 화장실에 또 요런 맹원경[망원경]을 요 달아 놓고.

보고 있어요?

어. (웃음) 똥을 싸든 오줌을 싸든, 지를 요래 보고 싸래. 세상에 사람 빤히 보는데 그 뭐가 나오겠나? 나는 뭐 먹지 않아서 안 싼다고 그러곤 막 화장실을 안 갔어요. 그런데, 들어와서 가만히 또 얘기하는데, 사람을 보고 꼭 그렇게 싸라고 한다고 그래 놓고. 인제 내 들어가고 또 광주사태가 터졌어.

연행되어서 좀 며칠 있다가 광주사태가 일어난 거예요?

어. 며칠 됐어. 광주사태가 일어나서, 뭐 테레비가 왁- 와 와 와 소리를 뭐 지르고 하니, 그 간수놈 새끼가 밖에 앉아서, "저 씨팔 이 개 연놈의 새끼들 땜에 광주 또 지랄났네, 지랄났네, 지랄났네." 하이구, 그때 그 광주 대단했잖아. 계엄사가 내려서 지랄하고 그냥 막 총으로 쏴 대가지고 얼마나 죽었는지 죽은 그 묘지가 [있잖아요]. 그놈으 새끼들 그때 [전두환이] 대통령 될 때 그 보상 다 처먹고 하이구, "저 광주가 또 지랄났네, 지랄났네" 하며, 하이고, 뭐 고초가 더 심한 거여. 초서장 나가면, 한 반 시간 밟아가 있어도 죽을 지경인데, 한 시간쓱 막 들이 처 밟고 섰다가, 또 살며시 났다가, 또 들이 밟고, 살며시 났다가 또 들[이 밟]고.

그렇게 고문하면서 무슨 질문을 하던가요? 이름 불라고?

아이, 그렇지. 그래서 우선 나가서, 또 의자에 앉으라믄 하라는 대로 해야지, 뭐. 시집간 색시메이로[색시처럼] 하라믄 하라는 대로 해야지, 뭐. 내가 뭐, 거부하지는 못하거든. 그래 앉아서, 헬리콥터로 댕기면서 사진을 찍어가지고, 몇 수천 장을 책상에다가 내놓고, 여기서 본 사람 있으믄 얘길 하라고. 본 사람 얘길 하면은 빨리 나갈 수가 있으니까, 본 사람 [얘기하라고]. 사북 천지에 있는 게 전부 본 사람이지, 뭐. 안 본 사람이 어딨어요? 내가 만약에 저 보고, 우리 아저씨가[남편이] 누가 어떤 얘기라도 이 아저씨 봤다 이러면, '큰일 났다, 이거. 우리 아저씨가[남편이] 그럼[그렇게 되면 어쩌나]' 내 노심초사[였지요]. 남자들은 씨발 들어오면 뭐 하이바고 그냥 장화고 벗어 놓고, 이거 입은 대로 일복 벗어서 그거 다 집어 내던지고 발 창살에 걸고, 다리 내놓고, 뭐 개 패듯 [패요]. 하이구, 뭐, 뭐, 못 봐. 못 봐. 남 패는 건 못 봐. 진짜. 그래가지고 여기[사진]에서 한두 사람만 집어내래.

그러면 인제 저 소리 없이 가가지고 760이면 760[항], 810이면 810[항], 920이면 920[항], 710항이면 710항, 개발갱이면 개발갱, 어디든 그 사람 저걸 사진 딱 집어가지고 가면, 대번 "누가 이 사람 봤다 하더라." 이러면 그 사람 대번 잡혀 오는 거예요. 잡혀 와가지고 고초를 받는데 나는 아무도 본 사람이 없다고, 솔직히 나는 집에 그냥 가만있어서 아무도 본 사람이 없다고, 아무것도 난 못 봤다고 [그러면] "더 밟아" 이 지랄하면, 또 더 밟혀요. (웃음) 참말로, 아이고, 지금[이야] 웃지.

그 안에 며칠이나 계셨던 거예요?

한 번 또 떴다 밟히믄, 한 시간 정도 밟혔다 또 났다가, 밟혔다 또 났다 밟혔다 사람 아주 환장하주. 내가 저 총으로 내다 놓고 나를 쏘라 그랬어. 쏘믄 소리 없이 내 죽으믄, 그대로 죽으믄 잊어버리고 하게. 죽이지도 안 하고 왜 사람을 이렇게 말라[말려] 죽일라 하냐고. 응? 뭐, 말라 죽여야 된다 하든가 뭐, 찢어 죽여야 한다고. 그 지랄하면서 그래요. 오히려 총으로 죽이라고.

총에 맞아 죽는 게 낫겠다고요?

어. 딱 그까짓 것 내 맞을 때만 저개지[아프지], 맞고 나믄 난 세상을 모르니깐, 그게 더 편하니깐, 쏘라고. 그래놓곤 인제 또 감방으로 또 끌고 가가지고 그냥 쓰러져 누워 있다. 한 날 밤에도 자다니까, 그 군인 소령, 대령들이 와 가지고서는, 계엄사니까 전부 군인들이 와 가지고, 내 발이 이래 나갔던 모양이라. 긴 짝대기를 가지고, 옆에 아줌마가 잠을 안 자고 보니까, 내 담요를 자꾸 이래 끌어가지고서는 발을 덮드라누만. "아줌마, 별이 다섯 갠가 여섯 개 붙었는 사람이, 그 창살, 글로 짝대기를 여어[넣어]가지고 아줌마 다릴 자꾸 끄어덯대요[끌어 덮대요]."

저도 식구가 있는 게 각중에[갑자기] 그런 일이 났어가지고, 그러니 마음으론 다 안됐지만은 사실은 우리 죄 지은 것도 없지. 참말로 일은 시키는 대로 하고 돈은 주는 대로 받은 것밖엔 없고. 사실 사람을 광부를 갈고[치고] 차로 밟고 넘어가가지고, 그질[그길]로 고마, 광부를 알기를 개 돼지 새끼 취급한다고, 이 도저히 이래가지고는 안 된다고 해가지고 인제 광부들이 다 일을 안 하고 고마 철폐하라고 막 '와~!'[시위] 하고 일어난 건데. 광부들이 무기를 하나 들었어? 든다는 건 그저 돌 들고 그 경찰들하고 지금 그 카지노 들어가는 안경다리, 거서 그냥 진압을 [막으려고] 길바리[바리케이트] 막 이렇게 놓고, 동발을 막 싸서 이래 놓고, 이쪽에는 경찰들이고 저쪽 안에는 전부 광부들인데. 여자들은 마 돌을 줏어다 주고 남자들은 던지고 하다. 그 순경이 하나 물로 빠지면서 그만 돌에 맞아가지고, 순직했잖아. 그 사람이 국립묘지로 갔다 하드라만. 그 어린 순경만 그래 잡아 놓으니 순경들이 더 막 지랄을 하는 거여.

경찰들이 자기 동료가 죽었으니까 더 심하게 취조를 했던 거네요?

어. 자기 동료가 죽었으니.

◇ ◇ ◇
보름간의 고문 취조 후 석방

그래서 그 안에서 며칠이나 고초를 당하신 거예요?

그래가지고 그러다 보니 뭐, 하든[벌써] 15일이 어떻게 했는데 뭐, 나는 쓰레빠도 없고 옷도 한 15일간 그냥 입어 놓으니 면이 천지에 없고. 생전에 낯을 씻나. 니미, 뭐. (웃음) 하루는 물을 오다가 수돗물 내 줘놓으니, 여자들이 빤스도 빠는 놈이 있고, 대가리 감고 생 난리법석이를 치고. 여자들도 한 팔구십명 모여 놓으니 대단하지. 그중에도, 비벼 빨고, 비누하고 그래 뭐 내주고, 좀 씻쳐라고. 거 가서 팔등 좀 씻고, 손 씻고. 다리가 아파서 죽을 지경인데 가가지고 씻지도 못해. 그렇게 돌아댕겨도 다리를 한 보름간 그렇게 밟혀 놨으니.

다른 분들도 다 비슷하게 그런 고문을 당하셨어요?

그 여자들도 다 그래 다 밟히고 전○자는 아가 됐는[임신한] 놈을, 얼마나 들고 패고, 꼬춧가루 물을 막 해가 주전자로 입을 퍼 옇고[넣고] 해가지고, 뺨을 치고 해가지고 나와 가지고 애도 지우고.

임산부를 잡아갔었던 거예요?

어, 어. 임산부를 잡아갔어. 그놈의 새끼들이 아주, 그 나쁜 놈 새끼들이, 임산부를 잡아가가지고, 그 꼬춧가루 물을 마구 입에다 퍼 옇고[넣고] 그냥 막 주 때리고, 들이 밟고, 생지랄 염병을 하고 해 놰놓으니, 그 전○ 자는 예쁘장하니 쪼맨해. 예쁘장한데 고마 기절해가지고서는, 죽어 자빠지고 또 끌어다가 감방 갖다 여었[넣었]다가, 딴 사람 초서 또 받고 나면 초서장 또 끌려가는 거예요. 아이구, 초서장 끌려갈 때마다 머리끝이 선뜻선뜻하고, 또 나가면 반복하고 또 일[이렇게] 했는데. 이거 어떻게 해야 되나? 세상에, 그래 있다니까요.

어느 날, 그 단이 얼마나 큰지, 컸는 게, 내가 5월 8일 날 갔는데 남기[나무가] 하믄 잎사구가 이렇게 막 좋아가지고, 시퍼런 게 끝만 요렇게 보이더라고. 세상에 우리 가족들은 다 이거 죽는 거 아인가 싶고, 정말 아주 미치는 것 같애. 나중에는, 뭐, 죽는다 산다 생각도 없어. 내가 워낙 죽을 지경이니까. 근데, 어느 날, 갑자기 부르더라고. 이명득하고 누구하고, 둘만 나오래. '이거 원주로 가 가지고, 군인 재판 받고 징역 사는 거 아인가.' 그 여자도 인제 그거 또 다 떤 거여. 이제 누가 잡혀서 원주로 가는지 그걸 모르는데, 우선 [나하고] 여자 하나하고 둘을 불러내 놓으니, 부른 사람이 원주로 가는지 나머지가 가는지 그걸 모르니. 그래 아줌마들 그마치[그만큼] 그걸 고초를 줘 놓고 하루는 저 먹으라 그래, 불러내서 어데 숙직방 같은 따뜻한 방으로 가가지고 이불도 하나쓱[하나씩] 주면서 아줌마들은 푹 쉬라고 이러더라고. 이래가지고 이게 마음 놓게 해가지고 이제 원주로 형 살게 데려가는 거 아닌가 [생각]했는데.

숙직실로 같이 불려갔던 분은 사북에서 아는 분이셨어요?

모르는 사람. [우리] 집에서는 그날 아침에 이장이 지장산에서 그걸 방송을 하더래. 37동 1호방에는 오늘 신발하고 옷하고 가지고 정선경찰서로 가라고 아침에 방송을 해서 아바이가[남편이] 갑반인데 들어보니까, 아바이도 언제 오는 줄도 모르지. 근데, 37동 1호는 신발하고 옷하고 가지고 정선경찰서로 가라고 하더래. 그래, [내가] 그 방에 있다니까, 아바이가 왔어요. 그 아줌마 남편도 왔고.

그래도 아버님은 안 잡혀가고 무사하셨네요?

어. 그런데, 그날 또 나온 사람도 한 이삼십 명 나왔는데, 그걸[그 사람들을] 그 짝에 어데 정선 경찰서 회의실에 모아 가지고 정선경찰서장이 와가지고 강연을 하더라고. "앞으로도 어떠한 일이 있어도 이런 데 가입을 하면은, 요번에는 더 이상 봐줄 수가 없다." 응. 가입을 하지 말어라는 뜻에 대해서 얘기를 하더라고. 그저 아무 소리 안 하고 그냥 가만히 있었는데, 그래 태극기를 또 어깨에 걸어놓고, 앞으로는 이런 일이 한 번만 더 있다면은, 정말 그때는 가서는 안 봐준다는 거, 그리고, 명심하라고 어이 저거 한 이삼십 명한테, 앉혀놓고. 그 보호자, 남편들도 다 있었지. 그 이삼십 명 보호자하고 신원 확인하고 가라 이랬는데, 그래 나와가지고. 하, 아이고. 집안, 마실을 가도 챙피하고, "나, 요 정선 다리에 떨어져 죽을 거야." 내 그랬다. (웃음) 아바이가 어, 미쳤다고. 애들은 어떡하고 죽냐고 그래가지고. 저[남편]는 [나를] 술집으로 데리가다만, "아줌마, 두부를 한 모 뜨끈뜨끈하게 뜯어." (웃음) 참 그래, 두부를 몇 숟가락 먹고 그래 나오고 집에 와서 한 열흘 동안 있었나 [싶어요].

◇ ◇ ◇
석방 후 다시 진행된 지부장 부인 대조 조사

그래 있었는데, 원주 사령부에서 [사북에] 다 와가지고 확인할 게 있다고, 다 [노조로] 오라 그래. 그 쩔뚝쩔뚝 절고, 그 지장산 전엔 차가 없어서 재로 걸어 댕겼지. 쩔뚝쩔뚝 절고 650[항]으로 걸어서 내려와서 광업소 노조에 들어가니까, 사람들이 꽤 많더라고. 꽤 많은데, 이름을 호명하는 사람은 들어오라고 그래. 그래 호명한 사람 들어가니깐, 그 린치 사건, 그 이재기 마누라 갖다 책상에 앉혀 놓고 이분을 봤나 안 봤나 확인을 하는 거야.

다시 확인하려고 이재기 씨 아내를 데려온 거예요?

어. 또 확인을 한 거요. 거서 이재기 마누라가 "그 여자를 봤다." 이러면 그 여자는 따로 서라 그래서, 그건 집에도 못 가고 바로 원주로 직결이에요. 대법원 가서 또 형 살아야 돼. 날 이름을 불러서 들어가니까, 우에서 나를 내려 훑고, 치여 훑고, 자꾸 훑어. 나도 자기 본 적이 없고 자기도 나 본 적도 없고, 내가 자기 본 적이 없는데, 생선 장사를 그렇게 했다 해도 나 한 번도 본 일이 없는데, 봤을 리가 없지. 그래 "이 아줌마는 못 본 거 같다." 이래 노니까 또 따로 서라 하더라.

여기 전○자 씨랑 여기 이런 분들은 다 원주구치소로 이송됐어요?

거는 정선에서 바로 원주로 갔고 이원갑 씨하고는 경찰 버스로 바로 직행했어. 신경 씨, 이원갑 씨, 전○자, 노○옥이, 뭐 이런 건 전부 다 그 정선에서 바로 [직행했어요]. 그만 이름 불러내는 것만 나가고는 내 뒤에 또 불러냈겠다가 한 이삼십 몇 명 되지. 정선서 나온 사람들 빼고는 나머지는 전부 다 또 원주로 가고.

노조 사무실에서 지부장 부인 봤을 때는 어때 보이셨어요?

어, 그때 이재기 부인이 하도 매달려서 그 좁은 요런 하꼬방 같은 데서 참말로 여자가 봐도 하도 그런데, 안 가 볼 수가 있나? 뭐 가 보기는 가 봤지. 가서 먼 데서 먼발치로 보긴 봤는데, 우리들은 그래 많이 [사진을] 내놔도 찍힌 건 하나도 없고 한데. 이재기 아줌마도 아주 초라한 [모습이었어요]. 그질[그길]로 바로 병원에 가서 있다 왔으니, 사람 얼굴이 상하고 많이 수척한 저기[상태]지.

지부장 부인은 마을에 계셨을 때도 좀 평판이 안 좋았어요? 왜 고초를 당했어요? 지부장이 워낙 평판이 안 좋아서 그랬나요?

이재기가 그게 지부장 할라고, 저것들 데리고 버스로 먼 데로 태워가지고 가가지고선 처멕이고 이 지랄하고 지가 지부장 될라고 저거 한 거뿐이지. 뭐, 그놈이 평판이 안 좋았지. 마누래는 평판이 안 좋고 뭐 한 거는 없어. 마누래는 만날 고기[생선] 다라이[대야] 이고, 고기 팔고 이래가지고 아들 그저 살리고 그랬는데. 이재기 아들들이 이재기가 뭐 죽었니 어쩌니 했는데, 이재기 아들들은 서울에 [있고], 그질[그길]로 이 동원탄좌서 나갔는데, 뭐, 아들들이 다 잘 돼있는 모양이더라.

노조 사무실에 들어갔다 이재기 부인이 이 사람 기억한다고 해서 잡혀간 사람도 있었어요?

어. 그래, 이 아줌마는 본 거 같다고 [하면] 따로 서라 이러고, 보지 못했단 사람은 다 따로 서고. 지부장 부인이 봤다고 지목한 사람은 그날로 바로 원주로 잡혀갔지.

6. 사북항쟁 이후의 삶

◇ ◈ ◇
내 마음이 섧지

정선경찰서에 있는 동안에 아버님이 애를 다 돌보고 있었어요? 애들은 생활을 어떻게 하고 있었어요?

고뇨의 애들이 연탄 들[들여다] 놓고, 물 따라 먹고, 아비이 고거 도시락이고 뭐고 싸가 댕길 때도 있고 안 싸가 댕길 때도 있고 뭐 고생이 말이 아이지. 그질[그길]로 와서 나는 계속 후유증으로 아파서 뭐 일도 아무것도 못 하고, 그냥 계속 그대로 있다가 또 몇 년 지난 뒤에, 아바이 물통 사고 나고, 한 해 정도 더 있다가 그래 아바이 또 다시 출근하기로 하고, 나도 또 세탁실에 가기로 하고, 인제 이러고. 생활 그랬어. 그대로 하다가 그질[그길]로 다리가 아픈 게 계속 아팠어. 밤에 [남편은] 병반 가고 [나는] 아파 놓으니 돌에 그만 거 화장실 가다가 차여가지고선, 어떻게 자빠진 게 허리가 이게 뒤에 고만 잘못돼가지고, 또 허리 수술을 해가, (한숨) 고생도 말도 못 한다.

경찰서에서 돌아오신 다음에는 마을 사람들은 대하거나 이럴 때 차이는 없었어요?

어, 고생 많았다고 말 그러지. 그래도 내가 생각하기에, 내가 얼매나, 내가 뭘 잘못해가지고 이런 곳까지 갔다와가지고, 딴 사람도 그렇게 고생 마이 했단 소리를 [해 줘서] 내가 미안하지, 뭐.

원래 사택 B지구 부인회장이셨는데, 부인회장은 검거되고 나서 집에 돌아오신 다음에 그만두신 거예요?

아. 그래 갔다 와서도 부인회장을 다시 선출을 하라고 했더니, 그것도

또 빽으로 뭐 어떤 사람은 뭘 사가지고, 아무것도 안 받고 정당방위로[정정당당하게] 점수 많은 사람이 되는 걸로 하라고.

노○옥 씨랑, 전○자 씨, 이 분들은 원주까지 가셨다가 집에 돌아오신 다음에는 그냥 사택에서 계속 사셨어요?

그래, 사택 계속 있었지.

마을 사람들하고 좀 사이가 나빠지거나 그런 건 없었어요?

아이, 이제 [사람들의] 시선이 옳겠는가 집에 또 눈끼리가[보는 시선들이] 있었던 걸. 우선 내부텀도 [집으로 돌아]오니까 아유, 고생은 했다. 그래도 나한테 눈 시선이 좋지 않은 걸로 보이던데. 나를 "뭐 나쁜 일이나 하다가 잡혀가면 아주 반 죽어 나오는데 살아 나온 게 다행이다." 이런 말을 하던데.

경찰서에서 들어온 후에 마을 사람들이 피하거나 관계가 좀 소원해지셨어요?

아유, 그래가지고 그런 소리를 하나 마나 탁 참고 그냥 [살았어요]. 뭐 어차피 내가 잡혀갔다 왔으니, '내가 뭐 나서서 아니라고 해도, 잡혀갔다 온 건 갔다 왔으니 뭐 더 말할 게 없다.' [이래 생각]하고.

남들이 그러든지 말든지 상관없었다는 거네요?

내 할 일만 그냥 하고. 뭐 와가지고는 얼매까지는 일도 아무것도 못 했어. 물도 한 주전자 못 들고 오고. 우리 아들[애들]이 연탄 같은 게 온다고 해도 기냥 놔뒀다가, 토요일날 아들[애들]이 들놓코[들여 놓고]. 물 걸은 거 주면 쪼그만한 바게쓰로 들어다가 붓고. 내가 다리가 그 모양인께 뭘 하겠나?

그래도 아이들이 엄마를 잘 이해해 줬지요?

아이들이 진짜 고생이 이만저만이 아니었어.

그때 아이들한테 위로를 많이 받으셨겠네요?

그때 우리 큰아는 군대 가고 없어 놓으니 잘 모르고. 둘째 아들이 밥을 해 먹고, 물을 따루고, 또 동생들 둘 데리고 아버지 밥해 주고, 그래 있었더라고. 지금 인천에 있는 아가[애가].

둘째가 제일 효자예요?

응. 엄마 몸이 지금 그런데 뭐 걱정 하지 말고, 내[둘째]가 다 따루고[따르고] 연탄도 다 아[애]들하고 들루코 하니까 엄마 몸이나 우선 좀 챙기라고. 그때 뭐 돈이 그렇게 있나? 그저 모가지[목숨] 연명만 하고 억지로 산 게 오늘날까지 살았어.

다른 붙잡혀 갔던 어머니들도 다 비슷한 상황이었나요? 그 집의 아이들도 놀림당하는 일도 많았나요?

"너 엄마는 정선경찰서 잡혀갔다매?" 이런 놀림도 받았겠지. 받아도 그런 말을 안 하드라. "누가 그래 놀리는 사람들도 있드나?" 이러니께 [내 아이는] "그런 애들 없어." 그러는데, 물론 그런 일도 있었겠지. "없어. 없다." 그리고 말을 안 하드라고. 안 하니 고맙지. 아유, 누가 또 그래고 하면 내가 더 마음이 더 섧지. 조갑시럽고[답답하고] 섧은데 좀, 그런 일 없어.

◇ ◆ ◇
남편이 당한 물통 사고와 탄광 신앙

아버님 탄광에서 근무하실 때 큰 사고 같은 건 없으셨어요?

우리 아바이도[남편도] 사연이 많아요. 여 사북 광업소에서 물통[15] 사고에 살아난 분은 지분 한 분뿐이 없고, 지금 저 방에 지금 책에 있어요. 우리 아바이 지금 여 카지노 일 댕겼는데 [그 사고 났을 때] 48시간 만에

---

15 광산 구덩이 안의 물이 빠져나가지 못하게 막아 세운 기둥.

구조됐는. 요런 데 그냥 발파해가지고, 그 발파 연기하고 [사람들이 갱에서] 다 나갔는데 어떻게 해? 어데 딴 데서 물을 내 먹고[나오고] 잔뜩 고였든지, 아니면 어디 바닥 물이 터졌는지 [몰라요].

그 물이 이렇게 차올랐는데요?

근데, 요런 동발 두 태에 고다[거기다] 몸만 의지하고, 거 옷이고 뭐고 그냥 맨 천지가 없고 하이바는 다 벗겨져가 다 떠내려가고. 후산부는 나무 지고 올라오다가 떠내려가서 저 항 밖으로 나가가지고 그건 앰블란스로 하믄[벌써] 뭐 병원에 실려 가고, 아바이는 48시간 돼 놔노이 완전히 다 죽은 줄 알고. 갑반 나가면 을반까지 해야 되고, 을반 나가면 병반[16]까지 해야 돼. 그렇게 모두 작업을 하고. 나는 계속 그 사람들한테 인사하고. 하유, 나는 그때 진짜 뭐 몇 번을 죽었다 깨고 죽었다 깨고, 죽음 보믄 나도 모르게 뭐 실신해 죽으면, 또 병원엘 응급실 싣고 가고 싣고 가고, 아이고.

남편 분이 그 물통 사고에서 구조되신 거예요?

어. 그래 48시간이믄, 3일 만에 구조가 [돼서] 나온 사람이야. 긍게 결과적으로는 요 동발 두 태에, 막 물이 그냥 사람이고 뭐고 막 실어서 떠내려가는데 동발이 천지가 없[어요]. 물통 사고에 사는 사람은 전혀 없거든. 그런데 [살아남았으니] 우리가 여기 [사북 산신에] 믿음이 굉장히 심해.

아버님 살아남았기에 산신에 믿음이 컸던 거네요?

우리가 뭐 교회를 믿는다든가 이건 아니고, 우리가 산을 많이 위하거든요. 그 일이 나던 날 저녁에 산신님이 내 꿈에 선몽을 두 번이나 했어. 근데, 잠이 그렇게 퍼붓더라고. 사북을 나와가지고 아들 도시락 까만 콩을

---

16 갑반은 오전 7시부터 오후 3시까지, 을반은 오후 3시부터 오후 11시까지, 병반은 오후 11시부터 오전 7시까지 근무.

한 반 되 사고 반찬거리 좀 사가지고, 딴 사람들이 막걸리 한 잔 먹고 가장게 [남편이] 딱 "먹기 싫어. 안 먹는다. 안 먹고 난 빨리 갈 거요." 이러니, 괜히 가고 싶더라고. 그날 [남편이] 을반으로 그래 가가지고.

[나는] 인제 돈이 없어서 돼지고기 한 근도 못 사고 반 근을 사가지고 고놈을 썰어가지고 냄비에다 탁 연탄불 땠는데, 연탄불에다 볶아가지고, 불문 막아 놓고 인제 굴 뚜껑을 닫아 놓고 그 우에다 집게를 이렇게 올려놓고, 거기다 밥하고 국하고 저 돼지고기 볶은 거 하고 올려놓고. 그래놓고 잠이 그렇게 퍼부을 수가 없어. 잠이 그렇게 퍼붓는데 그 방문 앞에서 그냥 정신도 없이 잤어. 자다가 보니 하이구, 밤 열두신네, 그래노 깨 보이 [남편이] 안 왔어. 막 덧마루에 나가서 이래 앉아 있어도 [남편은] 안 왔지. 내 집에 사람이 죽는다든가 뭔 일이 있으면 그렇게 잠이 퍼붓는다고 하대. 그래, 옛 말도 그런 말이 있는데, 난 현실을 겪어 본 결과 잠도 그렇게 퍼붓는 잠은 내 세상에 처음 봤어. 근데 (웃음) 음, [물통 사고가 났어요].

꿈에 나오셨어요?

그래, 또 들어와서 누워 잤는 게 한 두어 시꺼정 또 자다가 보니 맹 또 [남편이] 안 왔어. 근데 하얀 할아버지가, 요새로 말할 거 같으면 왜 옛날 그 궂은 막대기 이래 지고, 이 심지가 머리가 막 하얀 할아버지가 하얀 도포를 입고, 내가 자니까 막대기로 머리를 툭툭 쳐. 빨리 일어나라고. 너거 집에 어떤 일이 나타났는데 이렇게 잠만 이렇게 자냐고. 그 첫 번에도 그래 깜짝 놀래 깼고, 두 번째도 그래 깜짝 놀래 깼지. 희한하다. 참 희한하다. 근데 또 한 사람 또 을반 갔다 와가지고 우리 집만 다 건네다보고 있었다누만. 전부 [을반] 갔던 사람들이 얘기를 못 해 주고. 참, 아이고, 광산이라는 게 그렇게 허무한 게 참.

사람들이 사고 난 걸 알고 있었는데 얘기를 안 해 줬어요?

그래, 그러면 그 현장에서 다 알고 있었지. 이정근 씨나 물통 사고에 다 죽었다 하는 걸 짐작하고 와 가지고선, 슬픈 일이니까 내한테 얘기를 못 해 주고. 아무튼 그래 술집이 거기에 한 서너 집 있는데, 밤 한 세시나 돼서 나는 그 술집을 다 가 보니, 두 집은 불이 다 꺼졌고 한 집은 불이 있는데, "오늘 저녁에, 우리 아저씨 안 왔어요?" 그 항주집이라는 데 가니까 "오늘 저녁에 안 왔다." 이거야. 이상하다, 술을 다 나오믄 탄까지 씻느라고 술 한잔 쓱 하고 [그러는데 생각했지요].

그래서 인쟈 [버스 탈 순서 자리를 맡는 깡통을] 놔놓고 와가지고, 밥을 안친다고 이제 쌀을 바가지에 떠가지고 씻자니까, 같은 을반 집이 젊은 새댁들, 그 이웃 아줌마들이 둘이 와가지고 "아저씨 왔어요?" 그래. "아저씨 안 왔는데?" 내가 [그]카믄 감이 딱 가는 거요. "우리 아저씨 안 왔는데? 뭐, 우리 아저씨 뭔 일 있대?" 이러니까, 광산에는 만날 아침밥이 사제밥[제사밥]이라잖아. 한데, "뭔 일 있대?" 이러니까, "아니요. 몰라요. 우리는." 그 모르는데 새댁들이 잠 안 자고 새벽에 올 일이 없잖아. "왜 왔어?", "아유, 몰라요." 마 바짝 물으니까, 우리 아저씨한테 가 물어봐[라고 이야기를 해요]. 가니까, 두 집이[두 집의 아저씨들이] 다 잠자더라고. 잠자기나 말기나 모가지 바짝 들고 일나라 카가지고[일어나라고 해가지고], 바른대로 얘기하라고. 그래 얘길 하더라고, 그런 얘기를.

남편 사고가 났다고?

어. 물통 사고가 [났다고]. 형님이 어제 을반 나가가지고, 물동 사고가 나가지고 여태 아직 못 나오고 있다고. 그질[그길]로 내려가 감독네 집엘 들어가니까, 하믄 자물통을 마이 잠가 놓고 감독이 도망을 가 버리고 없어.

감독 식구들이 다 같이 도망갔어요?

그러믄. 저 아버지가 영월에서 뭐 읍사무소 [읍장인가] 면장인가 뭐 그래 된다는데, 글로 갔는지 어디로 갔는지 가 버리고 없어. '뭔 일이 있구나.' 나는 생각은 했지. 그 회사 마당에 가니까 저 1호차, 2호차, 3호차[가 있었어]. 1호차는 이제 소장이 타는 거고, 2호차는 부소장, 3호차는 과장들 [타는 거] 이런 게 딱 세 대가 와 있더라고. 그래 그 지프차 기사들을 잘 아니까, 내가 "아, 영진이 아버지, 이 차가 왜 왔소? 새벽에? 새벽같이 왜 와서 뭘 해요? 뭔 일이 났는가 봐요?" 뭔 일 있대. 이래. "모르겠어요. 뭔 사고라 하는데, 뭔 사곤지는 모르겠어요." 뭐, 물통 사곤지, 뭔 사곤진 모르겠고, 뭔 사고가 났다 그래. "어제 우리 아바이가 을반 나가서 안즉 안 왔어." 이러이께, 고미 운전대에다 미리를 픽 빅고 고만 가만히 있너라고.

그래가 있다 하니깐 회사 총무가, 그래 날이 붐하게 샜어. 갑반 분들이 나오는데, 내가 우리 앞에, 그 김 감독이라고 딴 감독이 막 와 있었어. 그런 일이 있으면 어찌하나 [먼저 다] 알았을 건데, 뒷집에 사는데 어떻게 연락 한 번 안 하고 그 따구로[따위로] 하는데, 내가 귀때기를 한 두어 대 주어 때렸어. "세대 앞뒷집에 살면서 사람이 그런 일에 빨리빨리 연락해 준다고 뭐가 달라지는 거이 있나? 어? 잘못됐으면 잘못됐고, 어? 그렇지, 어떻게 연락도 그렇게 한마디 안 해 주고, 그 따우로[따위로], 어?" 우리 그래 놓고 그 집 식구도 밤새도록 잠 못 자고, 불 써[켜] 놔놓고, 담요로 뭐 문을 다 가라[가려] 놓고 있었다는 거 [아니야]. (웃음)

그래가지고, 그래 일단 총무가, "아이고, 아줌마 좀 조용히 하세요. 저, 지금 갑반 끝나." [이러길래] "이 양반아. 지금 우리, 우리 아저씬 지금 어제 가서 을반 나가가지고 못 오고 지금 있는데, 어? 갑반 나오는 기 지금 당신네 뭐 대수여?" 저 난로 땔라고 장작 패던 도끼를 들고 대반에 니 죽고 내 죽으면 끝난다고 했는데. 그러구 우리 애들이 전부 다 놈의 집 구석들이 다 멕여 살려야 돼. 이 개놈 새끼 [하고] 쫓아 따라가[니까] 막 도망가는기야. 도끼로 콱 찍으니까, 발떼기 머리가 팍 맞더라고.

하이고 일을, 말도 [못 해요]. 그 48시간이 돼서야 우리 영주 봉화, 저 집안들한테 전화를 해 가지고, 싹 다 돌았지. [연락이] 다 돌아가지고. 하마[이미] 하룻밤 잤지. 또, 그 어른들 들어와가지고도 하마 하룻밤 또 잤지. 그 이튿날 오후 세시가 넘어서 굴 우에, 어데 여자가 하나 거기 막 꽃동산이고, 막 밑에도 차가 올라오지도 못하고, 내려가는 거 맥히고 올라오는 것도 맥히고, 다 맥혀 뿌렀어.

이 꽃동산 [아래] 병원차가 세 대가 와 있는데, 나를 병원차에다 갖다 여어[넣어]놓고, 아 문을 딱 잠가 버리네? 날 못 나가게. 나가믄 이 차에 눈 다 가루고[가리고] 새 담요, 이웃에선 [있는] 저 새 담요 파는 집에서 담요를 하나 또 갖다가 추우니까 이래 싸가지고 이 차에 곱게 싣고 나와선 항내에 오래 갇혔던 사람 눈을 못 뜨게 하는데, 잘못하면 실명된대. 그래 하는데, 까만 저걸로 눈을 가라[가려]가지고는, 난 [남편이 나오는 걸] 보도[보지도] 몬했어. 그 병원차에 가둬가지고. 갖다 놔가지고 보도 못하고, 문 열어라고 막 소리 질러도 문을 안 열지. 그래가지고, 막 주먹을 때리고, 여기 혈이 다 나가부렀어. 여 피가 막 [나오고] 유리가 다 날 선 것도 두꺼운 놈을 그냥 팍 금이 다 나가고, 퍼질라고 하믄 또 차에서 또 기절을 해 부렸네.

◇ ◇ ◇

남편의 구조와 보상 받기에 나서다

아버님 구조된 다음에 어떻게 되셨어요?

우리 아바이 나와 가지고, 병원에 실려 가는 것도 못 보고, 병원차에서 혼자 [갔지요]. [병원이] 문을 열어 줘야 해 보지. 안 열어 줘. 그래, 우리 아바이는 차에 실려서 인제 갔고, 나는 뒤에 실려서 컴컴한데 눈을 떠 보니까 그래 뭐 밥을 나도 계속 굶었으니까, 굶은데다가 그 지랄을 해 놔놓으니 몇 번을 병원에 왔다가 또 주사 놓으믄, 깨믄 또 데려가면 뭘 김밥을 이만큼씩 그 회사서 싸가지고 갖다가 먹으라고 그러고. 일하는 사람들 먹으라고 소주고 뭐 김밥이고, 맥주고, 뭐 빵이고, 얼매나 갖다 재놓고, "아줌마, 이러지 말고 잡사이소[잡수세요]." 하는데, "아이고 안 먹어요. 안 먹는다고." 그래가지고, 깨 보이께[보니까], 눈을 떠 보이 병원이야.

그래 내가 대번, "우리 아저씨는?" 이러니께, 응급실에 계신대요. 그만 주사 맞든 거 쫙 떼 버리고 대번에 응급실로 가니까 눈을 쫙 맺고, 장화고 옷이고 전부 그만 다리가 막 그 물에 뿔어가지고 막 다리가 이렇고. 장화고 뭐고 다 그냥 가시개[가위로] 다 끊어가지고 버리고, 환자복을 입혀 놓고 눈만 찜매[집아매] 놨어. "날 알아요? 아바이?" 이래 손을 쥐니까, "알지 뭐." 이러는 거라고. 정신이 그래도 말짱하더라고. "알지 뭐." 그 정신이 안즉까지[여태까지] 저 정신이라고. 아이고… 참말로, 눈물 나. 그래, 이 얘기는 지금 방에 또 하는데. (웃음)

봉화에서 시집 식구들 다 들어왔었다고 하셨잖아요? 방을 마련해 줬어요?

어. 밑에 큰 여관집을 정해가지고, 거서 음식을 잔뜩 해가지고 아침부터 아주 호의를 잔뜩 베푸는 거지. 베풀고, 인제 나중에 그 식구들한테 차로 내려와가지고 내가 어른들헌테 참말로, 아바이가 죽을 뻔 했는데도 이렇게 산 일이 이래 이래 있으니 얼마나 감사한 일이냐고. 그래, 시숙들이 내 손을 잡고, 정말 전부 이게 다 지수[제수] 덕이라고 이러네, 나더러. 그 산에 댕기면, 아바이하고 내하고 그래가 저 바나(버너) 가져가서, 덧밥을 지어서 물이 막 올라오는 거기에 산신, 용왕제를 그래 지내고 했더니, 진짜 그 산신님이 살렸어. 우리 아무것도 안 믿고 했으면 아바이 죽었어.

아버님은 병원에 얼마나 계시다 퇴원하셨어요?

병원에 그래가지고 석 달 있었나? 석 달 있고, 그때 어데 서울로 그냥 떠 버릴라고 [했어요]. 회사도 종업원들은 돼지를 잔뜩 멕여갖고, 돼지를 한 차 잡아가지고 종업원들 돼지고기 한 근, 쏘주 한 병쏙[씩] 다 주면서 우리는 한 번도 안 주더라고. (웃음) 안 주고, 살았는 것만 해도 만족한다고 하면서 이 개놈의 새끼들 그래가지고 날마다 회사 가가지고, 개 난리를 치고. 말도 못 해. 그리고 회사 법원까지 나가가지고.

보상 때문에요?

이 회사에서 고소를 할라고 이러니까, 하여튼 뭐 해 달란 대로 다 해 줄 테니까, 그때 생각엔 또 내가 안즉 마흔 살 전인데, 이래가 또 나가가지고 또 어데 가 또 죽을 고생을 또 해야 되나요? 그래, 퇴직금을 가불을 해 주고, 다시 회사를 댕기는 게 어떻겠냐고 [그러더라고요]. 그래 그 법원에서 인제 며칠 날 오라 그래서 그 총무계장하고 나가가지고, 총무계장이 묻더라고. 묻는 걸 "아닌 거는 아닙니다." [하니] "예." 이래. 이 두 마디, 고것만 알지. 딴 말은 다 법에선 못하거든. 그래가지고, 고대로 해 달라 그래가지고 있다 보니 뭐, 광산이 여때까지, 합리화가 될 때까지 이래 붙어 있었던 거지.

세 달 병원에 계실 때, 월급은 아예 안 나왔어요? 어떻게 사셨어요?

월급은, 인제 회사에서 뭐 배급 같은 거 그런 건 줬어요. 그런데, 돈을 한 푼도 안 주잖아. 내가 날마다 다 싸움을 해가지고 인제.

원래 그 산재 보상금이 나와야 되지 않아요?

그래 인제 우리가 고소를 해가지고 저거[소송]하면은 법에서, 지금 영월 동자부[17]에 가면, 우리 아바이 물통 사고 났을 때, 애초에 찍은 사진 여덟 장이 지금 거기에 있어요.

동자부가 뭐에요?

동자부가 요 광산, 광산 노동에 대해서 이게 전부 다 그거[관할]하는 동

---

17 동력자원부. 1977년 정부조직법에 의거해 발족되었다가 1993년 상공부와 통합, 상공자원부로 개편.

자부. 동자부에, 사진이 여덟 장인가 아홉 장 있어. 그런데, 한 번도 아직 못 가 봤어. 그래가, 내가 만일 법에서 고소를 예스 하면, 그때 합의를 안 한다고 하믄 인제 보상금을 얼마 주겠지. 근데, 얼마나 줄라는지, 또 되도록 주겠지만 여섯 식구가 어데로 또 가가지고 또 고생을 해야 되나 [생각했어요]. 그때 그만 서울이나 저 안산으로 떠 버릴 건데 잘못했어. (일동 웃음)

왜 안산에 가실 생각을 하셨어요?

여 있던 사람이 안산으로 많이 갔으니까. 하이구, 그때 광산이 여 잘 돌아갈 때는, 광부들이 한, 6,000명씩[씩] 됐지요. 근데 난 또 그 뒤에 세탁실에 댕기면서, 한 10년 간 일을 했어. 그 광부들 한 6,000명, 새까다가[새까만 걸] 빨아대고 하는데, 그 6,000명 세탁을 하는데 정말 아주 [힘들었어요]. 나도 진폐끼가 있어. 좀 [그래도] 급수를 안 줘가, [진폐] 급수를 안 줘서, [보상을] 못 받았어. 엔간해가[어지간해서는] 급수를 지금 안 준다니까. 아주 뭐, 명년에나[내년에나], 죽을 정도 되야 인제 몇 급 나오지. 요새는 13급 받은 사람들 돈이 백만 원씩 나오기 때문에, 안 줘. 인제는 급수 엔간해 가지고 안 준다니, 천상 나도 뭐 법으로 해야 되겠어. 법을 잘 몰랐었는데, 법으로 해야 되겠어.

◇ ◈ ◇
항쟁 이후 변화에 대한 기억

1980년도에 사북사건 나고 나서 지장산사택에 계속 사셨잖아요. 그러고 나서 시설이나 이런 게 좀 좋아졌어요?

그러고 요[사북] 역전 건너에, 아파트를 다섯 동을 지었어. 그 골말, 지금 뿌리관 자리에 고 바로 뒤에다 지었는데, 그때 노조위원장 홍금종이 노조위원장 할 때.

홍금종 평판이 안 좋았죠?

평이 안 좋았어. 안 좋았는데, 그래 그때도 그 부지게찍기[18]를 해가지고, 1층 걸린 사람 1층 걸리고, 2층 걸린 사람 2층, 3층 걸린 사람도, 4층 5층까지 걸린 사람 아주 많아. 한 5층 걸려야 되고. 재수 없는 소리 하지도 마라 이러고. 집어 치아고.

그래서 이쪽으로 이사를 하셨던 거예요?

어떻게, 우리 따악 이래 까부러 가지고서는, 하나 딱 뽑아 여었[넣었]는데, 딱 뽑았는 게 2층이 걸렸어. (웃음)

그 지장산사택에 사시다 새로운 아파트 쪽으로 옮기셨던 거예요?

그때 지장산사택에서 우리 둘째도 또 광업소 좀 댕겼어. 댕기고, 그때 결혼해가지고 그 지장사택은 가를 또 주고, 또 우린 내려왔다가, 또 개도 또 인부 딸이지. 지장사택에 놔 두믄 안될 것 같애서, 큰아들 요 중앙사택 이거 또 새마을[사택의] 이케[이렇게] 과장하고 또 한 번 또 [요구]해가지고. (웃음) 참, 중앙사택 하니까, 저 중앙사택 보는 분이 열데[열쇠]를 주더라고.

그러면 큰아들네도 중앙사택으로 들어가서 사셨던 거네요?

큰아들도 중앙사택에 보내고, 또.

둘째 아들도 데리고 오셨어요?

둘째 아들도 중앙사택에서 보내고. 그때, 우리 큰아들은 전차, 저 밖에 배차반에 전차 운전했고, 우리 둘째 아들은 백운갱에 댕겼고.

---

18 사택 추첨을 하기 위한 방법을 표현한 것으로 추정된다.

이미영 씨가 2002년에 만든 영화 《먼지, 사북을 묻다》를 보니까 그때 다들 모였다고 하는데 맞나요?

저 죽은 김○연이도 다 있었어.

그때 오셔서 서로, 예를 들면 "네가 나 찔렀잖아." 이렇게 오해하고 다투는 일은 없었어요?

아이, 그런 건 없었어. 서로 감옥 갔다 왔다는 것만으로도 진짜 너무 안 됐다는 마음만 가지고, 서로 다 그냥 위로하면서 그냥 "니가 불어서 내가 갔다 뭐 어쨌다." 그런 소리는 없었어.

이원갑 씨가 풀려난 후 보험 하셨잖아요. '이 사람 도와줘야 되겠다.' 이런 생각이 드셨어요? 이원갑 씨가 나서서 하다가 감옥에서 오래 살다 나오셨으니까.

그러니까 사북에 있는 사람들이 많이 도와줬어. 아이고, 도와줘야 살지. 뭐 어떻게 [살아]. 그래, 광업소에서 이원갑 씨는 없어도 쌀은 좀 줘 가지고 그래도 뭐, 그걸 가지고 연명하곤 했다더만. 나중에 이원갑 씨 퇴직금에서 맹 쌀값을 제외하더라도 그 집에 또 애들이 많고 이러니까 쌀은 조금 줬다 소리는 들었는데, 직접 줬는지 안 줬는지는 모르겠어. 그래 왜, 뭘 먹어도 먹었으니 부지를 하고 살았겠지. [이원갑 씨네 가니] 딸들 많지?

네. 딸이 여덟에 아들이 한 명 있다 그러더라구요.

아들이 한 명이야. 9남매를 낳았어요. 아들 하나는 지금 제주도 가 있고.

거기 정선경찰서까지 잡혀가셨던 분들끼리는 1980년대부터 서로 연락하면서 사셨어요?

사북사건 난 그 후로는 뭐 이사 간 사람이 얼매나 많은지요. 거기에서는, 그 초서장에서는 한 80명도 오히려 넘었는데.

조서 작성하신 분들 대부분 다 이사 가셨어요?

한 명도 본 적이 없어.

못 만났어요?

어, 없어. 다 뭐 어디로 갔는지 [몰라요]. 사북 사람도 있고 뭐 박천 사람들이 있었고 내 모르는 사람들도 있고 이럴 턴데 다 어데 사람인지 뭐 그거는 모르고. 내 일만 저러고, 아는 사람만, 아는 사람. 그때까지는 노○옥이도 몰랐어. 새마을사택 있고 부인회장이라도. 김○연이도 새마을사택 부인[회장] 저기 했고. 여 중앙사택에는 이○옥, 우○남이가 부인회장이고. 우○남이는 한 번 안 봤고.

우○남 씨는 처음 이름을 보는 거 같아요. 최○래 씨도 여자 분이세요?

모르겠어.

신○자도 처음 듣는 이름이세요?

신○자 다음에 이명득 있는데, 신○자도 잘 모르겠네.

다 처음 만나기 전에는 잘 몰랐던 분들이네요?

다 몰랐지. 다 몰랐는데, 우리 지구에서는 부회장하고 내하고, 부회장은 하모 이틀 전 밤에 와서 버스에 대 놓고, 팍 내려가지고는 막 들어와서 막 구둣발로 집어 차고 두 내외를 잡아가지고 가가지고 그 아저씨는 갔다 온 지 얼마 안 돼서 돌아가셨다. 돌아가실 때도, 이 민주화 된 거, 이것도 모르지.

그럼 B지구 부인회 부회장님 댁은 바로 사북에서 나가셨어요?

어. 나갔어. 지금 서울에 어디 있다는데 모르겠어.

고생을 많이 하셨겠네요?

아저씨는 그때 갔다 와서 죽은 사람 많아.

정선까지 갔다 와서 고초 당하고 오셔서?

아유, 남자들은 진짜 골병[이 들어서], 말도 못 해. 어떻게 여자들은 좀 봐준다는 게 여자들도 다들 그렇게 들이 밟고, 등때기고 뭐고 집어 차고 지랄하는데. 여자 뼈가 그까짓 한 번 집어 차면, 내 남자[남편]한테도 한 주먹 맞으믄 얼마나 분하고 아프기는 또 얼매나 아프겠나. 근데 그 와중에 고초 받으며 막 맞으면[맞은 걸 얘기하는데] 참말로 진짜 참 감회가 새롭다. 아이고, 참 웃어 가면[서 얘기하는 것 보니까] 진짜 옛날 얘기네. 하마 37년이 됐어. 내가 딱 마흔 하나에 갔다가 37년이, 아휴. 이제 뭐 어지간히 아는 사람이래도 이제는 다 잊어버리고. 인제 거기서 남는 거는 전○자, 노○옥이, 김○연이 그래백에 모르겠어.

이원갑 선생님한테 노○옥 씨나 전○자 씨 이런 분들은 연락처가 있을까요?

거는 아마 있어여. 응. 거는 아무래도 알 거야.

따로 연락하시는 분은 없으세요?

따로 연락하는 거 없어. 휴대폰 전화도 내꺼 적어 주지도 않았고. 거 꺼[거기 것도] 받도[받지도] 안 하고. 해마다 저 민주운동[사북항쟁기념식] 때면 꼭 오니까 뭐 받을 생각도 안 하고 그랬어. 아이고. 조금이라도 보상 타 먹고 고마 그래 지금 내자빠지고 안 오네. 저 원주 있는 저 남자, 이○영이도 작년까지는 오디만 올개는[올해는] 안 왔네. 올해는 안 온 사람이 그래 많네.

남편 분들이 잡혀가셨던 다른 어머니들도 마을에서 계속 살고 계셨어요? 신경 씨 부인이나 징역살이 오래 하신 광부들의 아내 분들요.

신경 씨도, 원주 가 형 살았지. 이원갑 씨도 갔지. 노○옥이는 부부가 다 갔어. 다 갔는데, 거는 뭐 어떻게 돼서 뭐 죄가 많다고, 위로금이 [형편없어요]. 나도 560만 원백에 안 줘. 이게 이까짓 이게 보상이야? 무슨.

서울, 그 저거한 사람한테 무슨 보상이야? "아이 그거 우선, 위로금입니다." [해서] "위로금이라 그래도 이 양반아. 세상에, 위로금이 이까짓 거 안 받고 말겠다." 나 인감증 안 떼 주겠다고.

[보상을] 못 받으셨어요?

아이구, 싸움도 마이 하고… 난, 내 살아난 얘기는 묻지를 말고. 아니, 노○옥이하고 김○연이하고 뭐 얘기해도, 입을 떼야 하지, 뭐 말을 안 하는데. [나는] 솔직히 회사 보상은 못 찾았어. 살아나왔으믄 그걸로 만족한다고. 더 이상 안 주더라고.

그거 말고 이번에 그 민주화, 손해 배상, 그것도 다 나서서 하신 거잖아요?

민주화, 이거 보상이야 그까짓 뭐, 위로금이여. (면담자 웃음) 내가 지금 [원주 병원에서] 치료비가 한 달에 몇 십만 원씩 들어가는데.

◇ ◈ ◇
항쟁 당사자로서 사회에 바라는 점

사북 관련자 분들 1년에 한 번씩 만나면 기분이 어떠세요?

어, 만나이 서로가 반갑지.

서로가 고생했던 거 아니까 더욱 그러시겠네요?

어, 서로가 맞고 진짜 했던 게 너무 억울하면서도 일단 우리가 서로가 거기에 가서 그러한 고초를 받았다는 데 대해서, 그 참, 반갑고 서로 그 만나면 반가워서 탁 그냥 손이라도 턱 쥐고 이랬어.

많이 고초를 겪으셨는데, 앞으로 사람들이 사북항쟁을 어떻게 기억했으면 좋겠어요?

사북사건 하면 뭐 별로 인식이 좋지 않지, 뭐.

사람들 사북사건에 대해 인식이 안 좋은데, 인식이 좀 바뀌어야 된다고 생각하세요?

아, 인식이 바뀌어야지요.

어떻게 바뀌면 좋을까요?

바뀌어야 돼. 이런, 솔직히 지금에 봐. 박근혜도 지금 탄핵이 돼서 저 모양 되고. 검찰에서 지금 사는 집도 다 잡아들이고. 최순실이 하고 엮여서 저거하지. 정말 지금 또 선거에다가, 세월호 배에다가. 진짜, 너무너무 저거해서 좀 싹 바뀌어야 돼.

그리고 사북사건에 대해서도 안 좋은 인식이 바뀌어야 되겠지요?

그럼. 하마 거 대해서도 그렇고. 뭐 앞으로 좀 좋은 일이 있자면은 참, 바뀌어졌어야 돼. 만날 그런 식으로만 살면 안 될 거 같애. 그러니까 나중에 책을 짓더래도, 물론 맹 또 허락이 있어야 되겠지만은, 책을 짓더래도 요서 중요한 것만 넣고 중요치 않은 거는 넣지 말고.

네, 알겠습니다. 감사합니다.

장분옥

—

1952년 강원 동해 출생
1967~69년 성냥회사 근무
1972~74년 원일오와 결혼, 사북 이주
1980년 사북항쟁 촉발 시 원일오 부상
1986년경 경기도 성남 이주, 식당 · 일용직 등 노동
2000년 남편 원일오 사망

1. 사북으로 오기까지의 삶

◇ ◈ ◇
유년 시절과 아버지에 대한 기억

어린 시절에는 바닷가에 계셨지요?

　네.

그 다음에 사북, 산골 마을 가셨던 거고요?

　네. 여[성남이] 세 번째예요. 여 제일 많이 살았지요.

어린 시절 바다 가까운 데서 생활하는 게 어떠셨어요?

　여름에 더우면 모기 때문에 바닷가 가서 자요. 돗자리 갖다 후루르 베고. 나는 아버지가 그래 생겼으니깐 오빠들, 친척들, 작은아버지 따라 더러 댕겨 봤어요. 우리 작은집 오빠는 나보다 두 살 위인데요. 해병대 출신 친구들이 많아요. 오빠들이랑 바다 갔다가, 열두 살 때요. 서 있다가, 바닷물이 쑥 밀려 나올라 그럴 때 푹 파묻혔어요. 바닷물에 한 번 묻혀가지고 죽을 뻔 했어요. 그래 겁이 나서 바다도 잘 안 갔어. 옛날에 김희갑이랑, 허정강이랑 거 영화 같은 거 나오면 그런 거 보러 이제 많이 가요. 그 때는 서울 사람들이, 북평해수욕장이지. 거기요, 아주 유명했댔어요. 그런데 쌍용시멘트 공장이 생겼을 때 그 해수욕장이 없어졌어요. 그래 삼척하고 울진 글로 댕기고 그러더라고. 근데 강릉으로 들어오면 망상해수욕장이 있었고. 그쪽으로 댕기더라고.

어린 시절 가족 분들에 대해 기억나는 것 있으세요?

　어린 시절, 다섯 살 때 엄마가 맹장으로 돌아가셨어요. 어느 날 저녁에 막 엄마가 아파가. 그거는 제가 알아요. 그런데 내 동생은 첫 돌 지낸 두 달 만에 돌아가셔서 엄마의 기억도 모르지요. 동생은 얼굴도 모르고 나는 엄마 얼굴은 기억이 나요. 제사 계속 지내 왔던 거 생각나고. 행상(行喪)이 떠나가는데 나는 할머니한테 업현가[업혔던가] 오빠한테 업현가. 하튼 그 좀 오래됐는데 그렇고. 큰댁 형님이 내 동생을 업언가[업고는] 동네가 다 모여야 울고 있었던 게 기억이 나고. 그래서 아버지 정만 알아가지고, 고만 엄마는 몰르고 할머니 정만 알고 그냥 살았지요. 내가 열다섯 살 먹어갖고 어느 날 제사를 지냈는데, 그때부터 내가 계속 제사를 지냈어요. 다른 친구들이 "엄마. 엄마!" 이러면 짐 빈아오고. 막 그럴 때잖아요. 그날 제사 지낼 때 내가 엄마 생각이 막 나고 자기도 모르게 눈물이 흐를 듯해. (울먹임) 그래서 그때 엄마가 있었으면 싶은 게 생각이 나고. 다 제사 지내러 왔다가 그날 내가 우는 바람에 동네도 울고 다 울었어.

아버지가 재혼은 안 하셨어요?

안 했어요. 실은 옛날에 아버지가 서당을 댕기고 한문도 좀 아셨는데 못 걸어서 우리 고모가 아버지를 업고 댕겼어요. 다리도 발도 수그리고 [숙이고] 다 못 서고. 말하자면 앉은뱅이고, 무노['무능'의 일본어 발음]야. 그래서 내가 공부를 더 못하고 아버지의 손발이 돼 주고. 소 · 대변도 다 받아내야 되고. 그러니깐 그때 내가 열다섯 돼가지고 공부 안 가르친다고 친구들이 무시하고 이러니까는. 참 지금도 글 앞에 가면 내가 아주… 글을 좀 배우지 [못해서]. 보기는 좀 봐요. 그때는 보지도 못했고. 백 몇 번, 천 몇 번 그런 버스 번호도 뭔지 몰라서 헤매고 이랬어.

그래서 두 오누이가 엄마 없이 커 가면서 "아버지 왜 못 걸어요?" 하니 고모가 그래 그 얘기를 다 해 주시더라고요. 그 기억이 아주 그땐 총총해요. 6남매래요. 우리 아버지가 셋째야. 큰아버지가 인환이고요. 진 자, 환 자 돌림이야. 진환이가 둘째 큰아버지고, 영환이가 작은아버지고, 석환이가 셋째로, 우리 아버지래요. 이 고모들 둘이 이름을 몰라. 고모들은 몇째가 되는지도 모르고. 그래서 큰고모, 작은고모. 6남매지, 그러니까요. 그래 그 큰고모가 애기 때, 그때 한 대여섯 살 되나 봐요. 아버지를 낳아 놓고 밭에 가서 일을 하는데 막 애기가 우니까, 인제 애기 젖먹이를 엄마한테 데려갈라고 여기다[허리에다가] 묶어갖고 발딱 허리를 제껴가지고 저 밭에까질 끌고 갔대. 옛날에 길도 험하잖아요. 돌이 울퉁불퉁하다 머리를 툭 째갖고[찢어서], 그래 애가 까물했대[까무러쳤대]. 그래갖고 인제 아가 막 우는 소릴 내더니 기척 없더래요. "엄마, 엄마." 저 동생 운다고 젖 주라고 그러니까 "지금 인제 자." 까물쳐서[까무러쳐서] 죽었는데 잔다고 그러드래. 보니 키도 작고 그러니까 여덟 살 먹은 게 애가 허리 요다 매갖고는 질질 끌고 갔지. 그 고모가 아버지를 그래 해놨니[해 놓았으니] 우리를 많이 왔다 갔다 봐주고.

아버지가 허리를 다쳐가지고 쩔룩거리면서 서당을 댕겼대요. 그런데 이제 부모 마음이 그걸 다 고쳐 줄라고, 옛날엔 침으로 거의 다 했는가 보더만. 그래서 할아버지가 어떤 노인네를 데리고 왔는데, 침을 놀라[놓으려고] 그런데 아주 죽어도 맞기 싫드래. 그러니 옛날엔 또 어른 말이라면 꼼짝 못 하잖아요. 그래 막 붙들고 "병신, 다리 절름 고쳐줄라 그러는데 가만 못 있냐."고 막 머리를 쥐어박고 그러드래. 그래서 꼼짝 못 하고 그카고 있는데 머리하고 어디 일로, 한 막 20방을 막 꽂드래요. 그런데 너무 아프드래요. 옛날엔 또 무식하게, 체하면은 지금은 소화제 먹고 그러는데 약이 없으니까. 우리는 이제 아는데, 지금은 그런 걸 모를 거래요. 칡뿌리 끄트리를 이래갖고[찧어서] 쫙 벌려가 그걸 속에다 넣고, 창지에다[창자에다] 막 쑤셔서 내리고. 아니면 인제 올라서서 애들이 이래 밟아요. 밟으면 허리가 이래 "우두둑"하면 그래 내려가고. 그런 식으로 하더라고. 그래가지고는 인제 그 침을 맞고 나니 한 달 있으니까 손발이 맥이 없어지더래요. 힘줄을 잘못 찔렀는지 고마 앉아가 못 일어서게 됐대요. 그래서 이 대들보에다, 지금은 그런 게 없지만은 메주 달아 놓고 대못 이런 거 박아 놓잖아요. 거기다 이렇게 지게, 고리 있어요. 그걸 매놓고 "너 이거 한번 잡고 일어 서 봐라. 일어서 봐라." 이러니깐 이 잡을래야 안 잡히더래. 힘이 없어갖고. 다리도 자꾸 오그러 붙어, 이래가 붙고. 그 부모는 더 낫아가[나아서] 더 좋게 해 줄려고 하다 그렇게 됐으니까는 "아, 아뿔싸. 아유 안 맞을려고 그럴 때 맞추지 말거를." 한 거죠. 팔자가 그런지 고만 그질로[그길로] 물러서 앉아가 그래 돼갖고.

조금씩 기억이 자꾸 나요. 그런데, 그 고모가 목에 암이 걸려가지고 쪼매닌 병원에 가 있는데. 고모가 우리한테 살해갖고, 그것도 우리가 찾아가고 그랬어요. 아버진 걷지 못하니 못 가. 동네 사람들이 업고 댕기고. 작은아버지, 큰아버지가 이래 막 업고 가. 내가 열다섯 살에 아버지를 업고 댕겼어요. 그래 동네에서 효녀 났다고, 그런 소릴 듣고. 열다섯 때는 내가 짐도 무지 많이 졌어요. 아버지가 그렇게 생겼으니까, 나무 해대니라고. 그러다 우리가 열한두 살 돼갖고 할머니도 돌아가시고, 고모도 돌아가시고, 인제 다 내 책임이 된 거지요. 그래서 아버지 손발이 돼주느라고 그때 학교를 못 가서, 원망하니까. 뭐, 철이 나서 그것도 이해가 되고, 지금 아버지 원망할 그것도 못되고. 대변도 앉아 있으니 안 나오잖아요. 맨날 궁디[엉덩이] 때려가지고 하고. 참 조이도[종이도], 똥까리 조이라고[화장실용 종이라고] 비료푸대 같은 거 나오면 그런 거 챙겨갖고 이렇게 하고. 그렇게 이제 살아오고.

하여튼 간에 아버지가 서당을 그래 절룩거리면서 댕기며 많이 배워갖고, 몰라 그 뭐 한문 선생을 댕겼는지 어딜 댕겼는지. 도부장사[행상], 둘이, 사람 셋을 데리고 댕겼어요. 아버지 하나 [한 명이] 델꼬 가고, 둘이 짐꾼. 옛날엔 돈이 없으니깐 저리 댕기면 쌀을 주니까 이고, 구멍가게 갖다가 지고 가다 팔고. 서로 고다이[교대해] 업고 가. 또 짐 생기면 짐 지고 가야 되고. 어데 구멍가게 만나면 팔고. 그렇게 인제 하고 아버지가 오면 우리 집에 모여 와 술들 드시고. 이 질가집[길가 집]이니까. 그렇게 하면서 컸어요.

그러면 아버님이 그 한문을 가르치시면서 받은 쌀로 생계를 유지하셨어요?

그렇겠지요. 그래가지고 쌀을 좁쌀하고 보리쌀하고 섞여 있는 거 받아 오면, 옛날에는 얼개미[어레미]¹라는 게 있어요. 얼개미라는 거 알아요? 이제 저 민속촌에 가야 그런 게 있지요. 분이를 하는거야. 쳐갖고 좁쌀 대를 빼내고, 치고. 또 쌀하고 좁쌀하고 같이 받고요. 이제 보리쌀하고 쌀하고는 할 수 없지. 그래 섞어갖고 쳐서 갈아갖고 내보내 팔고. 이런 거 우리가 또 아버지 따라도 댕겨 봤어요.

가셔서 보셨을 때 친정아버지가 한문 같은 걸 누구한테 가르치고 했어요?

네. 그런 거 가르치고, [사람들이] "선생님, 선생님" 이러고. 뭐 이래 점 보는 것도 하고, 부적 써갖고 이래 붙여 주고 그런 걸 하더라고요. 그래갖고 벌어다 줘서 먹고살고. 또, 농사는 엄마가 있을 때 좀 있었는데, 아버지가 그래 뭐 못 짓지. 남을 지니까[남한테 소작 주니까] 쬐끔 가져오나 봐. 그래, 우리 아버지한테 "선생님. 선생님" 하고. 또 술을 좋아하니깐 이래 사서. 옛날에는 시골 장보러 가야 비누도 사고 뭐 사고 이러잖아요. 지금은 돈만 있으면 옆에 있잖아요. 옛날엔 장보러 뭐 물이고, 마늘이고. 뭐 쌀 좀 가을에 팔아가지고 필요한 걸 사 오잖아요. 그래 장보러 왔다가 차 타고 저, 신기² 아세요? 그런데 아버지 따라 댕겨 봤는데 저 망가집 하나 있고 이래요. 두어 번 따라댕겨 봤는데. 세상에, 어디가 잠을 자도 대식구잖애. 도부장사 둘, 우리 아버지, 또 아버지 업는 사람. 우리 두 오누. 내 동생하고 나하고요. 그러면 여섯 식구 되잖아. 그래도 내내 인심 좋아. 먹을 것도 없는데 가면 국수 밀고, 선생님 오셨다고 밥해가지고

---

1 곡물의 가루를 걸러내는 체의 일종.
2 강원도 삼척시 행정구역.

주고 이러고 그랬다고. 한 두어 번 따라댕겨 봤어요. 그래가지고 그걸 알아. 그런 골짜기로 댕기더라고. 저런 산을 넘어가고. 차도 못 타고 맨날 꽤– 하니 칙칙폭폭 하는 차 있잖아요. 그거 하루에 두 번인가, 세 번인가 타요. 그거 엄청 느린 거야. 칙칙폭, 연탄 때갖고 푹푹 가는 거 아냐. 그거 타고 또 서울 갔다가 나 또 아버지 잊어먹어갖고요[잃어버려서요].

서울 언제 가셨는데요?

아버지 따라 옛날에요. 그것도 또 델고 한 번씩 간다니까는. 그때 전등차 그것도 있었어요.

전차요?

전차. 그것도 타 보고 이래 했어요. 그 오징어 사 주고, 계란 그 줄 묶음 먹고, 팔러 댕기고 참 재미있었어요.

그런데 어쩌다 잃어버리셨어요?

따라댕기다가 사람이 많으니까는. 북적북적 그 이상한 시골 있다가 사람 많고 뭐 볼거리가 많으니깐 보다가 고마 잊어먹었지[잃어버렸지]. 사람하고 섞여갔고요. 그때도 열한 살인가 그런데, 울 동생은 그렇게 아버지 옆에 달려서 다리를 잡고 따라갔는데, 나는 또 뭐 신기한 게, 안 보던 게 많으니까 그 보다가 고마 눈 돌린 사이 잃어먹은 거여. 사람이 많으니까. 그래 가지고 잃어먹어갖고 다시 안 따라다녔지요.

어떻게 찾으셨어요?

거서 막 울었어요.

막 우니깐 아빠가 왔어요?

10분이나 막 울고. 딴 데 갔으면 못 찾았어. 뭐 어떻게 됐을진 모르지. 이제 잃어버리고 나도 참 그만이지. 뭐 연락이 있어, 뭐 있어. 그래도 한 자리에서 울어서 그렇지 막 돌아댕겼으면 또 모르지. 아버지가 사람들 보고 "아유, 아[애]가 없어졌다."고 "오던 길을 가 보자. 가 보자." [하니] 아이고 뭐, "이 사람 많은데 아가 울고 어디로 가서 못 찾지. 뭘 찾느냐고 형님. 그러냐."고 이러니 "아이 가 봐." 가가지고 아버지는 애가 닳지, 딴사람은 애단[애닳] 거 없잖아요. 말하자면 내 새끼야 가슴에 묻지. "빨리 가 보자고 이 사람들아. 가자고. 도부고 지랄이고 가야 되겠다고. 지금 내려가야 되겠다고. 가 보자고. 오던 자리 가 보자고." 내가 우는 소리 들리지. "분옥아. 분옥아." 내가 분옥이, 장분옥이거든요. 그 막 부르니까 어디서 또 아버지 소리가 내 들리는 거야. 어디 사람 숲에서. 그래가 "아버지, 아버지." 하고 막 울고 있으니깐 "애비 여깄다. 애비 여깄다." 하면서 저쪽 거 내 우는 소리 듣고 찾아와요. 그래 와서 만났어요. 그래가 동생이랑 아버지 다리 한 짝씩에 매달려가지고 갔다가 오고 다시는 안 따라갔어요. 아버지 나갈 때 친구들이 집에 와서 놀고. 또 뭐시기 아버지 친구들이 와서 모여 놀고 술 잡숫고, 술 받으러 댕겨 갔다 오면 또 용돈 조금 주는 거 안 쓰고 모다[모아서] 내가 집에서 그렇게 살았어요. 그래 그것 갖고 개코도 없는 집안에. 그 옛날 김진만이 회사가 있었어요.

김진만이요?

김진만[3] 씨요. 옛날에 달력도 나오고 이랬어요. 그 북삼화학이라고 해서요. 그래서 내가 거기에 열다섯 살부터 돈 벌러 댕겼어요. 그때 25원인가 얼맨가[얼마인가] 그걸 받고. 친구들도 다 거기 댕기니까 나도 돈 벌겠다고. 머리에 연탄 싣고 와가지고 풀어 놓으면 막 깨고, 우리 얼굴 시커매지고 목욕탕에서 목욕하고 오고 그래요. 월급 타면은 한 700 얼맨가, 그래도 시보니까[세보니까] 그게 그때 큰돈이었잖아. 그때 열다섯이니까 한 52년 됐어. 그래 한 2년을 댕겼어요.

---

3 강원도 삼척 출신의 정치인. 북삼화학회장, 강원일보사 이사장 등을 지냈고 1954년부터 정계에 입문하여 1973~1975년에 국회부의장을 지냈다.

2년을 다니셨어요?

예. 한 2년을. 그래 쪼만해서부터 그걸 댕기고, 산에 가 싸리나무 같은 거 해 갖다 팔고. 갈부리[가랑잎] 있잖아요. [그거] 끌어가지고 팔아가 몇십 원 받고. 이렇게 살았던 거예요.

근데 아버지가 돈놀이하다 돈을 다 떼였어요. 그래갖고 밭 산다고 돈 떼 주고요. 그래 한 10만 원인데, 옛날 돈이 컸잖아요. 10만 원 갖고 돈놀이하다 한 3만 5,000원, 2만 얼마. 저 한약방 이런 사람들 꿔 줬다가 다 떼여 버렸어요. 아버지를 원망할래도, 아버지가 나를 필요로 하니깐 원망도 못 하겠더라고. 내가 아버지의 손이 돼 주고 발이 돼 줘야 되기 때문에. 그래가지고는 어쩔 수 없이. "지금이라도 배워라, 배워라." 그래도 잘 안 되고. 사는 게 넉넉하면, 지금도 뭐 배운 사람들 천지더만. 그것도 또 인제는 두뇌가 안 돌아가더라고. 그래도 하루에 한 번씩 댕기며 이렇게 보긴 이래 조금 더듬더듬 보는데, 쓰는 게 제일 어려워.

나 공부는 안 했어도 도민증은 나밖에 안 나왔어. 그때 도민증이 지금도 있어요. 아버지가 그래도 좀 아니까. 옛날에는 그 읍사무소라 그랬어. 지금은 지구대인가 뭔가 있는데 헷갈려 죽겠네. 나는 맨날 동사무소밖에 기억이 안 나. 읍사무소에 가갖고 내가 필요하니깐 그렇게 맨들어[만들어] 줬어요. 아버지가 이거 좀 배움 있으니깐. 나를 못 가르쳐 그렇지. 나는 그 간직할라고 안 했는데 어떻게 계속 내 손에 따라 댕기길래.

가지고 계세요?

있는데 딸내미 집에 있어. 그래갖고 그 어떤 사람이 "에이 그때 그런 게 있느냐."고 그래. 나이가 나보다 오래된 그런 사람들. 도민증 받은 게 열다섯 살 때였어요. 그때 외투 이래 입고 머리 이만큼, 생머리 잘라갖고 사진을 냈어요. 내가 그래 그거 보더니 "아, 그때 이런 게 있었나." 좀 이렇게, 째게져갖고[쪼개져서] 위에 있는 거 코팅을 붙여갖고. 접어가지고 딸내미 집에 바구니에 담아 넣어 놨다가.

그거는 왜 코팅까지 하셨어요?

그러니깐 간직 안 할라 했는데 계속 따라댕기길래. 이거를 낸중[나중에] 애들한테 가보 식으로 "할머니 이렇게 살았다." 이런 게 있었다는 거 보일라고. 그래 여러 사람도 안 믿더라고.

◇ ◇ ◇
결혼 생활과 사북 이주

남동생은 학교에 계속 다녔어요?

남동생도 국민학교밖에 못 나왔어요. 그기 못 배우고 그래도요, 효자래요. 난 일찍 시집하고.

남편 분은 어떻게 만나셨어요?

"영감 딸 있으면 시간이 되면, 기회가 되면 저 주시라."고 자꾸 편지해가지고는. 옛날 월남 갔다 오면 돈도 좀 벌어 놨고 식구 하나는 고생 안 시킨다고. 그때 인제 열일곱 살 때 그랬는데, 인제 2년이 지나 제대해고 와갖고 자꾸 편지를 주니깐 아버지가 "시간이 기회가 되리라 믿지 말고 한번 댕겨 가게." 했는게 그 5월 달에 왔어요. 보릿고개, 보리 비느라고[베느라고] 난리가 났는데. 그때 월남치마가 나왔어요. 알아요? 그거. 아버지가 또 해 달라면 다 해 줬어요, 쫄르고 그러면. 몰라 내 동생은 안 쪼르는데 설날에 아버지가 또 골덴 옷하고 운동화 사 줬어요. 그래가지고 사 주고요. 내가 아버지를 많이 졸랐던 거 같아요. 동생은 안 그랬는데요. 이게 더 어른이에요. 그래가지고는 저 보리 베러 갔는데, 그때 공원 007 바지 그거 입고 제대하고 와갖고 "한번 댕겨 가게." 하니까 이제 주소를 들고 찾아온 거야. 근데 용기가 없으니깐, 그때 우리 아저씨가[남편이] 얼굴이 하얀 게 내가 어린 마음에도 마음에 없드라고요. 뭔가 모르게 여는 게[외모가] 마음에 없는 게 아니라, 우리 아저씨 옛날 시골식 다리로 이렇게 쩍 벌리고 걸으니 처음에는 별나실어가[별나 보여서]. 007 바지 입고 하얀 와이샤쓰[와이셔츠]를 입고 왔드라고. 머리도 까만 게, 얼굴이 여자 인상이야. 예쁘장한 좀 그런 인상이야. 얼굴도 피부가 하얗고 그렇더라구요. 인제 나는 월남치마를 입고. 그때 얼룩바지 하나 있었어요. 줄이 단풍잎 비슷한 골덴바지를 입고 보리 비러[베러] 갔어.

형님들한테 얘기했지요. "아버지가 나 시집보낸다고요. 뭔 남자가요, 처음 본다고 왔어요. 하이그." 저 뭐이람서는[뭐라고 하냐면] "왜 그러시냐."고. "뭐 딸이 시집갈 나이 됐다고 벌써 그래. 시집 줄 데 없을까 봐 어떤 사람하고 그러냐."고. 그리고 작은집이 밥을 하면은 아버지 갖다 드리러 꼭 와요. "아버지 밥부터 갖다 주고 먹어라." 이러고 반찬하고 싸갖고 보자기를 해 준다고요. 밥 주러 내려오니깐 둘이 술을 먹어갖고, 막 주고 받고 그래가지고 이제 막 우리 아버지를 녹이는 거지. 술 한잔 먹으니 헬레레 해갖고는 이래가지고는, "너도 선 봐라. 좋나 안 좋나. 좋은 사람인데." 뭐 어찌고저찌고. '아무도 없는데 내가 뭔 이야기를 하나.' 하고 거기서 좋다는 소리도 못하고. 근데 그 인상을 보고, 저 화장실이 건너에 있어서 밖에 오줌 누러 가는데 나갈 때 걸음을 보니 어린 나이에 아무것도 모르는데 이 마음에서 싫더라고요. 싫은데 막 아버지 그러니깐 뭐 어쩔 수 없지. 아버지 술 먹으며 마음 녹여가지고 말을 많이 하고. 그래 해가지고는 하여튼 간에 강제로 그랬지.

어쩌다가 광산에서 사는데 애는 여럿이잖아요. 이런 얘기해서 뭐하지만은 남자들은 주책없이 이따금 시도 때도 없이 덤벼요. 그 어쩌다 아[애] 하나 또 생겨나버려요. 혼 많이 났어요. 큰아버지가 [아버지한테] "이놈의 자슥, 잿지[객지] 놈이 집이 있는지 절이 있는지도 모르고. 아[애를] 달라 해가지고. 이쁘기는, 좋은 놈으로 골라가 줘야지. 덜쓱 객지 놈한테 들

러져 아[애를] 배렸다[버렸다].” 옛날에 초가집이고 막, 저기 흙집 있잖아
요. 논에 갔다 오다 말고 “그러고 사네.” 속상해가지고요.

큰아버지가 그러신 거예요?

예. 나를 객지 놈한테다가 들려줬다고요. 아무도 모르고, 집안도 알아
보지도 못하고 들려줬다고요. 애미 없이 큰 거 시집이라도 잘 보내야지
하면서요. “아 배렸다 배렸다.” 하면서 아버지, 큰아버지 술 한잔 잡숫고
속이 상해서. 우리가 길가집이에요. 빨래하고 오던 사람도 불 옆에 쬐고
가고, 또 나무하러 갔다 오던 사람도 길가집에 들려서 불 쬐고 가고. 밥도
한 되씩 해 먹고 가고, 끓여 주고 가고. 설거지도 해 놓고. 내가 어리니까
세 식구 밥을 얼마나 하는지를 모르잖아요. 그냥 푹떡 떠다 하면 밥이 막,
물을 부어 놓으면 뿔어갖고 이러면은 그걸 또 퍼서 먹고, 설거지도 해 주
고 가고. 그땐 너무 없어 굶는 사람이 많았어요. 그래 살다가 시집을 그래
가가지고, 우리 집에서 둘째 낳을 때까지 살다가.

처음에는 남편 분이랑 친정에서 같이 살았어요?

네. 같이 2년인가, 3년인가 살았지. 처음에 거의 우리 집에서 처가살
이 했다니까요. 우리는 없으면 안 되니까 내 동생이 커서 장가갈 때까지
“자네가 우리 집에서 살아야 되네.” 그러기로 했잖아요. 동생이 장가가고
나니까 남자는 자기 욕심에 데려가고 싶고 막 그렇잖아. 자기가 먹을 것
도 없는데 그러면서 가면 뭘 해. 나는 그런데 고생한다고, 안 간다고. 아
버지도 “가 봐야 뭐 괜찮이 살더나.” 이러는데 내가 괜찮이[괜찮게] 사는
지 못 사는지 [말을 못 했어요]. 밥도 없어. 시집에 가서 처음에는 맷돌에
때때마다 감자를 갈아갖고 밥을 하시더라고요. 그래 그게 쌀밥 같애. 먹
을 때는 감자 다져서 부드럽고 괜찮다 했는데, 식으니깐 완전히 사그락
사그락한 게 못 먹겠어. 애기를 뱄는데 그런 걸 갖다 주니. 그래도 나는
진짜, 밥은 그래도 괜찮게 먹고 살았는데. 돈도 좀 돌아가고.

둘째까지 낳아가지고, 첫돌 조금 못 지나갖고 "아 뭐 광산에 돈 벌러 간다."고. 시동생이 와갖고 "형, 어디 거가 좀 벌어먹을 데 없나." 이래가 저 함백인가 거기 있었어요. 시동생이 거기에 있다가 동원탄좌로 와가지고. 시동생은 그때 그 되든 안되든[되고 안 되는 것] 뭐 아무것도 모르고. 거기도 일자무식이더라고요. 공부도 몬[못] 하고. 우리 아저씬 그래도 국민학교 나와가지고 하고. 시동생 집에 가면 먹을 것도 없고, 강냉이 갈아먹고 굶어 죽겠더라고요, 진짜. 우리 집보다도 더 굶어 죽겠어. 그래가지고는 못 살겠더라고요. 내가 애를 하나 지웠어요. 애를 밴 거, 3개월 됐는 거 너무 못 먹어갖고는.

자연스럽게 없어지셨어요?

자연 유산이 고만 돼 버렸어. 너무 못 먹어가지고. 먹을 게 이 씨래기[시래기], 이거 짐치[김치] 지다란[기다란] 거 하나 그거밖에 없고, 된장하고 두부 이따금 한 번씩 갈아가지고 한 번 먹고. 우리도 못 먹지마는 시동생은 더 먹을 게 없어 갖고는.

시댁은 영월이죠?

영월이에요. 그 평창을 돌아서, 차가 하루 세 대밖에 안 댕겨요. 거기를 댕기러 이제 가니, 동네 집이 일곱 집이 있는데 "아이고 어디 가서 각시 잘 얻어 왔다."고 동네 어머니들이 와서 밤에 컴컴한데 등잔 불 쬐[켜] 놓고. 그래가지고는 가을에 시댁에 가니 차비가 없다고 친정으로 못 보내더라고요. 고추, 마늘 팔아야 돈 구경 조금 하는 거예요. 그래서 거기서 셋째를 가졌는데 3개월 만에 지워져 버렸어요. 그게 가을이야. 10월쯤 되나 봐. 옷도 가져간 게 없는데. 시엄마 홑치마 이런 거 입고. 얼마나 하혈을 많이 했는지 일어나니 그대로 풍 쓰러지더라고. 우리 아저씨는 친구네 벼타작에 품팔이 하러 갔고. 그래가 내가 다 죽어가는데, 일 다 해 주고 저녁 얻어먹고 집에 오더라고요. 또 이런 얘길 하면 시엄마 숭한데[흉인데], 옛날 시엄마들은 주책스럽게 잔소리만 냅다 하고. 사람 죽어 가는데 그것도 모르고. 밥도 안 갖다 주고. 내가 그때 죽을 뻔했어. 진짜 내가 죽을 게 억지로 살아났어.

그래서 병원에 가셨어요?

병원이 어디 있어요. 그냥 내 혼자 도랑물 졸졸졸 내려가는 데 가서, 요강을 푸니[버리니] 아주 막 벌건 게 내려가고. 뭐 기저구[기저귀]도 안 가져갔고. 시댁에 갔다 금방 돌아온다 이래 놓고는 가서 한 3~4개월 지내갖고, 아버지 혼자됐지. 동생은 아버지 혼자 놔두고 일하러 댕겼어. 그것도 열다섯 살부터예요. 아버지 아는 목수 따라 일을 갔는데. 요게 일을 악착같이 잘하니까 내 동생만 따라댕기게 된 거래요. 그래가 강릉으로, 그때는 전화가 있어요, 뭐 있어요. 아무 소식도, 죽어도 모르고 뭣도 모르고 그렇지. 편지 가야 며칠이 가요. 멀먹하고[막막하고] 이럴 판인데. 그때 우체부 올 때마다 순경 온다고 무서워가지고는 앵두나무 밑에 가서 숨어 있고, 이렇게 바보같이 순박하게 살았죠. 우체국 업무 이렇게 오면.

순경 같아서요?

예. 그래 무서워서. 죄 없이도 "순경이 애를 잡아간다." 이러고 "말 안 들으면 잡아간다." 이러고 그런 소리 들어가지고는. 이제 어, 그 시집에. 뭔 얘기하다….

아버님 일 다닐 때 애기 떨어지고,

어. 임신을 했는데, 애기가 떨어지고. 그러고 나서 가을이 돼서 마늘을 두 접인가 팔아가지고, 내가 돈은 그때 한 3,000원 있어요. 보내 주기만 보내 주면 혼자라도 가겠는데, 우리 아저씬 또 같이 가자 이거예요. 일 갔다 오니까 사람이 저래가 다 죽어 가. 어머니 잔소리 좀 그만하라고. 얼마나 그냥 씨잘 데[쓸 데] 없는 거 어쩌고 저쩌고 자꾸 그러고.

마늘 두 접 판 돈으로 같이 친정으로 가셨어요?

예. 그래가 팔아가지고 돈을 한 3,000원인가 4,000원인가 맨들어[만들어] 준 거로 차비해갖고 집으로 도로 왔지요. 거 먹을 게 없고 이러니까. 그때 왔다가 봄에 또 한 번 갔어요. 우리 동서는 시동생하고 일곱 살차이. 열일곱 살에 우리 시동생하고 연애를 걸었는지 뭐 맨날 등물해 주고 그랬다고 이웃 아주머니가 그러더라고. 그래 우리 큰 조카딸을 낳고 이러니까, 한 5년을 살다가 결혼식을 영월 어디서 했어요.

그러고 시동생은 사북에 가 살았는데, 우리도 애 둘 데리고 가갖고 시동생 집에 한두 달을 살다가 동생이 얼마나 눈치를 주는지요. 나는 스물둘이고 동생은 그때 스무살이니까 서로가 어리니까. 두 살 차이니까. 동생은 둘짼가 셋짼가를 가졌고 나는 셋째를 가졌고. 이거는 오지도 가지도 못하고 죽겠더라고요. 진짜. 그때 한참 애 젖 빨고, 밥도 먹지도 못하겠고. 그래가지고는 어떻게 폐가 같은 무너져 가는 방을 만 원짜리로 하나 얻어가지고 가[서] 살았어. 그 가적[거적]을 이래 달안[단] 데를 이제 한 달 월급 타가지고 만 원을 주고요. 그래가 집을 얻어갖고 나가서 살고.

그래서 사북에 정착하신 거예요?

예. 거기서 한 1년 반을 살다가 여 북부사택이라는데 "거기에 이제 집을 지으면은 들어갈 거다." 이런 얘기가 들리나 봐. 그래갖고는 인제 내려와 갖고. 그 36동에 6호에 살았어요. 끝 집에. 4호가 없어지고, 5호를 건너뛰고. 원래 5혼데 우리가 6호에 살았어요. 4호를 안 썼어. 그때는 미신을 "4자는 안 좋다." 하면서 그래갖고 6호에 살았어요. 그때 애가 둘이 달렸는데 나보고 새댁인 줄 알지.

셋째를 낳기 전에 사택에 들어가셨어요?

그렇지요. 둘째 낳고, 셋째를 거[사택에] 가서 가졌어요. 살면서, 밖에 샘에 빨래하러 가고 이러면 애기 똥기저귀 빨고 이러니까 동거 생활하는 처년 줄 알았는데 "엄마, 새댁 저 애리애리하게[여리게] 생긴 것은, 똥기 저귀 빠는 거 보니까 애기 엄만갑다[엄만가 보다]."고 그럼서. 그리 지끼 는[지껄이는] 얘기가 들렸어요. 그래도 나는 대꾸도 안 하고요. 그때는 스물 두셋인데 이래 말도 없고. 아직 새댁이나, 애들이나 마찬가지니까. 그 래갖고 그 사택에 내려가 16년을 살았어요.

2. 사북항쟁 전후의 변화

◇ ◇ ◇
사북에서의 생활

아버님 다치시기 전에 동원탄좌 다니실 때 생활하기 너무 힘들다는 생각 안 드셨어요?

그렇게 어렵지도 안 하고요.

애들 먹이고 학교 보내고 할 때도요?

예. 그냥 살았어요. 그렇게 뭐 하진 않았어. 내가 시집올 때, 시집에서 아빠 심부름 해 주고 뭐하고 그러면서 한 3만 원을 가지고 온 게 있었어요. 그거 갖다 또 5,000원씩을 또 꿔 주고 그랬어요.

일수 하셨어요?

일수는 한 게 아니고. 만근하면은 극장표가 네 장인가 나왔어요. 그런데 우리는 애가 어려갖고 못 가잖아. 부부가 가라고 [나왔지만] 영화 볼라면 사북까지 굴다리를 걸어와야 돼요. 근데 애들이 여럿이 있으니까 엄두를 못 내잖아요. 인제 우리 신랑이 병반 갔을 때 영화관 가자고 여자들이 술렁술렁 바람을 넣은가 봐. 세 여자들이 우리 아를 하나씩 다 업고, 제일 애기는 내가 업고. 극장에 가서 뭘 봤는지도 몰라. 쾅쾅거리고 땅땅거리고. 한 번 가서 "아, 나 다시는 안 간다." 이러고 그 다음부터는 극장표 있으면, 막 열대여섯 살 되는 애들이 달라고 해요. "어, 너네 가 보라고." 그때 다 줘 버렸지.

공짜로 그냥 주셨어요?

그래 공짜로 주지요. 뭐 어떡해.

그러면 큰딸이나 작은딸이 그거 왜 주냐고 속상해하지 않아요?

아이, 그때 가들은 갈 나이가 아직 안 됐지. 또, 만근하면 돼지고기 네 근 주고, 하나 빠지면 세 근 나오고, 또 두 갠가 빠지면 두 근 나오고, 세 개 이상 빠지면 없어. 그럼 그것도 한 개도 못 타 먹는 사람이 있어.

안 나가셔서요?

못 나가. 맨날 농땡이 까고 못 나오고 그래. 우리 아저씨 일은 그래도.

성실하셨구나?

예. 해요. 술 좋아하니까 낮에 술 먹는 게 제일 겁나요. 갑, 을, 병 있잖아요. 낮에 세 시에 나가야 되는데 그때 한 한 시쯤에 나가서 술 먹으면 제일 불안한 거야. 일 못 나갈까 봐. 고때 한 번씩 땡 쳐 버린다니까는. "오늘 가서 술 잡숫지 말아요." 지금 같애도 뭐라고 해요. "아유 술 먹지 마. 가지 말아요." 그래 여 와서 한 번 더 핏대 쳐올려, "어 여기 노가다 댕기더니만은 말대꾸 막 한다."고 이래. 그럼 이제 "나이가 얼매고 혼자 벌어먹고 고생만 시키고" 막 그랬다니까.

옛날에는 그렇게도 못하셨던 거죠?

못했지. 그래가지고 치이다 보니까 속이 상하고, 힘들고 이러니까 "누구는 노니!" 뭐라고 그럼서 한 도발해대고. 내 그래 노가다 돈 타가지고 "나 돈 이래 많이 벌어가지고 왔다."고 하고.

북부사택에서 사셨을 때 다른 사람 만나거나 해서 도망간 여자들도 있었어요?

그건 몰랐는데 그런 게 있었어요. 그 뭐 춤바람인가 뭔가, 거 "항지로 댕기매, 후레아치마[주름치마] 입고 댕기는 거 춤춘다." 그래 말이 많았어요. 나는 새끼들 여럿 키우느라고. 들마루에 가서 앉으면 나는 그게 무슨 소리 지르는지 몰랐는데 가만히 생각해 보니까 그때 그 여자들인가 봐.

한 대여섯 명 있었어요.

춤추러 다니시는 분들이요?

그래가지고 가 보면 전축을 지랄하고 틀어놓고는 후레아치마 입고 춤인가 뭔가 추러 다니는 여자들 말이 많았어요. 장 보러 거리 댕기면 눈에 띄잖아요. 비밀은 없잖아요. 거기서 끌려가, 어떤 놈이. 뭐 제비라 하던가. "보니까 끌려가지고 뭐 욕 막 먹고, 뭐, 뭐 귀싸대기 얻어맞고 있더라." 하고 "뭐 지 신랑한테는 개지랄하면서는 그랬다." 이런 말도. 그래 젊어서는 뭐인지 모르고 흘려들었어요. 그런데 이런저런 댕기다 보니까 '아 그것들이 그것 때문에 그랬구나.' [알게 됐어요]. 나보고 이래. "서울 가면 ○○ 엄마도 그런 춤 막 한대. ○○ 아빠 몰래."

사택에서 그런 여성들이 있었어요?

예. 소리가 나서 가 보면 다 알지요. 안면 다 있지요. 그래갖고 앉아 어울리면 쿨피스 사다 때려먹고, 또 막걸리. 난 술은 안 먹어. 지금 저 한 1년 전에, 딸 집이 있을 때 친구들이 와가지고 치킨 집에서 한 모금 먹다니께는 한 잔은 먹겠더라고.

그 전엔 술은 전혀 안 드셨던 거예요?

자주는 안 먹어. 전혀 안 먹었어. 신랑도 술 많이 먹지, 아버지도 술 많이 잡쉈지. 술심부름 하는데 데가[데어서] 안 먹어.

북부사택에 계실 때는 따로 부업 안 하셨어요?

안 했어요. 할 수도 없고. 애들 키우고, 하루 종일 물 길러다 나르고, 빨래 씻어 나르고 여름에 물통 갖다 저장시키지. 겨울에도 이런 공터에다 모여서 설거지 이고 가 씻거야지. 하루 다 가, 그러다보면. 신랑 갔다 오면 또 먹을 거 준비하고 시커만 빨래 빨러 가지. 애들 여럿이니까 뭐 할 수도 없어.

물 싸움 같은 거 없었어요?

네, 그런 건 없어. 겨울에 눈이 해갖고[녹아] 물이 내려오면, 게글러빠
진[게을러터진] 여자들이 잘 안 치우고 이러면 물이 막 밑으로 내려오는
거야. 떠 줘야 내려가는 물이. 좀 그런 건 있어요. 그래 순박해가지고는
얘기도 안 하고요. 그래하고 지냈지. 지금 같으면 가만 안 있지요.

그때 학교는 몇 째까지 다니고 있었어요?

셋째요.

지장산국민학교 다녔어요?

지장산이 아니고, 고한에서 올라가면서 왼쪽으로, 저 산 밑에 중고등
학교인데, 그게 남녀공학 댕기는 덴데. 우리 둘째까지 중학교를 거서 마
쳤어요. 우리 셋째가 여 성남으로 와가지고 여기 고등학교 나오고. 셋째
만 고등학교 나오고. 첫째도 키가 커갖고 이래 운동하는 데 잘 뽑히더라
고. 테니스, 하키. 근데 내가 그걸 뒷받침을 못 하겠더라. 공수, 공날, 일
요일도 없고. 그거 배우느라고. 것도 강원도 있을 때 초등학교 때부터 테
니스, 이래 큰 거 있잖아. 동그란 거 탁 치는 거. 정선으로 뭐로, 댕겨갖고
내가 따라댕기고. 부모들이 따라댕겨야 돼요. 그 몇 번 따라갔다 왔어요.
원주도 그때 왔다 갔고.

운동에 재능이 있었군요?

재능이 있는 게 아니라. 그 애가 키가 크고, 또 시켜 보니 괜차니[괜찮
게] 하고 이러니까는 자꾸 뽑는 거야. 그래가지고는 아빠 건사해야지, 동
생들 챙겨야지 하니 내가 뒷받침을 못 하고. 내가 일 댕겨야 되잖아. 밀어
줘야 되는데 밀어주지 못하겠더라고요. 그래가지고 금일봉도 어디서 나

왔는지 하여튼 간에 10만 원 타 와가지고 아주 잘 썼네요.

대회 나가가지고 상금 타 오신 거예요?

예, 그런가 봐요. 거기에서 주관인가 뭔가. 원래 안 빼 주는데, 내가 왜 뺐냐면은 일 댕기는 사람은 댕기지도 못하겠고. 또 엄마들 둘씩 밥해 주러 2시에 맨날 가야 돼요. 조를 짜갖고. 리어카에다 음식이니 뭐니 해 싣고 가서, 솥 이만한 거 [가지고] 가서 그 여러 애들 다 해 먹여야 돼요. 돌아가면서. 거기서 또 계를 했네. 그랬는데 그 오야지 여자가 돈 200만 원이 된 거 떼먹었어요. 그래갖고 돈을 떼먹히고. 아 별에난[별난] 게 다 있대. 돈 그래 많다고 자랑하고, 뭐 지가 맡아갖고 하겠다고 이러더니만 은 몰래 뜯었어요[떼먹었어요]. 그것도 또 오래됐어. 우리 아바이 가서 대의원한테서 그 나오는 돈 빌려갖다가 뒷돈구녕 대 주고 이러다가도 돈 있다 막 뗏끼고요[떼이고요].

아버님이 노조 대의원 하셨어요?

아니요. 대의원 안 했는데, 거 대의원 나오는 사람들 도와준다고.

선거 운동 도와준다고요?

예. 거 지금 말하자면 선거 운동 그런 거지.

어머님한테 돈 좀 해갖고 오라고 하셨어요?

나는 돈을 빌려가지고 갔다가 그래가지고 받지도 못하고, 그거로 떼이고 그랬다니까요. 우리 돈도 쫌 있는 걸 갖다가 다 그래 했고. 에이고.

그래도 아버님이 월급 받아 오면은 다 주셨어요?

그래도 나한테 딱딱 갖다 주니. 내가 그래도 조금 알뜰하니까는, 어려서부터 그래도 검소하게 살았던 게 있어갖고 이래 쫌 뭐 했지.

사북 사실 때도 계 하셨어요?

예. 거서도 이제 돈계 했어. 왜 하냐 하면 그건 돈이 적잖아요. 옛날엔 10만 원짜리 했어. 만 원씩 내고, 월급 2만 원씩 뭐 얼매[얼마] 타고 이럴 때. 그래 그런 사람들이 친하게 한 20명씩 하고. 그래서 거 타갖고 또 돈 놀이하다 좀 많이 떼였어.

누가 도망쳐서요?

예. 빚이 져갖고 꿔 달라 해갖고. 꼭 마음 좋은 게 그러더라고. 또 우리 아저씨가 마음에, 그냥 꿔 줘. 나는 잘 안 꿔 주는데. 그래가지고 그 ○○ 엄마 데리고 오라고 [하면] "이노므 돈은 내가 버는데 그 마누라 델고 오라 한다." [그러고요]. 그때 다치기 전에. 그래가 만 원씩 모아가 10만 원씩, 또 한 50만 원 타 놓으면은 아 시골에 또 뭐이나요.

일이 터져요?

노인네 비료값 한다고 돈 좀 달라고 오지.

시댁에서요?

예. 또, 뭐 한다고 돈 좀 달라고 오지. 이러면 돈 10만 원씩 [가요]. 이게 돈 10만 원 주면, 저 작은아들 집에 이번에 좀 한번 가 좀 달라 그러세요. "가들 돈 없다더라." [하시면] "가들 돈 있어요." 있는데도 없다고 하면 안 줘요. 그래가 나는 있어가 없다는 소리 못 하잖아요. 없어도 참 없다는 소리 못 하고 드려야 돼. 그러니까 이제 말없이 계속 주니까, 그냥 만만하니까 자꾸 그래 되더라고요. 그래 작은아들 "내 뭐 돈 있소?" 이래. "없다 하더라." 이러고.

그럼 사북에서 계 하실 때는 보통 부녀회장들이 계주를 했었어요?

부녀회장 그런 게 없고, 우리랑 친밀한 사람들[이 했지]. 거기에 190호가 살았잖아요. 거서 개중에 친한 사람들 있어. 저쪽은 저쪽 패들끼리 친하고 요쪽은 요쪽 패. 우리가 또 일요일 날 친한 사람들끼리 놀면, 광산서 돼지고기 나오고 뭐 나오고 이러면 술 사고 뭐 개 잡아갖고 또 계곡에 가서 공일 날 놀고. 가마에다가 육개장 끓여가지고 신랑들 일 갔다 오면 일요일 날 놀 때 먹고. 그래 친하고 이런 사람들 있지요.

다른 집들도 애들이 많았어요?

아이 안 많아요. 앞에 집이 네이고 우리가 너이고. 한 네이 있는 집이 제일 많았고, 뭐 한둘 있고. 우리는 아들이 많아서 사과를 사도 한 박스, 한 상자를 사야 돼. 계란을 사도 남 한 판 사면은 우리는 세 판 사야 돼. 그 광산에 오면 무쇠가 녹아난다고 하잖아. 장사꾼이 들어오면은 외상 막 먹고 3일이면 돈 떨어져요. 다요. 나는 외상 안 먹어. 그냥 돈 있는 만큼 쓰고 그렇게.

외상은 안 하셨어요?

안 하고 살았어요. 그냥 있는 만큼 쓰고요. 신경이 또 예민하고 이러니깐 외상 갚기가 겁나. 그래 여북하면[오죽하면] 외상 장사 얼라가[어르기를] "이 아줌마 외상 먹으면 내가 그냥도 줄 수 있는데." 그게 장난이고, 농담. 그래서 텔레비를 이제 우리가 네 번째인가 들여놨어요.

북부사택에서 네 번째요?

예. 네 번째로요. 그래갖고 티비 들여놓으니깐, 옛날에 티비 값을 월부로 받으러 오는 사람이 있어. 그 사람이 오면은 꼭 영수증 받으면 "아이 이쁜 아줌마 볼라고 내가 한 달간 눈이 멀어." 그때 그게 뭔 소린지 모르고. 지금 가만 생각해 보니 지금 같다면 한 방은 혼내 났을 텐데. 그리고 꼭 꼬잡[꼬집]으면서 내 손에 손가락을 쓱 긁으면서 이렇게 써 주고 가고 해요. 그때는 그거 뭔지도 모르고 그냥 가고. 그거 지금 가만 생각하면 그때 그 사람이 은근히 이상한 사람이야.

희롱을 당하셨던 거군요?

그래요. 어떤 때는 내 지나간 거 때문에 이래 잠이 안 오고. 어릴 때 크던 거. 맨날 맨날. 그리고 열두 번. 잠을 자야 되는데. 잠을 안 자면 하루종일 천장을 열두 개 짓는다잖아요. 그런 생각이지요. 옛날에 그래도 아버지는 그래 됐을망정, 친구들하고 어울려 모여 노는 집 있잖아요, 그 동네에요. 그 모여 노는 소리 나면 언능 아버지 밥해 주고 멕여 주고, 아버지 심부름 다 하고 물 떠다 놓고 놀다 오고. 오빠들이고 친구들이고 막 그리 모여 놀잖아요. 지금도 고향 가면 친구들이 다 잘살아요. 제일 친한 친구들 한 일곱, 여덟 명이 거기 살아요. 다 객지로 나가고. 가면 그래 "누구누구 어떻게 산다." 한번은 가서 다 만났어요. 내 일 댕길 때, 좀 괜찮을 때. 내가 좀 쏠라고 한번 그랬는데, 또 괜찮게 사는 애들 [지갑이] 빵빵하니 난 쩹도 못 되지, 뭐. 그리고 저 목포 가서 회 먹고. 그리고 한 번 딱 만나고 그 뒤로 내가 이래 돼갖고 가지도 못하고.

사택 사실 때 남편도 외상 안 하셨어요?

왜 안 해. 아이그 술집, 장성상회하고 세 군데 있으니까. 할머니한테도 돈 350[만 원]을 빌려 줬다가, 계 해갖고 알뜰살뜰 모다[모아] 놨는데 돈 있는 줄 알고 빌려 달래갖고는. 가게 하나 믿고 빌려줘선, 그래 빚진 사람은 빚진 소리를 안 해. 원래 빚 쬐끔 지는 사람은 겁이 나고 "아이고 나 이 빚 언제 갚지. 언제 갚지." 이러는데 많이 진 사람은 소리를 안 해. 내가 그걸 느끼고 살아서 우리 딸래미들한테도 얘기를 해 줬는데, 딸래미들도 여 와서 돈 한 100만 원씩 동창회니, 동창이니 하면서는 한 번씩 다 떼. 내가 말을 해 줬는데도 한 번씩 당했더라고요. 그렇게 그러지 마라 했는데. "아유 엄마 또 잔소리한다." 그래. 내가 애 때문에 잔소리가 좀 늘었어요. 시집보내고 그래 "이렇게 살아라." 이놈한테 전화해 보고 또 "이래라." 그러다 보니 혼자 있으면 벙어리 되지, 뭐. 그리고 다른 데 가면 쓰잘데없이[쓸데없이] 얘기하나? 점잖한 데 가면 못 배운 게 떠들면 실수할까 봐 또 가만히 있고.

근데 아버님이 그 점방 할머니한테 돈을 좀 빌려주라고 해서 준 거예요?

예. 그때 친구 말 듣고. 둘이 와갖고 "원 씨 아주머니. 가게만 해도 오륙백 나가는데 괜찮다고요." 또 부축을 해갖고[부추겨서]. 또 그래. 남의 돈 꿨지. 또 돈놀이 하는 사람 [돈] 꿨지. 150만 원 빌려다가 200만 원 해[보태]가지고 해 줬잖아. 그것도 우리가 물어 줬잖아.

그런 거 말고 술 드시면서 외상 하거나 하는 건 없으셨어요?

그런 거 한다니깐요. 외상 해 놓으면 거기 갖다 갚아 주고. 밤에 외상을 가져와도, 난 딱 그날 갖다 갚아야 속이 시원해요. 거가 밤에까지 장사를 해요. 그래 가면 "아주 원 씨 아주머니만 같으면 장사 해먹겠다." 애들 과자요. 그때 새우깡 200원 할 때, 과자 하나씩 되지게[죽도록] 먹어놓고는 다들 안 갚는다 이거야. 그 잘 갚는 사람은 겁이 나 벌벌 떨고 못 먹어. 그런데 무조건 막 먹어 놓고는 더 안 갚아. 애먹어. 병아리까지 외상 해 놔놓고, 그 병아리가 다 커 이만해져서 동네 다 잡아멕여도 그 병아리 안 갚고 그래. 그러면 닭이 이만해져. 닭이 한 서너 마리라면 낸중에 속이 상하니까, 가을에 와갖고, 그럼 그 닭을 가져가고. 그런 사람들도 많아. 외상이라면 소도 잡아먹는다고. 갚을 생각을 하고 먹어야지. 그래 나는 못 먹어. 그리고 신발 장사가 왔는데 애들 신발을 사러 갔어. 어떤 남자는 둘이 왔더라고. 대구에서 왔는데, "나의 첫사랑 닮았다."고 "아줌마 저 신발 하나 저 달라면 나 그냥 준다."고. 그것도 한 방 할 걸. 그땐 얘기 못 해. 아무 소리 안 하고 그땐 몇 천 원 주면 샀어요. 애들 네 명이니까는 한두 명씩 돌아가면서 사 신긴 거지. 난 외상은 안 먹었어요. 그러니까 "이 아줌마가 외상 달람 기양도 준다."고. 아주 먹어 놓고 나오질 않아. 그래가

3일이면 돈 떨어가 돈 땜에 쩔쩔쩔쩔 맨다고.

보통 그러셨던 거지요?

예. 거의 다 그래. 만일 190호가 살면은, 한 50집은 안 그러고 그 한 140집은 그렇게 살아왔어요.

그렇게 사는 걸 보실 때 좀 이상하다고 생각하셨어요?

그땐 이상하지도 안 하고. 저래 받으러 댕기는 사람이 자꾸 힘이 들어 하고 이러니까는 '왜 저래 안 주고 남을 애를 멕이나.' 그 사람이 허탕치고 맨날 오면 안 주고, 없다고. 내일 오라 하고 모레 오라 하고. 그러다 돈 다 떨어지면 또 다음 달. 그런 건 좀 이상했지요. 왜 저리 남을 애를 멕이나. 그 사람 돈 받으러 댕기는데 병아리 다 클 때까지 글쎄 안 주고, 다 잡아가서 동네 포식을 시키고서는 병아리 값은 안 주고. 여북하니까[오죽하면] 그 사람 닭을 세 마리 [가져갔어요].

돈이 진짜 없어서 안 주는 게 아닌 거예요?

아유 없기도 없어. 그렇게 먹어대는데 돈 몇 푼 타 온다고 해결이 되나. 아이고 참말로.

일단 먹고, 쓰고 보는 거예요?

나도 그래 쓸라면 이삼일에 다 쓰고 말지. 이 새끼들 이거 나눠가 멕여야지 어떡해.

사북에 살았을 때 학교에 선생님 만나러 종종 가셨어요?

나는 그런 것도 없었어요. 그냥 애들이 알아서, 형제끼리 댕기고. 우리 큰아가[큰애가] 중학교 가니까는요. 그 중고등학교가 같이 있는 데 댕기고. 남여 공용[공학]이라고 해서 또 댕기는데, 그때도 검은 띠니 뭔 띠니 이래가지고 여자 깡패도 있었어요. 고한에요. 아유 우리 딸이 그래 두

드려 맞아요. 근데 이게 말을 않네.

두드려 맞고 왔는데도요?

예. 저 아바이가 알면 혼나지. 우리 아버지도 여장질[대장질] 했대요. 그래갖고는 그래서 언제 한 번 그러더라고요. "엄마, 오늘 가다가 또 때리면 내가 죽기 살기로 덤빌 거야. 나는 산병아리잖아요. 그분은 죽어, 거기서." 아 이 맨날맨날 그렇게 때리더래. 이유 없이 갈궈갖고. "오늘 덤비면 내 죽기 살기로 아주 오늘," 그날 밥을 많이 먹더라고요. 밥 많이 먹고 한번 해 넘긴다고 하더라고. "엄마 따라갈까?" 이러니까 "엄마 괜찮아." 이러면서, 그래 가더니만 그날 죽기 살기로 해 버리니까 맥대가리 없이 작살나게 팼다고 하더라고요. 그래갖고 그다음부터 다시는 안 덤비고요. 우리 둘째가 좀 비실해요. 그래가지고는 지 언니 빽 믿고 그게 잘 댕겼지. 언니는 좀 당찬데도 그래 당했는데 이거는, "그래도 야, 원○○ 동생이라고. 건들지 마라고." 그랬단다.

딸들 중에서 첫째 딸이 제일 다부져요?

첫째가 다부지고요. 둘째가 좀 유하고, 또 막내는 장사를 하다 보니까 약간 좀 연하고. 그래도 한번 야무지게 말할 때는 야무지게. 그리고 인제 우리 셋째도 하키하고, 힘도 있어요.

큰딸은 장녀니까 아버지 병원에 있을 때 동생들 봐야 했다고 하셨지요?

그게 애먹었죠.

큰딸이 직장 생활하면서 집에 돈도 좀 주고 그랬어요?

예. 뭐 줘 봐야 미싱사 돈 얼마 돼? 그래도 한 20만 원 지 용돈 조금 하고, 아빠 담뱃값 조금 주고. 그리고 엄마 주고 나서 지가 이래 가려갖고 쓰고. 애 아빠는 딸만 낳았다고 맨날 뭐 구박 주고 그러더니만은 용돈은 왜 받아 쓰냐고 내가 큰딸한테 그랬더니, "싱거운 소리나 한다."고 이러면서 월급 탔다고 가서 밥 한 끼 [사 주고].

성남 이사 온 후에 애들이 직장 잡은 거예요?

예. 우리 둘째까지는 미싱사로 좀 댕기다가 결혼하고.

첫째 따님에게 미싱사 일을 누가 소개해 줬어요?

친구들, 아는 언니들 따라 쭐래쭐래 봉제 들어갔겠지.

여기 성남 와서 알게 된 언니들이 봉제 공장 소개해서요?

예. 그래가 댕기고요. 나는 모르지. 물으면 애들이 대답 안 해 줘. 엄마 돌아서면 금방 잊어먹는데 뭐 대답하면 아냐고.

◇ ◈ ◇
항쟁과 남편의 부상

사북항쟁 당일은 어디에 계셨어요?

이 데모 날 때 [남편이] 골에서 장 봐다가 아들 밥해 준다고 자전거를 타고 올라가다가, "농성이 났니, 뭐 났니." 하면서는 사람들이 붙잡아가지고 "야 노조 앞으로 가야 된다. 안 가면은 막 집에 쳐들어와서 뿌사[부셔] 버린다."고 가자고. 그때 죽이니 살리니 막 이래갖고는 대의원들도 도망을 다 갔어요. 아, 저녁때까지 장 봐가지고 온다는 사람이 감감무소식이야. 그때 우리 아들을 1월 21일 출생이고 음력으로는 3월 7일이고.

아드님 백일쯤 됐을 때 사태가 났던 거예요?

몰라. 그런가 봐. 하튼 고개도 잘 못 세우고, 어깨가 물렁물렁해갖고. 그게 또 처음으로 아들 낳았다고 동네에서 이래 하고. 백일은 넘은갑다

[넘었나 보다]. 하여튼 아직도 어깨가 물렁물렁했댔어. 한 6, 7개월 돼야 어깨가 좋잖아요. 내가 훗배를 앓아가지고,[4] 그게 백일이 지나야 훗배가 가라앉는다 이러고는. [전에는] 훗배를 안 앓았는데 넷째부터 낳으니까 그렇게 훗배를 앓더라. 애기 낳는 것만 해도 너무 아파요. 그 진통은 말도 못 해. 그래가 밥을 못 먹고 있는데 장 봐 와서 밥해 준다고 올라간 사람이 저녁때까지 안 오니까.

저녁에 연락 온 동료들이, 형님이라고도 하고 동생이라고도 하고 이런 사람들이 와가지고 "형님 옷 한 벌 가지고 형수 저 동원병원[동원보건원]에 거 내려가 보라." 이래 해갖고요. 하루 종일 밥도 못 먹고, 기운 없어 죽겠는데 가 보라고 하니 이게 웬일인가 싶어. 진짜 옷을 한 벌을, 팬티까지 싸가지고 가져가라 그러니 뭐 웬일인가 싶으고. 지금 같으면 "왜 그래요?" 물어라도 볼 텐데. "그 얼른 가지고 가 보세요." 그러더라고. 뭐, 물어볼 수도 없고.

목도 못 세우는 아를 수건에다 돌돌 말아갖고. 그 병원 몇 호에 있대요. 그걸 외워가, 그때는 총구가[총기가] 좋으니 들으면 좀 알지. 전화도 없고, 뭐도 없고 하니까 외워가지고 가갖고 보니까는 [남편은] 막 뭐 달아 놓고 뭐 해 놓고, 피가 나는 데는 없는데 뭐 링게루 꽂아 놓고, 허리인가 뭔가 다치고, 다리 여기에 이거[깁스한 채] 누워가지고 주사도 맞고 이래. "왜 그랬어요?" 이러니까는 뭐 데모가 나갖고 차에 깔려가지고 그랬다 하더라고. 그 이튿날 보니 뭐 경찰들 아주 난리가 난 거래요. 나는 남편이 아파갖고 못 디다[들여다] 보는데. 거 갔다 오는 사람들이 "형님 걱정하지 말고 가만히 있으라고. 우리가 다 알아서 냉중[나중에] 아주 마 다 살게 해 준다." 이래 하더라고요. 살게 해 준다니께니 냉중 한 열흘 되니 코끝도 안 내다보이고 끌려갔니 뭐 했니 하더라고요. "경찰도 머리 막 터져갖고 오면, 경찰들은 절대 거기 치료해 주지 말라고. 또 이제 동료들이

---

4 훗배앓이. 출산 전 늘어났던 자궁이 출산 후 원래 상태로 수축되면서 나타나는 통증.

죽인다." 굴목[갱목] 갖다 던져가지고, 철길에선 전쟁 났다고 하더라고요. 뭐 누구 형 각시가 젖퉁이 묶아서[묶어서] 어쨌다고. 나는 슬쩍슬쩍 그때 얘기 들어 알지요.

소문을 다 들으셨어요?

들어서 알지. 애 업고, 신랑도 아파 뭐 가지도 못하고.

직접 보시지는 못하셨고요?

그 앞에서 보이지요. 병원 앞에. 바로 여그 뿌리관 지은 데가 앞이잖아요. 뭐 보니 "우악~ 우악!" 소리 지르고. 사람 북썩북썩하고 이런 건 보이지, 뭐. 그래가지고 "전쟁이 났니 뭐 났니, 사람이 다쳤다. 경찰새끼들 절대 여기에 치료 못 해 준다. 병원 다 바쏜다[부순다] 뭐다." 막 그런 소리가 들리고 그래요. 그래가 한 두 달 있으니 치료비도 어디서 줬는지 어쨌는지 알 수도 없고, 뭐.

아버님 그럼 두 달 동안 입원해 계셨어요?

예. 한 두 달간 있었어요. 그리고 다 낫지도 않았는데, 목발 짚고 걸음도 아직 잘 못 걷고 이러는데 강제 퇴원을 시킨 거지요. 그러니 뭐 돈도 없고 병원에 갈 수도 없고. 그 병원에 갈려면 돈 도야[줘야] 돼. 먹고 살기도 힘들지요. 광산에서 벌어갖고 하루하루 쌀 타 먹고, 탄 타 쓰고, 그걸로 외상 뭣 좀 먹고 하면 돈이 있어요?

병원에 계시는 동안에 애들은 어떻게 했어요?

애들은 집에 있었고 [애들] 작은어머니가 올라와서 왔다 갔다 [해 줬어요].

그 남동생이요?

예. 남동생. 이제 동서가 인제 쫌 왔다 갔다 조금 봐주고 가고. 지도 아들이 많으니까 또 가고. 와서 밥 좀 맨들어 주고 가고.

그 사건 당시에 시동생은 같이 참여 안 했어요?

참여 안 핸가[했나] 봐요.

시동생들은 별 문제 없었어요?

형이 그래 돼도, 겁을 내가지고 형 집에도 못 오고. 이제 "뭐 하면은 뭐 어쩐다." 말이 그렇게 돌리니까는, 잡아가고 뭐 하고 그러니까. 형이 이왕 그래 됐으니까 죽든가 말든가 몰라요. 참석을 안 했던 거 같애요. 요 꼬만[요만한] 꺼리만 있으믄 아주 막 이유 없이 잡아간대. 그때 봤잖아요. 아주머니들이 그렇게 많이 당했다고. 그런 소문만 자꾸 들리더라고요. 그리고 이화여대 학생들이 질문하러 [병원에] 와서 이래 [질문도] 하고. 그때 그걸 다 까먹어 버렸네. 많이 왔다 갔어요. 그래 한번 가 보면 경찰들도 간스메[통조림] 가져오면 한두 개를 안 가져오고 박스로. 우린 먹어 보지도 못하고 알지도 못했던 것들이 별에별 게 다 있더라고요. 그래서 그걸 다 먹을 수 있어야지, 뭐. 가져가래서 하나만 들고 와서 애들 먹이고 옆에 사람들 노나[나눠] 주고. 그리고 환자들 하나 또 주고 먹고. 돈도 그때 만 원도 들어오고 오천 원짜리 두 개씩.

그 사건 직후예요?

그때 거 병원에 있을 때, 병문안으로 저 높은 학교에서 왔는지 한 서너 군데서 그래갖고 그래도 살았어요.

모금도 들어오고 선물도 들어오고 그랬어요?

예. 아침에 밥해 놓고 애들 먹게 해 놓고, 바쁘지. 우리 큰애를 보고 "동생들 잘 돌봐라. 어매 간다." 이러고. 집전화가 있길 하나. 애들 둘이 있든지 말든지 환자한테 가 봐야 되니까. 병원에 가 있으면 어데서 봉투한 서너 개, 만 원도 들어간 게 있고. 그래 선물 들어오면은 침대 밑에 놔.

성금이 또 들어왔어요?

잘 모르지만, 그때 한 십오만 원인가. 큰돈이 됐어요. 돈 만 원만해도 가치가 있고 이랬거든. 그때 광산 월급이 처음 가갖고 2만 5,000원이고, 만근해야지 그렇게 탈 땐데, 뭐. 그래 쬐끔 올라가갖고 한 육칠 만 원, 그것도 만근해야 그렇지. 그러다가 탄 타 먹고 쌀 타 먹고 이러면 또 타는 게 얼마 안 되지, 뭐.

원일오 아버님은 노조 활동을 원래 하셨어요? 안하셨어요?

안 했어요. 어떻게 하다 그래 됐냐 하면은, 장 봐다가 잡혀가가지고는, '뭐 하나.' 하고 거 멍하니, 남이 뭐 하니까 가지도 오지도 못하고. 장을 보러 가야 되는데. "가면 뭐 다 집구석에가 뚜드려 바순다. 그러면 반동자라고." 뭐 이러고. "우리 똘똘 뭉쳐야 산다." 막 이런 식으로 해갖고는. 냉중[나중]에 들어 보니 그래 됐던 거더라고요. 그래서 노무자, 그 지부장인가 뭐인가.

이재기 지부장?

이재기 지부장이요. 그걸 내가 알았었는데 이제 깜빡 하니 잊어먹네. 내가 너무 원망스러워갖고요. 정선 경찰 1호차가 대기하고 있었나 봐. [경찰이] 마치 죽게 생겼으니까 유리창을 확 태[타] 넘으니 "저놈 잡아라." 하니깐, '뭘 잡으나.' 하고 [차를 몰고] 휙 돌다 사람에 깔려 갖고 넘어졌는데, 깔려가 죽거나 말거나 우리 아바이 치고 지나가갖고. 소장하고 터지고, 여기 다리도 허리도 다치고 그래 됐대. 그래도 그때 안 죽길 다행이지, 뭐. 그 골통[머리] 같은 데 어디 다쳤으면 터져 죽었을 거 아니야. 그래가지고 "이놈의 새끼가 돈도 안 올려주고 우리 동료를 이제 이렇게 해서, 마구 치고, 그게 더 커져났다." 이런 얘길 들었어. 나으면 경비라도 좀 시켜 달라고 이러니까는 어디 할 것도 없고 못 시켜주지요. 나도 애가 어려가지고는 아무것도 할 수 없지. 신랑도 아직 아파서 목발 들고 댕기면서 아무것도 할 수 없지. 강제 퇴직도 했지요.

◇ ◇ ◇
항쟁 후의 경제생활

퇴원하고 왔더니 강제 퇴직시켰어요?

예. 강제 퇴직을 시켰어요. 그래가지고는 우리 네 살 먹은 아들 저 갖다 놓고, 내가 남의 집 애 봐주고, 식당 설거지하고, 저 목욕탕 청소 일도 하고. 또, [남편이] 이제 직원이 아니니까 사택에서 나가라고 이러는데 나 갈래니 나갈 돈이 있나, 뭐. 그래가지고 문짝을 떼 가지고 간 거야. 회사에서 문짝을 떼어 가져가서 또 달아가지고 한 1년 더 [사택에서] 버티다가 자꾸 나가라고 발공하고[발광하고] 이래. 그때 그래 돈을 조금 있는 거, 계 해갖고 그래 400[만 원]인가, 500[만 원]인가 못 탄 걸 가지고 여 창곡동⁵으로 왔어요.

창곡동이요?

지금 산성동이래요. 거기에 이장이 그때 누군지 이름을 잊어먹었는데, 그 이장님이 우리를 영세민으로 맨들어 줘 갖고 뭐 쌀하고 라면하고 받아먹게 해 주고 이랬더라고. 조금씩 나오더라고요. 그래, 하여튼 그래 그래 근근듯이[근근이] 조금 벌고. 아는 사람 내가 또 소개시켜 주고. 다방 커피 끓여 주는 것도 가 또 몇 푼 벌어가지고. 노가리 장사 해갖고 한 보따리 이고 갔는데, 올 때 또 돈이 있나? 쌀을 주니까 쌀 받아 가져와서 [먹었고요]. 아유, 하여튼 이루 말할 수 없어요.

항쟁 후에 아버님이 집에 오시고 나서 동네 분위기는 어땠어요?

---

5 경기도 성남시 수정구 창곡동.

다 끝나고 나서는 뭐.

특별히 변화 없었어요?

예. 처음에는 쪼끔 뭐 이렇고 저렇고. 뭐 말하자면 막 끌려 들어가고 어째고저째고 이런 말이 조금 쑤근덩쑤근덩 하더니만은. 또 세월 흐르니 잠잠해지고. 도망갔던 것들도 또 지 자리 돌아와갖고 댕기고, 근무하고 이러고. 우리만 아파갖고 이렇게 됐지.

항쟁 끝나고 아는 사람 중에 경찰서에 잡혀가신 분은 없었어요?

나는 잘 모르겠어요. 우리 아바이는 아는데 남자들 통수는 내가 잘 몰라. 여자들끼리 이렇게 모여 노는데, 남자들은 남자들끼리서 노니까는.

근데 남자 잡혀가면 북부사택에서도 이야기가 안 나왔어요?

별 소리가 안 났던 거 같애. 그리 이원갑 회장님은 그때 만항에 살았으니까는 모르고. 북부사택에서는 그 대의원이 잡혀간대서 피하러 도망을 갔다가 한 20일 만에 끝나고 나서 와. 그거는 알고 생각나는데, 잡혀갔다는 소리는 별로 모르겠어요.

혹시 김○이 씨를 알고 계셨어요?

김○이. 어디 살았지요?

"이재기 마누라 잡혀갔다."고 했잖아요.

말만 들었지. 이재기 마누라가 사북 어데 산다고. 나는 그 데모가 나고 나서 이재기 마누라 봤다는 말만 들었지.

그 전에는 전혀 모르셨어요?

예, 몰랐지요. 누가 그러는데 여 어데 와 산다던가 어쩬다던가, 뭐. 서울 어디 가 산다는 소리를, 내가 한번 어디 내려가갖고 우리 동료들 모이는 데서 몇 년 전에 들은 것도 같애.

아버님은 퇴원하신 다음에 강제 퇴사 당하시고 계속 집에 계셨어요?

아무것도 못하지. 그러니까 성남 와갖고 있다가 폐암으로 돌아가셨잖아요. 그래 내가 노조를 찾아갔어요. 폐암은 분명히 광산 진폐가 있단 말이여. [광부를] 15년 이빠이[넘게] 하고 16년 만에 떠나왔는데요. 그때 다 얼마씩 받아먹었다고 하더라고요. 그때 당시 그 돈이 컸지, 뭐. 200[만 원]인가, 250[만 원]인가 며칠 분은 350[만 원]이다, 뭐다. 우리는 그것도 못 타고 성모병원에 또 와갖고 댕겼지. 여기 성남병원이라고 있었는데, 그래 거기에도 또 입원하고 있었지요. 내가 노가다 댕기며 그래도 좀 벌어갖고 먹고살다가 이게[옆구리가] 아파가지고는…. 그래 딸래미들 조금 벌어가 [살고요].

탄광 다닐 때는 특별히 아프신 데가 없었어요?

예. 그때만 해도 야무졌지요.

그럼 다치고 나서 안 좋아지신 거예요?

예. 다치고 나서 병원에서 폐암인가 뭔가 광산에서 이런 것도 걸릴 친데[땐데]. 그 성모병원에서도 우리가 똑똑한 사람이 있고 이러면 산재 보상 신청을 할 수 있대. 그랬는데 다 그냥 넘어갔잖아. 무심해 넘어가고. 억울한 게 아주 많죠.

주변에 그런 걸 알려주는 분이 없었어요?

없죠. 없으니깐 모르고 있었고. 그래 하다 문짝 떼 가져가고, 이러고 1년 좀 넘게 개기다가 안 되겠어가지고 [옮겼죠]. 그때 시동생 찾아와서 "올라와서 벌어먹어. 형수 나이 적고, 조카들 크고 하니깐 저 성남 가면 벌어먹기 좋단다." 그래가. 그때는 좀 더 친밀하게 와서 한 6, 7년 지냈어.

사고 당했을 때도 젊으셨지요?

그때부터 병들은 거예요. 전에는 건강했어. 그런데 그 뒤부터 고민도 생기고 이것저것 병들었지, 뭐. 계속 다리가 아파서 맨날 저리다 하고, 또 많이 아프면 병원에 데리고 갔다 오고. 또 이빨도 빠져갖고는 "못 먹는다." 그래가지고, 또 130만 원 주고 이빨 두 개 해 줬어. 써먹지도 못하고 가셨어. 우환이 망년이라고, 우환이 있어가 자꾸 데리고 댕기니 나도 못 벌고. 이러니까 힘들어지더라고요. 애들이 벌어 갖다 맡겨 놓은 돈도 조금씩 쓰고, 그러니까 힘들었어요.

아버님 다치셔서 집에 계실 때 주변 사람들이 "안됐다."고 얘기하는 편이었어요?

그렇지요. "아이고 ○○ 엄마가 고생이다." 그런 사람도 있고, 지내던 사람들이 다 그러지요.

아버님 경제활동이 중단된 후 사북에서 생활하실 때는 어머님이 벌어서 아이들을 키우신 거지요?

내가 그러게 안 해 본 거 없다니까요. 내가 그러니까 몸조리도 못하고 골병이 다 들고. 일도, 이때까지 별에별 거 한 25개나 했어요. 아[아이] 봐주는 거, 탄광에 뭐 가가지고 보다까는⁶ 거 그것도 한 열흘 댕기고. 애는 쪼매나한데[조그만데] 아픈 사람한테 맡기니 볼 수가 있나. 정말 그 어린 나이에 강원도 가서 노가리도 떼가지고 와갖고 광산에 온 데 댕기며 그거 팔고. 사람들이 술을 좋아하고, 잘 먹고 이러니까 서너 군데 가면은 한 뭉텅이씩 팔아 줘요. 마른 노가리 구워 먹는, 지금은 그 비싸더만. 그때는 150원에 떼 가져와서 250원[에 팔았어요]. 그 산꼭대기 지장산에 안 돌아댕긴 [데가 없어]. 하여튼 그래가지고 댕기니까 "왜 이런 거 하냐. 아저씨는 뭐하냐." 이렇게 물어요. "우리 아저씨 그 데모 때 그 경찰 짚차에 깔려

---

6 광차에 실린 석탄에서 폐석이나 찌꺼기를 골라내고 내려보내는 탄광 작업자를 속칭 '보다까시'라고 한다.

갖고 몸이 아파서 아무것도 못 하고 있다."고 그러니까는 "아, 누군지 아주 노났는 줄 알았는데. 국가 차가 그랬으니 국가에서 보상 무진장 받아가지고 아주 떼부자 된 줄 알았는데. 아주머니네 아저씨 그랬어요? 그 보상을 못 받고 어찌 그렇게 됐냐."고 이래가지고. 남자들 얘긴데 그때는 말도 못 하지. 지금은 나이가 먹고 세상살이 하다 보니 이래 하지만. [그때] 말을 그렇게 할 수 있나, 뭐. 내가 별짓을 다하고. 거기 술집 아가씨들 밥해 주는 거도 하고, 미용실 애기 봐주는 것도 [하고], 내 애 낳아도 다 하고.

사북 읍내에서?

예. 거기서 노가리 장사하고. 목욕탕 청소하는 거, 탄광 가서 남자들보다까시 하는 거 그것도 가서 해요. 되게 아유, 너무 힘이 부족하고 밤에 하기에.

힘들어서 그거 그만두셨어요?

애기도 어리고 이러니까. 또 아픈 사람 돌봐야지 힘들더라고요. 애들도 많고 오롱조롱하고[올망졸망하고]. 이러니까 우리 큰것[큰애]도 애먹었지. 나이 열 두서너 살 되는 게 동생들 안 본다고 혼나고, 내 장사하러 가면 고무 빵탱이[대야] 들고 따라가고. 거기 가면 챙피하고 그러니까, 한 열한 살 때니까요. 안 따라올라고 논둑에 이래⋯. 나도 친정 동네 가서 떼 가지고 친구들도 만나기 창피해서 숨어가지고 오고 이래. 내가 24일 날 생일이고, 엄마가 25일 날 돌아가셨어요. 양력으로요. 6월 25일 날, 나를 생일 해 준다고 꽁치를 사다 간해 놓고 그날 조용히 돌아가셨어. 내 생일 못 해 주고 돌아가신 거야. 그래서 내가 생일이 24일 날이고, 엄마 제사는 25일 날이에요. 동생이 좀 며칠 [전에] 전화 왔드라고. '누나가 참 누나 값 못 한다.' [생각해요]. 신랑이 있을 때는 그래도 뭐 놀 겸사 2년에서 3년에 한 번 갔는데. 신랑 돌아가시고는 두 번 딱 가 뿌고는 뭐.

못 가셨어요?

예. 그니까 애들도 있고 못 가게 되네요. 그래가지고는 "또 누나가 못 가겠다. 미안하다." 이러니까 "아이 못 와도 뭐, 누나 몸만 건강하면 된다."고 그래요. 그것도 노가다 댕기다가 배워 와서 또 살고.

친정아버지는 사북에 근무하실 때 돌아가셨어요?

예. 아버지가… 내가 서른…우리 아들은 낳고 돌아가셨어요.

사북항쟁이 나고 나서 돌아가셨군요?

예. 예. 사북사태 나고 나서 돌아가셨어요. 그래갖고 라디오 나오고 이러니까 "아이고 저 뭐이나." 원일오가 나오니까 동구간들도[동기들도] 듣고요 "아이고, 저 원일오가 광산이, 사북 광산에 난리가 나가지고. 라디오 뭐, 원일오가 다쳤다는 게 나오고 이런다." 그래. 누가 하나 듣고, 그거 막 [소문이] 번져갖고. 라디오도 집집마다 없어서 좀 괜찮은 집이 하나씩 있고. 모여가꼬 저녁에 듣는 거야.

친정아버지가 라디오에서 소식을 들으셨대요?

아버지는 못 듣고, 이제 큰아버지인가 이웃 사람한테 전해갖고 듣고 "○○ 애비가 이만저만해서 그랬다미." 이러고. 그 뒤로 올라와갖고는 우리 아들 구경 한 번 하고 "어데 있다 이제 태어났나 이놈은." 이마 이래이래 씨담아[쓰다듬어] 주고. 그리고 갔다와갖고 며칠 있다 아버지가 돌아가셨다고 그러더라고요. 돌아가실 때 땅에다가 임시로 묻어 놨잖아요. 거 얼굴도 못 보고, 이제 장사 지낸 담에 산에 가 보고 그랬지요. 큰집이고 산이 있으니까 엄마하고 합장을 [했어요]. 거기 친척들 한 20장이 거기 다 [있어요]. 한동네마다 이렇게 묘들을 써 놨어. 나는 교회에 댕겨. 그 때문에 내가 살아요. 그래도. 거 가서 그렇게 글도 조금 보는 거.

그때 여러 사람이 잡혀갔는데, 아버님은 다치셨으니까 잡혀가거나 하진 않았지요?

없어요. 그전에 그걸 알라고 맨날 와갖고 취조를 하는 거야. 나오면 끌고 갈라고. 낸중[나중]에 좀 나아 가니까 사진을 가져와갖고 "이게 원일오 씨 아니냐."고. "이게 내가 어디가 내냐."고. "아무개, 아무개 아니냐." 고. 이 건더기 잡을라니까 잡을 게 없고, 사진에 하나도 나완[나온] 게 없거든요. 경찰들도 많이 왔다 갔어요.

원일오 아버님한테요?

우리 집에 몇 번 찾아왔어요. 그래갖고 내가 노조에 가갖고는 좀.

뭐라고 하셨어요?

예. 막 지랄했어요. 이래 죽으나 저래 죽으나, 우리 일도 안 시켜 주고 강제 퇴직시키고. 그때 사람들이 10년이 넘으면 다 개폐[규폐] 걸려갖고 석 달 백일 분을 다 타 먹었다는 데 그것도 안 주고. 일 시켜 주기로 해 놓고 일도 안 시키고 이렇게 짤르고요. 쩔룩거린다 해도 갖다 앉혀 놓고 뭐 이렇게 먹고살게 해 줘야 되잖아. 나도 모르긴 몰라요. 그땐 그렇게 찍혀 가꼬 가서 막 조르고. 아무도 모르면서는 임금 올려준다 한 사람, 그 사람 만나게 해 달라고 내가 막 그러고. 막 비가 오는데 애 보따리에 지고 가갖고, 울고. 거기 가서 막 트집을 부리고 그랬어요. 그러니까 쌀 두 가마닌가를 갖다 주더라고요. 그래갖고 먹고살고. 그 뒤에 또 가갖고 "콩 뭐이나, 쌀만 주서[주워] 먹고 살았냐. 콩나물대가리라도 삶아야 되지 않냐. 땡전 한 푼 없는데." 쌀은 그때 애들 여럿이고 이러니까는 금방 먹어. 한 가마니도요. 한 달만 먹으면 끝나요. 그래가지고 쫄랐더니 그때 돈 한 20만 원, 노란 봉투 담아가지고 "이제는 우리가 최대한." 이래. 참말로.

줄 수 있는 만큼 준 거라고요?

예. "이래 해 준 게. 더 이상 이제는 어떻게 할 도리가 없다."고.

사건 후에 노조에 찾아갈 생각을 하시게 된 건, 누가 가 보라고 이야기해 준 거예요?

몰라요. 나도 모르게 갔어요. 너무 죽겠으니까요. 아무것도 모르고 갔어요. 근데 내가 죄 없이 경찰만 봐도 벌벌벌벌 떨리고 겁이 나고 이랬는데, 진짜 사람이 죽기 임박하니깐요, 그거 내가 참 신기하대. 그건 들었지. 개폐[규폐], 그런 걸 누구한테 좀 들은 게 있어요. 그래가지고 그것도 얼마 타 먹는다고 누가 그걸 이야기해 주더라고. 그런데 "원 씨도 그거 다 될 거라고." 그러고서는 그 앞에 허 씨넨가 그 아저씨도 술만 좋아하고, 아저씨 인물이 좋은 게 좀 일을 안 댕겼어. 할머니 하나하고 아들만 셋인데 그이가 해 줬는지 하여튼 들은 게 있어갖고 "그것도 안 해 주고 그러냐." 그래 가갖고는 막 좀 따지고. 하여튼 내가 "아, 우리 굶어 죽게 생겼다고." 내가 우산을 가지고 창살을 서너 번 막 때려 버렸어요. 나도 몰라요. 그러니까 아우 세 명이 "아유, 왜 그러세요. 왜 그러세요." 그래갖고는 사람이 판 봐 가며 똥 싼다고 말이야. 내가 아무것도 모르면서도 이래 보니까는 "가만 가 계시면 다 우리가 절차 밟아갖고 해 줄 테니까는 그러시지 말라고 가라고." 이러니 "아 당장 급해 죽겠는데 언제 해요. 언제 해." 그래고서는 막 그랬지.

그러니까 내일 간다 하더라고. 그러더니 쌀을 두 가마를 짊어져 차에다 싣고 와서 내려 주더라고. 세 사람이요. 그래 갖다 주니깐 '한 번 더 가서 쪼물락 쪼물락 더 졸라 봐야 되겠다.' 이제 이런 생각해가지고는, 내가 또 가만 연구를 했지. "닭 새끼래면 뭐 쌀만 주워 먹고, 당신네들 쌀만 줏어 먹고 살 수 있나고. 뭐 콩나물 대가리라도 쒀야지. 애새끼들은 여럿이고." 우리 아저씨 식구 어머니, 아버지도 우리가 다 먹여 살리거든. "아저씨 어깨에다 메고 우리 오남매하고 아홉 식구 다 죽게 생겼다고 말이야. 굶어 죽게 생겼다고." 또 막 뭐이나 하니깐 "아유, 가만 가 계세요. 지금 누가 어디 갔으니깐 오면 이야기 해갖고 수일간에 좀 매련[마련]해다 갖다 드린다." 그러더라고요. 그러더니만 십만 사천 원인가 뭐 얼만가. 갖은 노력 다 해갖고.

그럼 어머님이 받는 거를 보고, 옆집에서 나도 가야겠다 그런 거 없었어요?

아이, 본 사람 없어요. 내가 저 연탄불 갈고 밥하느라 저녁에 바빴는데. 그 유리창 문을 [누가] 똑똑 두드리더라고. 문을 여니까 내 아는 사람이 왔어요. 안면 있는 사람이 이래 와갖고, 노란 봉투더라고. 꺼내가지고 "이제 더 조르지 마라고. 우리 갖은 노력 다 해갖고 이래갖고 원 씨 아주머니 갖다 드리는 거라고. 이제 더 찾아오셔도 이젠 없다고." 그러니 "알겠어요." [이랬어요]. 그냥 밉더라고. 그냥 "알겠어요." 하고 뭐 잘 가시란 소리도 안 하고. 막 괜히 내 맘이 골아갖고 모든 것이 아주 밉더라고. 나 사는 것도 불편스럽고 하니깐 그렇게 되더라고요.

아까 잠깐 탄광에 다녔다고 하셨는데, 노조에 가서 난리 치니까 어머니를 취직시켜 준 거예요?

아뇨. 그래서 한 건 아니래요. 선탄 댕기는 언니가 하나 있어요. 그래갖고 "원 씨 아줌마, ○○ 엄마." 이제 요 큰딸 이름 부르고. 여자 이름으론 팔릴 필요가 없잖아요. 우리가 직장 댕기면 여기에서 이름 팔리지만은. 우리 큰딸 이름으로 "○○ 엄마. 원 씨 아줌마." 이러고 인제 "원일오 씨 아줌마." 이런 식으로 하고요. 그래 그 언니가 어려운데 그 한번 해 볼라느냐고 그래요. 그것도 선탄에 댕기는 엄마가 있었어요.

아, 언니가 있었군요?

언니가 있었어요. 그 언니가 소개해 줘가지고.

하청으로 다니셨어요?

하청인가 봐요. 저 지장산 가는 데 거기 어디래요. 근데 밤에 가 일하는데, 아유 껌껌한데 여자들이 그마 시키면 데서 밥 먹고 이러고. 애도 어리지, 아바이가 아파갖고 막 치덕거리[치다꺼리] 하고 그러니까 내가 지 치드라고요. 집에 물만 있으면 [밥]하는데, 또 밤에 가서 물 길르고 이러니까 너무 힘이 들더라고요. 그래가지고 "못 댕겨. 미안하다." 하고, 다른 걸 선택해서 이것저것 하고 그랬지.

그 사택에도 이장이랑 반장이랑 있지 않았어요?

있었는데 어디서 돌아가셨는지 어떻게 됐는지 다 몰라요.

사택 반장이 와서 어머니한테 집 빨리 빼라고 했어요?

반장이 안 그러고. 오래돼갖고 누가 그랬나 모르겠네. 누가 문짝을 떼 갔는지 모르겠는데 둘이 와갖고 떼 잡아갔는데, 어디서 와서 떼 잡아갔는지 모르는 사람이야. 회사서 왔을까, 어디서 왔을까?

완전히 낯선 사람들이었어요?

얼굴 잘 모르겠어요. 이름도 모르겠고. 가라고 하는데 안 가니까는 망치를 때려갖고 떼 가져갔다니까.

퇴직하고 보상 같은 건 신청 안 하셨어요?

대법원에다가 서류를 이만큼 넣으면 기각돼 내려오고. 아주 수북이 이렇게 봉투가 날라온 게 있어요. 나는 좁은 집에 글거치면[걸리적거리면] 글을 모르니까 막 내버려요. 그러니 그거 보고 내버리지 말라고. 내가 다 다보면[들여다보면] 뭘 알아야 말이지, 모르니까. 그냥 내버리지 말으라 니까 알았다고 하고.

아버님이 계실 때지요?

예. 그래도 보상 신청 해 볼라고.

아버님이 혼자서 해 보려고 하셨어요?

그렇지. 혼자 해. 이게 억울하다 하고 대법원에 탄원서를 넣은 거지. 탄원서를 자꾸 올리니까는 기각돼 내려오고, 기각돼 내려오고.

그때 아버님은 이원갑 씨랑 연락 안 되실 때였죠?

[연락] 못 했죠. 돌아가시고 3년인가 4년인가 있다가 연락이 닿았다니까요. 그때만 알아도 좋았지. 혼자 할라니까 힘들었지.

주변에 도와주는 사람이 없었어요?

없지. 아는 사람이 아무도 없지, 뭐. 그때 뭔 전화가 있길 해요, 뭐[뭐가] 있었어요? 그러니까 몰라, 연락처를. 이제 가만 생각해 [보면] 억울하니까 탄원서 넣고 그랬지. 일 시켜 준대 놓고 강제 퇴직 당했지. 개페[규페]가 걸려가 폐암으로 돌아갔는데, 그것도 연관이 되는데 아무도 모르니 그냥 또 넘어가고 말았지.

그 이후로는 일을 아예 못 하신 거지요?

그렇지요. 그냥 그래 있다가 밥이나 한 끼씩 끓여 주고 있다가 갔지요. 오십 여섯에 갔어요. 나 사십 여덟에. 8년 차이댔어. 열아홉이고 우리 아저씨 스물일곱에 만났어. 한참 살 나이에 그래 가셨지.

3. 성남 거주와 최근의 활동

◇ ◇ ◇
생계를 위한 여러 가지 노동 경험

사북에 사실 때, 북부사택에서 사람들이랑 친하게 지내셨어요?

예. 거 있을 때는 친하게 지내. 그때는 전화가 없어가지고는 이사 오고 나서 연락이 힘드니 올 때 눈물 흘리고. 우리가 1톤 차하고 탄 500장 싣고, 소망상회에서 쌀 한 가마니 해갖고 실어가지고는 올 때 모두 눈물 흘리고. 우리 간다고 다리 건너오는데 손 흔들고. 나도 눈물 흘리고 왔지요. 그러고 나서 다들 어떻게 됐는지 모르지요, 뭐.

그러고는 다 연락이 끊겼어요?

예. 연락을 몰라요, 다. 내가 그리고 똑똑하나 뭐 하나.

성남에는 시동생 소개로 오셨다고 했지요?

예. 집을 얻을 줄도 모르고, 어떻게 하는 줄도 모르고요. 시동생이 "아고 저 고생하지 말고 형수도 나이 젊고 성남 거 가면은 벌어먹기 좋다더라. 고생하니까 인제 거 올라가시라." 그래가 진짜 여기로 올라와갖고 방두 칸짜리 지하방에, 집은 새집인데 1년 살다 보니까 곰팡이 막 나갖고. 물은 집에서 쪼끔씩 나오긴 나오더만 밖에 수도 틀어가지고 쓰는 데고. 불편하더구만. 그 사택 살기만큼 하나? 액자 만드는 일을 했어요. 아침 여덟 시 반에 가면은 다섯 시 반까지 해요. 그때 당시에 일당으로 3,200원 주더라고요. 우리 아저씨는 아파갖고 집 정리하고 일도 못 댕기고 있었어요. 집 청소 좀 슬쩍 슬쩍 하고. 아직 몸이 안 좋으니까. 나는 이제 이틀 만에 그 일 나가 댕기고. 그리고 또 야근을 해요. 거기서 아홉 시까지 하면 얼마 [수당이] 붙고. 그때 제일 나이 많은 사람이 한 48세 되더라고요. 내가 제일 젊었지요. 서른일곱인가에 올라왔고, 바로 거기서 한 3년을 댕겼어요. 3년 댕기다 보니까 "아유, 분옥 씨 강원도에서 와서 참 순박하고 좋다."고 이렇게 했어요. 지금 생각하면 언니들이 나를 좋게 생각해 줬구나 해요. 지금도 계를 다섯 개 해요.

계를 다섯 개를 하셨어요?

애들 여우느라고요[결혼시키려고요]. 내가 벌어먹느라고 또 친정을 못 가잖아요. 한 번 가면 돈이 한 십만 원 이상, 이십만 원 깨지니까. 동생만 오고가고 이러지. 동무가 있어도 오라, 가라 [소리를 못 해요]. 어디 잘 데가 있나요. 여서 내가 노가다 댕기고 돈을 조금 버니까 계를 다섯 개 해요. 다섯 개 해도 사람 다 오나요. 한 열두 명 하는 것도 있고, 열댓 명 하는 것도 있고, 그 애들 여울라고[결혼시키려고] 했지, 뭐. 그래가 계 하고 한 5년을 그냥 놀고. 여[공공근로] 댕기면 이거 뭐 한 30만원, 27만원.

공공근로요?

네. 이것[아파트]도 몰랐는데 공장 댕기는 동료가 알게 해 줘갖고. 인제 삼익아파트에 들어가서 "분옥 씨도 그래 어려운데, 이거 한번 이렇게 써갖고 한번 넣어 봐라." 그때는 일자도 아무도 모릉게[모르니까] 이렁게[이러니까] "동사무소 가갖고 그렇게 한번 해 봐라." 이러니까. 그래갖고 애도 많고 이러니까는 해 주더라고요. 동사무소 가니 "강원도서 어떻게 살았냐." 그래. "이래 힘들게 살았고, 영세민으로 살았어요." 그러니까 그 영세민으로 살았다는 게 많이 또 도움이 되든가만요. 사글세 계약서를 갖다 보이니까는 인정해 주더라고요. 그거 작성해갖고 "기다리세요. 이제 연락할 겁니다." 그러더라고. 공장 댕기는 친구가 이야기해 줬는데. 지는 은행동 삼익아파트 쪽으로 가고 나는 일로 오게 됐어요. 고맙지. 지금도 고마워가지고 이따금 한 번씩 만나서 얼굴 보고요. 그 전에는 좀 댕기고, 한 번씩 보기도 쉽더니만은 인제는 힘드니까 자꾸 내가 핑계 대게 되고. 나가면 돈이잖아. 돈이 일단 있어야 만나지. 그래 이제는 계도 다 끝나고. 우리 아빠[남편] 돌아가실 때까지 아들은 머리도 못 여우고[결혼도 못 시키고] 이래 살다가 돼갖고.

나도 몸이 아파. 신경병이 걸려갖고. 옆구리가 아파갖고 병원에 가도 병명이 없대. 뭐 째고 수술해야 되는데 수술도 못 하고. 나만 아파 고통스러 죽겠는 거야. 그러니까 이래 사람이 다 싫어요. 모란장도 안 가요, 나는. 사람 많은데 받치니[부딪히니]. 이러다 보니 내가 뭐 조금 우울증도 생기고, 막 이래가지고는 사람도 싫고.

성남으로 오셨을 때 막내가 몇 살이었어요?

한 열다섯. 하여튼 간에 여기 왔는지가 이십육칠 년 되니까. 내 나이 몇 살에 왔는지도 모르겠어. 서른하나에 왔는지 서른둘에 왔는지. 25, 26년인가 돼요. 요새 너무 기억을 못해요.

공장 나오신 다음에도 여러 가지 일을 하셨어요?

그렇지요. 많이 했죠. 액자 공장이 망했어요. 그래가 아는 언니들이 해물탕집에 가서 자기는 주방일 할 테니까 밖에서 숟가락 놓는 거나 하나. 안 갈라 그랬는데 그 언니들이 데리고 댕기니까 의지하고 따라댕기고 했지요. 거기 댕기다가, 시범 단지를 분당에 제일 먼저 했거든요. 그때 공장 같이 댕겼던 친구가 "장 씨야. 장 씨야. 우리 저 노가다 해야. 거 가면 돈 많이 준대야." [그래요]. "뭘 많이 주면 그 얼마나 많이 줄고. 돈만 된다면 가야지." 그래갖고 걔하고 그 시범 단지 가 갖고.

시범 단지 공사장이요?

예. 이런 아파트 짓는 거. 요 밑에 짓는 거 도와서 칠을 했어요. 거 가서 2만 원 주고. 육칠 년 된 사람도 2만 원 주는데, 내가 아무것도 몰라도 진짜 일만 막 열심히 하고 이러니까 한 달에 2천 원씩 올려 주더라고요. 그래갖고 2만 5,000원 줘요. 그 일 하면 몸에 막 칠이 묻고, 뭐 이래 어설프고 어떡하나 싶은데 먹고살겠으니 어떡해요. 그래 하다가 보니까 돈이 또 보름에 한 번씩 주더라고요. 아유, 그러니까 좀 살겠더라고요.

돈이 좀 됐어요?

예. 애들도 많이 못 가르쳐 줬는데 그래도 지들이 어디 들어가서 조금 벌었어요. 그러고 지들이 돈 안 쓰고 엄마한테 갖다가 주더라고. 아빠 담뱃값 하라고 용돈도 주고. 그래가 돈이 쬐끔 모이더라고요. 요래 쪼매[조금] 하면 살겠다고 하는데, 또 아바이[남편] 아파가 병원에 끌고 댕기고 일도 못하지, 내가 이러니. 사람이 한계가 있더라니까. 내 생각으로 내가 얼마까지만 벌면 집에 전세라도 좀 한 번 얻어 갈까 했는데, 또 맨날 돈 싸지르고 댕기고. 뭐 일 못하지. 환자 데리고 왔다 갔다 해야지. 성남병원에서 몇 개월씩에 가서 한 서너 번 입원했지. 또 그 일로해서 오만 병이 자꾸, 합병증이 생기는 거야. 그래서 또 성모병원에 가니 폐암이라고 그래서 또 댕기미 왔다 갔다 하고.

어떤 일을 하셨을 때 돈을 제일 많이 버셨어요?

노가다 할 때요.

성남으로 와서 여기 아파트 노가다 했을 때요?

예. 그래도 그 일을 하면서 제일 잘 먹고 살았지요.

그때 칠 다니실 때 배워서 하셨어요?

아무것도 모르고, 거 가갖고 거기서 배웠죠. 거 가갖고 뻬빠[사포]라는 게 있어요. 그거는 봐도[보기만 해도] 하잖아요. 사포 갖고 비비는 거.

그걸 하면 먼지가 막 나니까 다들 마스크를 쓰고 하는데 여름엔 땀이 범벅이 되고. 먹고 살라면 어떡해요. 힘들어도 해야지요. 그래갖고는 매끄럽게 해갖고, 칠 기술자들이 오면 바르고. 이래갖고 한 2년 댕기더니만 거기서 소장님이 저 복정동에 사람들 모여갖고 인력으로 불려가는 데 있대요. 난 그런 것도 몰라잖아요. 그 친구가 데려갔으니까 알지. 그래갖고 이래 참[새참] 시간에 소장님이 와가지고는, "아줌마들 이거 냔중에 배워 놓으면 요 빌딩 사요." 그러면서는 붓을 배우라 하더라고요.

페인트칠하는 거요?

칠을 배우라 하더라고요. 뻬빠가 더 힘든데 돈이 한 5,000원 더 적어요.

칠은 며칠 배우셨어요?

시간이 조금 오래 걸리지요. 한 몇 개월 걸렸지요.

몇 개월 거기 다니면서 칠하는 법을 배우셨어요?

예. 그래 자꾸자꾸 바르면서 늘어나지요[늘지요]. 근데 사람들이 자꾸 샘내고 씹잖아요. 그게 또 못 견디겠더라고. "젊은 년들이 이런 데 들어오고." 이런다고. 그리고 그 남자들도 생각해 주고 이러는 것도 또 그런 게 있더라고요. 그래 냔중[나중]에 기술자가 돼 갖고 어디 가 또 만나잖아요. 난 한 군데 댕기는 게 아니고 여기저기 댕기니 돌아댕기면 또 만나는 사람도 있고. 사람들도 많이 알아주고.

연락 오면은 또 칠하러 다니신 거예요?

예. 그래 사람이 차면 어디로 연락해서 또 보내 주고 했어요. 모란역 만나가 봉고차에 실려가지고 어디 멀리 가서 일하고. 데려다주면 오고. 그때 천호동 그쪽까지 멀리도 댕겼어요. 저 멀리 서울도 댕기고, 불광동까지도 가고.

주로 아파트 짓는 데 가신 거예요?

아파트 짓는 데도 가고 빌라 짓는 데도 가고, 재건축하는 데도 가고 뭐여러 가지로 별거 다 하지요. 그런데 이제는 우마[사다리]를 못 타요. 한번 타다가 또 떨어졌어요. 떨어져가지고 그 손목도 부러지고 팔꿈치도 금이 가고 이러니까, 전신이 쓸 수가 없어요. 보상도 그때 또 마음이 약해갖고, 한 2,000만 원 받는다고 이미 다 합의 봤는. 300만 원에 두 달 일 못한 걸 봐달라고 합의 봤는데 어느 친구가 와갖고 "얘야 그 2,000만 원 받아야 된다, 니." 이러고 한 서너 달 병원에 있었어요. 그래가 엉치에 알이배겨가꼬 맨날 이 아픈 손을 알 푸니라고 문대가꼬요[문질러서요]. 여 손도 자꾸 아주 아파 죽겠어. 엉치도 아직 띄끔띄끔해요. 이것 땜에 또 병원에 댕기느라 애먹었어. 아주 온몸이 다 아파.

공장에서 일했던 거는 그 액자 만드는 공장이 처음이셨어요?

예. 처음으로 들어갔어요. 여기 성남 와가 사돈이 얘기해 줘갖고, 이틀 만에 들어갔다고요. 우리 사돈 아줌마 얼라도[아이도] 좀 넣어 주라고해가꼬. 새벽 세 시까지 처리도 악착같이 해. 신랑 있을 때는 잠을 많이 잤어. 신랑 딱 돌아가시고 난 뒤에 한 열흘 만에 잠을 못 자갖고 20년 전에 불면증이 왔어. 불면증 약을 네 개를 먹어. 아마 그때부터 고지혈증하고. 딱 20년째야.

◇ ◈ ◇
이주 후의 생활과 남편에 대한 기억

사북항쟁 나고 나서 바로 떠나오셨잖아요. 지나고 보니까 성남으로 이주했던 게 잘한 거 같으세요?

그렇지요. 오길 잘했죠. 있어 본들 뭐하겠어요. 옛날에 내 고향에서 떠나올 때는 고향 떠나 못 살 줄 알았는데, 거기 가서 정들고 또 사람이 알아지니까. '아 이제 여기선 떠나서는 못 살겠다.' 했는데. 성남 오기 싫어도 떠나가야 할 형편이니까는. 마침 연계가 돼갖고는. 정말로 아는 사람 하나 없고…. 사북에서는 나가면 다 아는 사람이고 이랬는데. 막상 지금 가서리 이래 둘러보니까 안면들이 있어도 인제는 내가 사람이 싫어. 내가 이렇게 살고, 병도 있고 해서 싫고 피하게 돼.

성남으로 이사 가자고 할 때 친척들 있는 동해로 돌아가고 싶지는 않으셨어요?

그 마을이 없어졌어요. 이웃집 있던 게 다 폐가가 됐어요, 그 밑에 마을에 내려오면 좀 있는데. 신랑이나 있다면 몰라도, 신랑도 아프고 뭐 해 먹고살아요. 농사도 없고.

큰아버지, 작은아버지 계셨던 장씨 마을도 있었잖아요. 거기로 다시 돌아갈 생각은 안 하셨어요?

거기도 이제 큰아버지 작은아버지 다 돌아가시고 조카들만 살고. 거기서 내 동생이 제일 어른이야. 그리고 모두 병으로 죽고, 뭐 어쩌고. 내 동생이 좌상(座上)이 되는 거야. 둘째 큰아버지 아들이 너인데[넷인데] 다 죽고.

그때 동생네 마을로 갈 생각은 안 하셨어요?

예. 그런데 우리가 돈이 좀 있어가지고 내려가야 되는데, 그 꼴을 해갖고는 [못 가겠더라고]. 거기가 당장 벌어먹을 수도 없고. 애들도 어리고. 시동생이 "조카들도 인제 앞으로 자라고 그리고 형수도 나이 젊으니까, 도시에 가야." 뭐 그래 사람은 나면 도시로 보내고 짐승은 시골로 보내랬다고, 그 생각이 떠오르고. 오기 싫어도 뭐 어쩔 수 없이 와 봤지, 뭐.

아버님 아프신 동안 싸우거나 그러진 않으셨어요?

싸워요? 싸워가 뭐 해. 싫은 소리 뭐 하러. 쿡 찌르고 말지요. 그리고 또 담배 한 대 물고 밖에 나가지. 전화해서 "미안타!" 소리 지르고. 일 갔다 와갖고, 그래 밥은 좀 끓이고 그러더라고. 찌개는 할 줄 알고 밥은 좀 해 놓고.

자기가 좀 해서 먹고 하셨나 봐요?

예, 예. 겨울엔 추운데 나가지 마래요. "아이 벌어야 먹지 뭐." 나도 놀고 싶지.

겨울에는 공사장 일도 없죠?

없어요. 그러니까 불을 막 피워 놓고도 불 쬐러 갈 시간도 일해야지, 뭐. 어떤 데 걸리면 또 혼나요. 덕소 알아요?

덕소요?

덕소까지 일 댕겨. 그때는 버스로 토큰을 넣고 일 댕길 때.

구리 가는 길에 있는 덕소요?

예. 저기 하남시요. 별 데 다 댕겼어. 저 무안도 갔댔고. 전라도 광주, 거기 전남대 거 우리가 일했어요.

그런 데는 어떻게 다니셨어요?

친구 신랑이 하니까 우리 다 같이. 혼자는 못 가지. 그러니까 어울려서, 여자들 네 명 남자들 한 대여섯 명이 내려가고. 또 신랑이 없으니까 가지, 있을 때는 못 가. 없을 때 간 거예요.

친구 신랑은 뭘 했었어요?

일이요? 그 일 뭐 하냐면 미텍스라는 게 있어요. 되배[도배] 같은 걸 바르고 그 위에다 칠을 발라요. 그 전남대 가서 23일인가 일하고 오고. 저기 무안 전시관 일하는 데도 가서 열하루인가, 열흘인가 일하고.

숙식하면서 하는 일은 남편 돌아가신 다음에 다니셨던 거죠?

그렇지. 안 그러면 멀리로 가는 건 못 다니[다녀].

아버님 돌아가시고 나서 제사는 어느 집에서 지내요?

내가 교회 댕기고부터는 안 지내지요. 내 죽고 나면 누가 하겠어요. 그래서 내가 교회를 나가는 거래요. 참배만 드리고 마는 거지. 마음이 좀 그렇잖아요. 누가 모시겠어요. 그래서 내 죽어도 제사 없고 "이제, 하지 말자." 그래서 내 교회 가는 거예요.

◇ ◈ ◇
동지회 모임 참여

원래 이원갑 씨, 신경 씨하고는 알고 지내셨어요?

모르지.

전혀 몰랐어요?

몰랐어요. 한번은 우리 셋째한테 전화가 와서, 그때는 내가 잠실서 일을 했던 때예요. 우리 딸이, 아빠 대해서 뭐 이런 데서 전화가 왔고 이런다고.

셋째 딸한테 전화가 왔대요?

셋째 딸한테 이원갑 회장님이 전화하셨는지, 몰라요, 어디서 왔는지. 하여튼 어떻게 돼갖고 이원갑 회장님을 만나게 됐어. 내가 딸내미 집에 있을 때야. 저 시청 앞에서 만나서 이런저런 사유를 얘기하고. "우리가 이리저리하고 많이 찾았는데, 이미 찾고 보니깐 저 원일오 씨는 몇 년도에 돌아가셨고, 그리고 뭐 이렇다고." 이런 이야기하시더라고요. 그래서 그때부터 같이 어울려서 댕기게 됐고 이랬지.

그럼 그 전에는 전혀 연락을 못 하고 있던 거예요?

몰랐지요. 전화를 아나요, 아무것도 몰라. 그때 옛날에 전화 없었잖아. 집 전화도 없었어요. 동사무소 앞에 가면 공중전화 하나 있는데, 뭐 어데 [연락]할 때 한번 하고. 이래 전화나 갖고 있었으면 서로 알아갖고 연락도 해 보고 이러면 되는데.

아버님 돌아가시고 나서 연락이 닿았던 거군요?

예. 그게 한 10년, 11년이나 되는 거 같은데.

사북 행사는 언제부터 다니셨어요?

한 10년.

그 다음부터 가셨어요?

회장님 알고부터, 그 뒤부터 내려갔어요. 고생들 많이 했었더구만요. 예. 뭐 이렇게 띠 매고, 서로 없는 돈에 이리 해갖고. 우린 그냥 오라 해갖고 가는 거죠. 처음에는 셋째 딸하고 같이 갔다가, 나 혼자 또 내려가고도 했어요. 작년, 재작년에는 우리 아들도 [갔어요].

왜 사북에 셋째 딸이랑 다니셨어요?

그때 엄마가 길눈도 어둡고 하니까. 사는 데는 알지만 많이 변했잖아요. 그래서 한 번 갔다 오고는 그 다음부터는 "대강 거기 이렇게 생기고 변했구나." 하고, 길을 아니까. 한 20년 만에 내려가니깐 막 변해가지고 좀 얼떨떨하지. 우리 살던 데도 다 없어지고.

북부사택 완전히 다 없어지고요?

네. 다 없어졌어요.

◇ ◈ ◇
현재의 생활과 보상에 대한 바람

아버님도 돌아가시기 전까지 제대로 보상받기를 계속 바라셨어요?

그랬겠죠. 그러니까 혼자 저, 저, 저저 애타갖고 탄원서 올리고 이랬겠지.

어머님 이번에 기념식 가셨을 때 도지사 왔었지요?

예. 회장님 좀 얘기해주셔야 되는데. 서너 사람 [얘기]하던가마는. 어떻게 얘기 좀 할라고 내 벌렁거리는데 타임을 놓쳐 버렸어.

도지사 와서 좋으셨어요?

예. 말씀 들으니까 좋다 시고는 [싶은데], 그래도 우리는 아무도 모르잖아. 우리 열 마디, 백 마디보다도 그분이 한마디 하는 게 효과가 더 낫잖아요. 그런 생각에 기쁘더라고요. 요번에도 당선이 되셨더만.

다음에 또 도지사님 만나면 꼭 얘기하세요.

여는 이제 내년 4월에 가야지. 나오시는 거 보니 아주 야무지게 생긴 거 봤어. 내가 사람을 두 번 봐 모르는데, 나에게 꼭 필요하고 요긴한 분이니까. 말씀 아주 아주 또롱또롱하게 잘하시길래 쳐다봤지. 그런 사람 만나 사진도 못 찍고. 그 얘기도 좀 할라 그러는데. "회장님 저도 좀 얘기해주세요." 이럴라 그랬는데 만나가 얘기하지 마라 해[서] 사진도 못 찍고 타임을 놓쳐 버렸어요.

도지사님이 뭐 해 주셨으면 좋겠어요?

바라는 욕심은 한도 없지만, 어느 정도껏이래도 나 필요한 것만.

보상 같은 것 좀 잘해 줬으면 하시는 거예요?

그렇지요. 이제 2년만 더 있으면 40년이에요. 이 고생하고 살았잖아요. 그 보상을 얼마나 줘. 그 일일이 말하면 그거 어떻게 말로 다 표현하겠어요. 그런데 내가 요구하는 대로 다 그게 되겠어요? 그러나 정말 집 한 채래도 좀 살 수 있게 해 줬으면. 이만큼 우리가 고생하고 병들은 거. 그리고 또 골병들어서 돌아가신 사람들도 많고. 그 다음에 명이 짧아서 돌아가신 분도 있지만, 이 원한을 안고 돌아가신 분도 많잖아. 저 하늘나라에서 자식들이라도 사는 거 편히 보게. 참 우리 신랑도 혼자 애쓰다 "○○ 아빠. 이제 편안하게 좀 하늘나라에서 사시라고. 그래도 당신 덕분에 늦게라도 이걸 [보상을] 맛보고, 우리 새끼들이 너른 집에서 살 수 있어서 감사하고. 당신 덕이야." 그게 원한이지, 뭐. 보다시피 집 봐요. 이 좁은 데, 이거. 그게 제일 원이에요. 보상 제대로 받아가 짐 들어내고, 내가 나가서 사는. 그게 이제 원이지. 이제 공공근로 그 몇 십만 원 받아갖고 뭐 풀칠하는 거지, 뭐.

그런데 언제나 이거 될는지요. 시간이 여태껏 40년을 기다리고 있는데, 40년 좀 넘어가지 말았으면 좋겠어요. 지금도 또 꼴깍꼴깍 하는[숨을 거두는] 사람들 많잖아. 우리도 이래 보기만 빛 좋은 개살구지. 나도 아주 중환자라니까요. 맨날 침 맞으러 댕기고, 파스 여 갖다 붙이고. 그 마음과 뜻대로 되진 않지만 얼른 힘써 주시는 김에 좀, 속히 하루라도 발 뻗고 잘 수 있게. 그게 제일 소원이에요.

아휴. 네. 정말 40년이 말이 그렇지요. 진짜야. 그때를 못 벗고 [벗어나고] 있는 거야. 우리 아저씨가 벌었음 이렇게 살았겠어요? 그렇게 생각을 하니, 내가 이 병이 다 들었는데 갈비가 아파가 건들지도 못하겠어. 너무 아프다. 요새도 침 맞으러 한의원 댕겨. 또 약 지어 먹으랄까 봐 겁이 나서 못 가고 있지. 한 열흘 댕기다가 뭐, 다른 사람들은 약들 지어 가더라고요. 돈 있으면 댕기다 약 지어 먹고 이러겠는데 내가 그게 안 되니까. 아유 "돈 없어 못 지어 먹어요." 하는 소리는 못하겠고.

외상도 안 하고 셨는데.

그러니 참말로. 지금도 그래 가난해. 이 정도로 카드는 무서워요. 막 쓰는 사람 보면 겁이 나고. 우리 아들 카드 써가[써서] 이거 날라 오고 막 저래는 거 들여다보면 또 막 속이 아파. 마음을 좀 편안하게 살았으면 나을 거 같은데, 뭐 마음이 안 편하니까 이래요. 바쁜 시간 내서 정말 너무 감사해요.

아닙니다. 감사합니다.

조순란

1941년 경북 청송 출생
1950~56년 진보국민학교
1963년 이원갑과 결혼
1973년 사북으로 이주
1980~81년 사북항쟁으로 남편 수감 후 '대책위원회' 활동
1981년~ 식당 개업, 생계 책임

1. 어린 시절과 사북 생활

◇ ◇ ◇
출생과 성장

몇 년도에 태어나셨는지부터 말씀해 주시면 좋을 거 같아요.

그건 주민등록 봐야 돼요. (주민등록증을 건네줌)

41년생이시네요?

응. 그러는데, 나는 지금 현재 팔십이거든. 토끼띠. 근데 이제 이걸, 그때 저, 그때만 해도 정식으로 이거를.

네. 주민등록이 없었죠?

저 호적을 늦게 해갖고. 그래가, 우리 양반 현재루 칠십 아홉이고, 나는 팔십인데.

한 살 더 많으신 거예요?

어. 어.

고향은 어디세요?

청송군 진보면 진남동.

거기가 어디 옆에 있는 거예요?

거기 그때 살 적에는, 바로 파출소가 그 앞에 있고, 고 뒤에 우리 집이 있고. 그래 우리 친정도 잘살아가 집이 컸어요.

아버님은 어떤 분이세요? 농사지으셨어요?

우리 아버지가 돌아가시기는 육십 여섯에 돌아가셨어요. 내가 열아홉에 돌아가시고, 우리 어머니도 그때 젊었으니, 확실한 연세는 잘 모르겠는데, 기억 못 하겠고.

집에서 농사를 크게 지으셨다고 했잖아요?

농사는 많은데, 우리는 농사짓지도 않았어요. 지금은 뭐 이장인데, 그때 우리 아버지가 구장 하면서 호화하게 살았어요. 사냥개 [데리고] 댕기고, 포수 하고 있었어요. 그래 살았고, 우리 어무이는 인제 집에서 삼남매 델꼬 살림 살았고 그랬어요.

맛있는 거 먹고 되게 잘사셨겠네요?

그때는 우린 가난하지 않았어요. 가난 안 하고 그냥 잘살았어요. 그때 토지도 많았고[많았고]. 논도 한 20마지기 되면은 많잖아요? 밭도 한 2,000평 넘고. 그런 거 다 남 주고 도지 받아갖고, 식구가 작으니까. 그때는 저 며느리를 안 받고 하니까, 3남매뿐이니까, 어무이 하고 아부지하고 있으니까.

그때 할머니 할아버지랑은 같이 안 사셨어요?

안 살았어요. 우리 어릴 적에 돌아가셨어요.

어머님 형제는 오빠 한 분 계신 거예요?

3남매삐[3남매밖에], [3남매]뿐이래요. 우리 오빠고, 내고, 여동생이 하나 있고.

여덟 살에 학교 들어가셨을 때, 학교 이름은 뭐예요?

진보면, 저, 국민학교. 청송군 진보면이랬어.

41년생이시면 6·25도 겪으셨겠네요?

6·25 때 5학년이었어요. 나 그러이끼네[그러니까], 6·25 지낸 거 다 알아요.

그거 좀 말씀해 주세요. 피난도 가셨을 거 아니에요?

그 6·25 일어나고, 인제 아군들 쫓겨 가고, 우리 그 진보 그 학교, 그 때는 국민학교였는데. 국민학교 저 있으면 도로 사이에서 우리 집이 있었는데, 그때 인제 우리 아버지가 편찮애[편찮으셔]가지고 피난을 못 갔어요. 그랬는데, 군인들이 와가지고 안 된다고 [피난을] 가라고 그래. 그래, 할 수 없이 가라 그래가지고, 그때는 인제 쌀 같은 거 우리 어머니가 인저 보리쌀, 배에 좋다고 보리쌀 빻아가지고 체로 흔들라고 하는데, 그때는 기계가 없어서 이래이래 찧는데. 우리 동생이 놀러 갔다가 쫓아오디만은 [쫓아오더니만] 저 뒤에 있는 방앗간에 다리 탁탁 디뎌갖고 손을 이리 놔놓고 있었는데 요 와가 때려가지고, 이 손가락이 마 바짝 뿌아져가지고 [부러져서] 쏙 들어가 뿌드라고[버리더라고].

그래가지고 인제 군인들이 대충 치료해가지고 빨리 가라고 [하는데] 저, 안 된다고. 우리 어무이가 저기 남편이 너무 아파서 움직이지를 못한다고 [하니 군인들이 아버지를] 놔두고 가래. 자기네두 들라고[부대로 들어가려고] 그런다 그러면서. 그래서 피난 갔다가 인제 [후퇴했던] 아군들 [진보로 다시] 드가고[들어가고], 인제 그때 다시 집으로 들어가가지고, 그래갖고 인제 집에 [돌아]와서 [살았어요]. 그래 된 거야.

피난은 어디로 가셨어요?

그래가지고, 우리 어무이가 아버지 놔두고 피난을 저, 송강리라는 데 있어요. 청송간… 송강리[1]에 그[거기] 있었어.

---

1 경상북도 청송군 파천면 송강리.

청송의 송강리요?

　예. 중간에 송강리라고, 동네 이름이. 그래 가다 보니까 솔밭이 많이 그래 있는데 군인들하고 말들하고 꽉 찼대. 그래 가는데 빨리 가라고, 그 군인들이 빨리 가라고 [그랬어요]. 어디로 갔나 그러믄 목계[2]로 갔어. 거 가갖고 그때는 인제 6월 달이니까 보리들 다 비고[베고], 인제 뚜들기고 [타작하고], 보릿짚 이렇게 막 태산같이 무성한, 그 속에 막 드가 있고.

보릿짚 속에 숨었었어요?

　예. 예. 그래가 그거 한물[한 고비] 냄기고[넘기고], 진보로 다시 들어와가지고 인제 비행기들 막 뭐 또 떨어지고 폭탄도 던지고 막 이러면서 과수원 밭도 막 때리고 이랬거든. 그럴 때는 인제 어무이는 아부지를 보호하면서, 우리 3남매는 인제 각산이라고, 우리 동네, 우리 조가들 문중이 살아. 청송군 진보면 각산동이라고. [거기] 가면 우리 집 조가들, 문중들이 살았거든. 근데 그 산이 있는데, 이래 굴이 이렇게 폭 파고[파여 있고], 그 안에 굴이 들어 있었어. 그래가지고 우리 어무이가 너들 먹을 거 다 해다 집어넣어 줄[줄 테니까] "너 아버지 내가 드다보이[들여다보고], 식사 겉은[같은] 거 해 드리고 내 그때 올 테니까 너들 꼼짝하지 말고 여 들어앉아 [있어]." [그러셨어요]. 이거, 막 비행기들 오고가고 무서워가지고 서이[셋이] 들어앉아가지고, 우리 오빠하고.

6·25 때 오빠도 되게 어린 나이였어요?

　오빠는 중학교 댕겼지요. 내가 5학년이니끼네 오빠는 중학교.

오빠랑 나이 터울이 많이 안 났네요?

　예. 그때 중학교 1학년. 그래도 의용군에 막 안 붙들려가서 다행이랬어, 막. (웃음)

---

　2 송강리에 있는 목계솔밭.

전쟁 끝날 때까지 계속 굴에 숨어 계셨어요?

그래 나는 이거는 6·25 얘기했지만은 대동아 전쟁 때, 일본군들이 우리 조선 와가지고 해방돼가지고 막 일본군들 드가고 그랬잖아요? 근데, 그때는 내가 다섯 살.

해방되었을 때도 기억이 나세요?

알아. 다섯 살인데, 8월 달에 해방됐잖아? 근데 그땐 우리 초등학교서 시계들도 별로 없고. 그 국민학교 앞에 가까운 곳에 사이렌이 저– 높게 이래 있었는데 사이렌 불었어. 인제 한 시 되면 부르고[울리고] 열두 시 되면 부르고 막 이랬거든. 거기 일본 놈들 막 달아 놓고 두드려 패고, 우리 조선 사람들이 거 가서 구경도 하고 그랬다니까. 그랬는데 우리 오빠가 거 가 매달려, 내하고 가서, 우리 어무이가 찾아가지고 안 된다고 "빨리 가자." 그래. 그때는 8월 해방될 적에는, 그거지. 저, 8월 달이니까 누렇게 콩 익었어. 거 갖다 이렇게 멍석을 갖다 피[펴] 놓고, 이불 갖다 놓고 꼼짝도 하지 말고 "요 서이[셋이] 고, 꼭 있거라." 이거 "둘이 꽉, 서이[셋이] 꼭 있어." 그때 그랬는데 우리 어무이 몰래 우리 오빠가 고만 그 구경 간다고 가 뿌고[버리고] 없고. 내 동생 두 살짜리하고, 내가 여섯 살짜리하고 둘이 앉아가 있다 어무이가 왔어. "너거 오래비는 어데 갔냐?" 이랬다. "어데 갔는지 모른다." 그러이[그러니까], 거 갈 때 또 종대 밑에 거다[거기다] 또 쳐다보고 있는 데도 오고 그랬어요. 그건 안 잊어부렀어. 나 그때 그 기억도 다 알아요.

그러게요. 그럼 전쟁 끝나고 나서는, 학교 다시 다니셨겠네요?

학교 댕겼죠. 대동아 전쟁 때 우리 오빠는 여덟 살, 내가 여섯 살이니까 나는 학교 못 갔지.

6·25 끝나고 다 학교 다니고 그랬던 거네요?

6·25 끝나고 졸업 다 하고, 8회 졸업이야. 졸업해가지고 중학교 갈라고 뭐 입학 원서 내 놨는데, 인제 그때 우리 아버지가 "저거 철이를, 가는 [걔는] 공부를 마이 시켜야 되겠다." 우리 오빠가 조병철이래요. 우리 오빠는 대학원까지 다 나왔어요. 옛날에 여자들은 국민학교만 나와도 제 이름 알면, 신랑 잘 만나면 잘 사니까 [공부를] 안 시켰어. 그리고 인제 우리 아버지 돌아가시고, 우리 동생은 네 살 차이니까 중학교도 [갔어].

열아홉 살 때 아버님이 돌아가시고 나서, 아버님이 반대를 안 하니까 동생도 그때부터 학교를 다닌 거예요?

예.

◇ ◇ ◇
결혼과 사북에서의 생활

사북으로 오신 거는 언제쯤이에요?

결혼하고.

몇 살 때 결혼하셨어요?

내가 스물두 살 때 장성으로 왔어. 강원도.

어떻게 장성으로 오셨어요?

그때 우리 아버지가 돈을 빌려준 기 있었는데, 그 사람이 광산에 돈 벌으러 간다고 해서 광산으로 와 뿌렀어요[버렸어요]. 그래가지고 인저[이제] 알고 보니까, 저 양반[남편] 친외가집 분도 그때 돈으로[돈을] 많이 빌려줬는데 못 받았대.

그래가지고 내가 한 스무 살 됐을 때 즈음에 [어머니가] 돈 받으러 그

[친외가] 할매하고 같이 우리 양반[남편] 집으로 들어갔어요. 그래 같이 갔었다가, 우리 어무이가 또 돈 받으러 빨리 가야 되니까 요서 부탁한다고 허고 갈라 그러니까, 친외가 할머니가 "과년한 딸도 있고 며느리도 있는데 왜 [급히] 갈라 그러냐." 그러지요. 그래 인제 우리 이 양반의 할매가 "아 딸이 있느냐?"고 [해서 어머니가] "딸이 있다."고 [했지요]. "얼마나 나이 되냐." 그래 스무 살이라 그래. "스무 살짜리 있다." 그랬더니, 그러니까 막 혼인하자고 막 그래 매달려들어요. 그래가지고 우리 어무니가 아직 저 아버지 문상도 있고 하니까, 내가 맘대로 몬[못] 한다고. 그건 안 된다고 [했어요].

근데 이쪽에서 자꾸만 우리 양반 친외가집으로 연락 오는 거예요. 근데 아버지 대상(大祥)[3] 때 우리 작은아버지들이 왔어요. 우리 작은아버지들이 저 강원도 도계에 한 분이 있었고, 북평에 제설 공장 한 분이 있었고 이랬어. "그러면 형수요. 란이를 요 시골에 천석꾼보다가 광산에 시집가면 여자들이 제일 편하니까 주소." 분명히 사람도 좋으니, 좋다고 사진을 가져왔어요. 인제 우리 오빠도 보디만[보더니], "그럼 어무이가 가라 하소. 어, 사람은 분명해 보이고 똑똑해 보이고 괜찮다."고 [그러고]. "어무이가 가라 하소." 그래 됐어. 그래 문상 벗고, 그때 인제 스물두 살 되고 이 양반 스물한 살이고 그랬어요. 그래가 이래, 이 양반 고등학교 3학년 때 [결혼을] 했어.

되게 어릴 때 결혼하셨네요?

어. 6·25 때 학교 나갔다가 다시 1학년 들어갔으니까 한참 2년 후배지요. 나는 이제 여덟 살에 학교 들어가가지고 졸업했거든. 그래가 내가 스물두 살에 결혼하고. 문상은 벗고, 결혼식을 하고.

---

3 사람이 죽은 지 두 돌 만에 지내는 제사.

젊은 시절에 다른 혼처는, 다른 집에 시집오라고 연락 온 건 없었어요?

왜 없었어요. 우리 오빠가 두 살 더 많으니까, 오빠 동창들이 무지하게 많잖아요. 우리 오빠 국민학교, 중학교도 그 진보서 댕겼고. 고등학교 안동에서 나왔고, 대학교 안동 나왔고 이랬거든요. 그랬는데, 그렇게 달라고. 우리 오빠가 군대 갈 제[때] 안 그래도 우리 어무이보고, "어무이요. 란이를, 아무 데나 놀러 간다고 내놓지 마래이." 그때만 해도 왜 여자들 어데, 남자들 사귀고 하는 거 보믄 난리 나잖아. [나는] 그런 거 모르고, 또 그런 생각도 안 했고, 진짜 아무데도 놀러 못 댕겼어요. 동창들하곤 만내가지고[만나서] 놀고. 인제 설 때는 며늘네 딸네들 누치고[모이고], 단오 때는 우리 어무이가 바느질을 참 곱게 잘했어. 그때는 갑사 고런 거 가지고 치마저고리 호장[회장, 回裝]대고 해가지고 그네 뛰러 댕기고 그랬어요.

젊은 시절에는 단오 때만 밖에 나가서 놀고 그랬던 거예요?

예. 못 돌아댕겼어. 그래 우리 친구들 중에는 서울로 막 도망가고. 도망간 아[애]들은 다 잘살아요.

친구들은 도망갔는데 도망가야겠다는 생각 못 하셨어요?

그 생각도 안 했고. 워낙 부유하게 크고 이러니까. 우리 오빠가 그 단도리 [단속]도 하고 이러니까. 아예 놀러 갈 생각지도 안 해 봤어. 진짜 어느 남자 한 번 이렇게 얘기해 본 것도 없어요, 진짜. 그래서 만났는 게 이 양반뿐이에요. (웃음)

그 전에는 남자 얼굴 한 번도 못 보다가 처음 본 남자 얼굴이 남편이셨던거네요?

참, 진짜로 처음 이렇게 만나고, 결혼하고 그러는 거예요. 그렇게도 오빠 친구들이 우리 오빠보고 달라고 [했어도]. 우리 오빠가 두 살 많으니까 딱 맞잖아? 그래도 결혼 안 하고, 그렇게 인연이 [없었어요].

아버님 돌아가시기 전에는 계속 고향에 계셨던 거예요?

예. 그리고 우리는 계속 그 진보, 지금도 우리 친정이 맨[전부] 거[거기] 살아요.

결혼하고 사북으로 오신 거네요?

결혼하고 사는 거는 많이 옮겼어요. 장성 석공에서도, 협심동 살다 또 하장동이라 카는 데 그 사택도 좀 크다 그래가지고 옮겼다가, 거기서 퇴직하고 광산 일 안하고. 그때 딸 여섯째까지 낳은 거. 우리 다섯째 여섯째는 쌍둥이예요. 걔들 백일 안 지냈을 적에 퇴직했어. "아, 인제 도회지 가서 산다." 그러면서. 나는 애들이 백일이 안 돼서 못 가고, [남편이] 퇴직해 혼자 도회지 돌아댕기다가 사북에 장성 측량계 회장이 들어와 있어가지고 붙들려가 다시 사북에 들어온 거예요. 그래 이 양반 혼자 들어와 있으니까 우리 어머님이 밥 끓여 준다고 들어왔었어. 한 몇 개월 있다가 "안 되겠다. 애미도 들어가야지. 요 뭐, 저녁에 들어오면 저 식구가 없어 그런지 만날 술만 먹고 들어오니까 같이 못 있겠다." 그래갖고 한 3개월 있다가, 그때 안즉[아직] 백일 안 지낸 걸 우리 어머님 하나 업고, 내 하나 안고 사북 들어왔어.

장성에서 살다가 남편이 사북으로 오셔서, 여섯 째 낳고 나서 이리로 오신 거네요?

예. 사북 들어와가지고 또 딸 둘 놓고. 막냉이[막내] 아들 놓고.

시집가기 전에 친척 분이 광부한테 시집가면 잘 산다고 그랬잖아요? 시집가서는 전에 살던 때보다 괜찮았어요?

많이 나빴지. 우리 어무이 얼마나 울었다고. 결혼하고 본래 친정서 석 달 만에 딸 보러 오잖아요. 그래야 친정을 보내 주거든. 석 달 만에 오셨는데, 우리 어무이도 울고 나도 울고 그랬어요. 내가 결혼하고 [남편이] 군대 갔잖아요, 또.

결혼하고 얼마 만에 군대를 가셨어요?

그러니까, 결혼하고 내가 첫 아[아이] 낳고 얼마 안 돼가지고 군대 갔어요.

시집와서 처음에는 장성 사택에 사셨어요?

예. 아예 사택으로 시집왔어요. 집이 없더라구요.

그때 사택은 방이 몇 개짜리였어요?

그 방 두 개더라니까. 방 두 갠데, 연탄을 요래 두 장 드가는 거. 요짝에 한 방 드가고, 요짝에 한 방 드가고 그랬는데 이제 방이 안 뜨시지요. 강원도는 또 추우니까 방 하나가 안 뜨셔요. 그래 시할매가 겨울에는 우리하고 같이 주무시고 그랬다.

시할머니랑 같이 방을 쓰셨어요?

예. 시할머니하고. 우리 어머님은 아버님 계시니까요. 또 자녀들이 있으면 같이 데리고 자고.

시부모님이 방 하나 쓰고, 어머님, 아버님, 시할머님이 방 하나 쓰고 그렇게 하셨네요?

그래요. 그렇겐 했는데, 할매 방이 추우니까 인제 겨울 되면 우리 방에 주무시고.

그때 장성에, 사택에 사람들 많이 살고 있었겠네요?

많았죠, 장성에는. 그거는 석공이잖아. 요 동원탄좌는 개인이고 거기는 석공이니까. 나라의 광[국영 탄광].

장성에 살았을 때 남편이 벌어오는 돈으로 생활하기가 좀 괜찮으셨어요?

모르겠어요. (면담자, 구술자 함께 웃음) 그때도 월급을 타가지고 자기가 많이 써 뻐리고[버리고]. 그러니까 우리 어머님이 살림을 살았어요. 내가 사는 게 아니고. 우리 어머님이, 우리 막내를 낳을 때까지 [살림을] 살았는데 한번은 우리 어머님이 "이제는 월급 타러 안 갈란다. 애미 니가 가라." 이래요. "왜요?" 이러니, "빈 봉투 타러 안 갈란다." (면담자, 구술자 함께 웃음)

쌀이랑 연탄 다 공제해가지고 빈 봉투였어요?

석공에서는 연탄은 공짜 줬어요. 쌀은 이제 회사에서 장사를 하니까 돈 주고 먹는 거지요. 맨 배급 타는 것처럼 타다 먹고.

월급을 술 먹느라고 쓰신 거예요?

맨날 그렇게 [썼어요]. 거서도 대의원 하게 됐고, 또 지부장 나와 가지고 떨어지고. 그러니라고 그냥, 내가 손님을 얼마나 쳤는지 말도 못 하지요. 아 지겹더라. (웃음) 그, 사택에 나와가지고 개인 집에도 살았어요. 개인 집에 살 적에는 우리 어머님하고 내하고 술장사 했어. 그땐 대포집이라고 양조장에서 가져와가지고 파는 거. 나는 주방에서 부침개 해 달라고 하면 부침개 해 주고. 그때는 이제 우리 아버님 돌아가시고 없고. 그래갖고 인제 개인집에서 [살았고], 장사[했어요].

그럼 장성에서도 시할머니랑 시부모님 다 모셨어요?

다 계셨지요. 다 돌아가실 때까지 내가 모셨다고. 그래도 우리 막내, 종손까지 보고 돌아가셨으니까. 내가 인제 아홉을 다 놓고[낳고] 끝나면서 인제 어른들도 다 돌아가시고. 우리 둘이 아[애]들하고 살았지.

첫째 딸 낳고 시할머님이 좀 아쉬워하셨겠네요?

아니지. 처음에는 첫딸이니까 괜찮았는데, 또 놓고, 또 놓고, 또 놓고 하니까 우리 할매가 막 엄청 꾸지람하시고 나 미워하시고 그랬어요. 근데 우리 어머님이, 또 우리 어머님은 자기 시어머니니까 "아유, 어머니 그러지 마라고. 놓다 보면 아들도 놓을 수 있지. 자식이 억지로 하는 일이 아닌데 그런다."고 그러니께 "니는 니 며느리 편 든다." 그러고, 또 고부찌리[고부끼리] 싸우고. 그러니까 고부찌리 계속 싸우면 우리 어머님이 나와서 이래요. "애미야. 저 밥 한 그릇, 기름 옇어[넣어]가 눅아 드려." 그거 눅으는[눅게 하는] 거요. 이 얼마나 힘든지 몰라요. 바짝 마른 밥에다 기름 한 번 붓고 계속 이렇게 밍겨갖고[뭉개서] 끓여가 한 대접쓱[씩] 해 드려라 그래.

할머니한테요?

어. 그니까 내한테 시조모 되고, 우리 어머님한테 시어마이 되고 그래요. 그러고 연탄불도 많이 껐어[꺼트렸어]. (웃음)

시어머님이랑 사이가 되게 좋으셨네요?

예. 우리 어머님 잘하셨어요. 사이가 좋은 게 아니고, 잘하셨어요. 딸을 여덟까지 낳아도, 딸 낳아가지고 서운하다는 그런 티를 절대로 안 하셨어. 우리 할매는 마음 고생했지요. "아무래도, 원갑이 작은댁을 두든지 해야지, 안 된다."고 막 그러고 그랬어. (웃음)

딸을 여덟을 낳았더니 작은댁 두라고 그러셨어요? 되게 속상하셨겠어요.

할매야 그러지. 종갓집에 며느리로 와가, 아들도 몬[못] 놓고[낳고]. 그거도 밑에 동서는, 오자마자 첫 아들을 낳은 거니까. 그러니까 우리 넷째보다 한 살 적어. 동서가 아들을 먼저 놔놓으니까 우리는 큰집이면서 아 못 낳는다고. 우리 할매한테 서운했었지. 담아 놓는다고. (웃음)

시집오기 전에는 편하게 살다가 시부모님 모시잖아요? 그때 되게 힘들지 않으셨어요?

힘들었죠. 그때는 수돗물도 없고 빨래도. 우리 아버님 인제 광산 다니니까 빨래도 저 고랑에 가서 겨울에는 [얼음을] 뚜드려 깨가지고 거서 빨래하고. 그러니 빨래할 제는[적에는] 우리 어머님하고 같이 가서 빨았어.

그때, 내가 이래 손이 막 터져가지고 피가 뚝뚝뚝뚝 흐르고 이랬어. 그땐 장갑도 없었고, 물도 뭐 수돗물도 없었고. 그냥 먹는 물만 저 한 동에 하나씩[하나씩] 바깥에 수도가 있었어. 거 가[가서] 물 길러다 먹고. 그러니 빨래는 맨날 고랑에 가서 해. 막 물 찬 거 쓰고 이러니까 막 이 손이 터져 갖고. 묵호에 우리 사촌 시동생이 있었어. 제사 때 와서 손을 이래 만져, "아이구, 우리 형수 부잣집에서 시집와갖고 너무 고생한다." 카면서[하면서]. 그때만 해도 그 멘소래담이라 카는 게 있어요. 그걸 딱 하나 사다 주고 바르라고 갖다 줬다.

멘소래담을 사다 줬어요?

예. 그 기름기 있는 거. 요새는 말하자면 뭐, 골드 같은 거. 그런 미끌미끌한 거 사다 주더라.

그래도 시동생이랑 사이가 좋았네요?

거는[거기는] 사촌인데. 이 동기간이요. 5남매 엄청 인정 좋아요.

처음에 사북에 이사 오셨을 때 사택에서 제일 가족이 많으셨겠어요?

여 와서요? 그 식구가 다 많지요. 그때 또 할매 모시고 갔거든.

다른 집들도 할머니까지 모시고 사는 집 많았어요?

여 사택 올 적에는, 사택 아니고 요 살다가 그게 80년도에 일어났고. 그때 할매는 내가 모시고 오고, 우리 어머님은 작은집에 계시고. 시동생 네 집에 계시고.

사북사건 때는 어머님이 작은집에 계셨어요?

그때는 맨 사[개인] 가정집이 방 두 칸에 부엌이고 그러지. 그러니까 할매하고 큰 아이들하고는 할매하고 한데 같이 자고, 나는 저 작은 아[애]들하고 데리고 인제 우리 양반하고 같이 자고 그랬다. 하여튼 고생한 거는 이래저래 말을 다 할라믄 못 해요. 이제 그렇게 넘어가야 돼.

사북에 이사 오셨을 때 수도는 있었어요?

사북에는 없었어요. 근데 저 웅굴물[우물물] 그게 물이 그렇게 많이 나와. 그걸로 27가구 집이 다 빨래했어요. 물이 엄청 좋았어. 그리 살고 인제 사북에서 집 사가지고 나갈 때는 수도 있었지.

이 양반이 동원탄좌에 5년 6개월 댕겼는데 월급을 얼마 타는 줄도 모르고. 저 기름 두 드럼[드럼통] 그때 27만 원씩 갔어. 한 드럼 요새는 그렇게 안 가는데, 그때 한참 비쌀 때. 기름 두 드럼, 연탄 천 장, 또 현금은 준 거 없어. (웃음)

남편에게 돈 내놓으라고 하신 적은 없었어요?

우리 아이들이, 아이들이 그때 생활비 들어오잖아요. 우리 아이들이 생활비 들어오는 거 갖고 살고. 또 내한테 돈 좀 있고 이러니까 그래 그래 사네. 요 돈이 이렇게 모지래면[모자라면], [내가 가지고 있던 돈을] 이래 쓰면은, 또 쓰면은 이래. 나한테 돈 많이 있는 줄을 알아. "내가 돈이, 당신 나 돈 주지도 않는데 내 돈이 어디 있노?" (일동 웃음)

사북사태 나기 전에는 내가 하는 거 없었어요. 아이들 키우니라고. 그렇게 어렵게 살면서도 큰아[큰애]라도 가르쳐야 된다고. 그래 학원 보내가지고 내가 바래러[마중] 댕기고. 그래가지고 그때도 저희 아버지 술 많이 자시고 그러거나 말거나 내가 살림을 살면서 걔를 저기 주산학원하고, 부기하고 가르쳤어요. 내 저녁마다 바래러 내려와가 데리고 가고. 그래서 주산학원 가고 이래갖고 그 보험 회사 경리로 들어가서 가가 살림 살았어요. 사북 저… 사태 전에는 하는 거 없었어요.

그러고 나는 시집올 적에, 우리 집이 잘살아갖고 내가 돈 많이 가져왔어요. 그때만 해도 우리 신랑은 몰랐어요. 농짝에[장농에] 여어[넣어] 놓고. 그때는 버신[버선] 신잖아. 버신목에 탁 여어 놓고 계속 내가 사용하고. 우리 아이 꼭 필요로 할 적에 쓰고. 인제 학교 막 간다고 돈 달라 그러면 농에서 꺼낼 수가 없으니까 "오늘 돈 없으니 갔다 오면 내일 줄게." 그래 주고. 학교 다닐 제는 어려웠지. 그래서 인제 갑자기 저녁에 "내 돈 좀 줘야 된다." 소리 안 하고 책가방 들고 서서 "엄마, 엄마." 그래요. "오늘 엄마 돈이 없으니까 하루 갔다 [오면] 내일 빌리[빌려], 줄게." 이러고. 그래 갈무려[갈무리해] 놓으니까 그래 인제 그래 놓고 살았으니까. 그래서 아이들을 키운 거여. 그래 내가 공부시키는 것도 내가 다 시켰거든. 그래 내가 "당신은 뭐 해가 시켰는데?" [그러지요]. 그리고 내가 장사할 적에도, 우리 양반 그것도 몰랐어요. 장사할 적에 많이 팔 적에는 5만 원도 띠고 [벌고], 10만 원도 띠고. 아주 안 될 적에는 만 원도 띠고, 그래 모아 노니까[놓으니까] 돈 많이 가지고 있었어요. 진짜로.

그 비상금이 있었으니까 그렇게 사셨던 거네요?

진짜로. 내가 그렇게 살았어요. 공부를 마이 못해도 진짜 이 남편 사는 게 가만 보니까 순 엉터리더라구요. 아, 이, 아니다, 이게 아니다 싶은 생각이 들더라고. 아이들 공부는 시켜야 되잖아요.

따님을 대학까지 보내야겠다고 한 거는, 옛날에 어머님이 공부를 못 하게 돼서 아쉬우셔서 그런 거예요?

예. 가[걔] 진짜 보낼라 그랬어. 저 아버지도 보낼라 그랬고. 그랬는데 그런 사건이 일어나니까 못 간 거지.

첫딸은 대학에서 뭐 공부하려고 했었어요?

연세대학 갈라 그랬어요. 공부도 잘했어요. 우리 아도[애들도] 저 아버지 닮아가 머리 다 좋아요. 내가 머리도 나쁘지. 저희 딸은 (웃음) 좋아요. 연세대학교 갈라고.

연세대학교 가서 뭐 공부하려고 했었어요?

몰라요. 가 입학 원서를 못 냈으니까.

애기들 키우느라고 하루가 어떻게 가는지도 모르셨겠네요?

글쎄 (웃음) 그냥 힘들었어요. 무조건 힘들었어요. 돈 때문에. 돈 땜에 힘들었어요.

사북에서도 손님 많이 치르셨죠?

사북에서도 그 좁은데 글쎄 저녁에 퇴근하면요, 여남석쑥[여남은 명씩] 수부루루룩. 그때만 해도 전화 있었어요. 아 뭐 어째 "손님 가니까 뭐 뭐 어째고, 어쩌고." 아이 몸서리 냈어요. 나 실제 몸서리 냈어. 이제는 나이가 들고 내가 편하게 잘 사는 거예요. 이제는 잘해요.

음식 하느라고 엄청 바쁘셨겠네요?

그땐 싸우기도 많이 싸우고. 이런 분들한테는 이제 숭하면[흉보면] 안 되는데 참 고생 무지하게 했어요. 아 진짜 자기도 이제는 정말 '내가 당신한테 못 했다.' 는 걸 정말 뉘우치고 잘해요. 지금은 잘해요. 진짜 좀 잘해요. 지금은 뭐 내가 몸이 많이 아프고 하니까.

2. 사북항쟁 전후의 경험

◇ ◇ ◇
항쟁 당시의 상황

사북에서 노동쟁의하려는 걸 미리 알고 계셨어요?

내가 그 조직 하는 거는 알아. 왜 그러냐카면[그러냐면] 우리 집에 두 번 와서 한 일곱 명쯤 되더라고. 신경 씨하고 여기 한 일곱 와서 "이제 우리가 이렇게 하자." 어 그랬는데, 우발적으로 고마 저렇게 일어났지. 그래 크게 하는 건 아니랬어요. 고거는 우리 집에 와서 [모이는 걸] 두 번 봤어요.

이 사태 날 때 이 양반은 서울 가서 내려오지도 안 했어. 그때 강릉에 갔어요. 근데 아 내려오니까 대번에 감금을 시켜 뿌더래. 저기 공안지서에다가. 요서는 한 번 난리가 나고 하니까 이 양반만 감금시키면 인제 해제가 될 줄 알았는 모양이라. 그랬는데 우발적으로 그렇게 일어났으니까. 그래 안보실에서 와가지고 "그러면 이럴 게 아니고 나를 요구 조건 해서 해 달라." 이러니까 인제 강원도 도지사, 또 군수하고 그래 와가지고 협상을 본 게 "이거는 맞지 않다. 이러면 이걸 들고 나가서는 저분들한테 해야 듣지 않는 거니까 안 된다. 다시 해 달라." 그래가지고. 그렇게 가서 목을 붙들고 그러니까 "니도 인제 회사 편 됐다." 카고요. 막 술 먹고 이성을 잃어가지고 얄궂지도 안 했었다니까. 그때 잘못하면 죽었다니까. 요구 조건이 안 맞으니까. 욕을 하고 "니도 광산 저편에 딱 같이 해 줬다." 그러고 그 난리 치고. 그러는데 이제 요구 조건 다시 받아 뭐라 그러냐면 저 아들[아이들] 장학금, 또 목욕탕. 전부 다 집에 와서 수돗물가지고 세수하고 막 그래. 진짜 개돼지같이 살았어. 그것도 진짜 월급 껌딱지같이 주면서. 월급 관계, 보너스. 협상을 그때 정섭인가 서울 있을 적에 노조위원장

이랬어. 그분도 내려왔었어. 그래갖고 이제 협상을 봤어.

그 이재기 씨 부인은 그 신○수하고 신○진이 그런 사람들 홀아비라 예. 둘이 갔어요. 혼자 사는 홀애비라 그러드만. 그래 술 먹고 가가지고 이제 "남편 찾아내라." 그러고. 안 찾아내니까 가가지고 다들 그래갖고. 진짜 우리 양반은 아예 몰랐지요, 뭐. 그러니께 인제 감금되어가 있는데, 뭐 모르고 있는데 파발이 들어가니까 나를 부르더라. 그래갖고 이재기 씨 부인 병원에 이송시키라고 막 그랬대. 그래가지고 이틀 매달려 있다가 인제 아바이가[남편이] 나가서 그래갖고 보내주고. 그건 잘못한 거 맞아. 그러고 건[근처]에 절이 있었어요. 그 건[근처]에 그 화약고가 있어. 그거 터진다 그러고, 공수부대 내려온다 그러고. 얼마나 그랬는데. 그러고 얼마 안 있다 저 광주사태 일어났잖아요.

사북사건 나서 사업소 운동장에 아주머니들 모여 있을 때, 어머님도 같이 가자고 그러지 않았어요?

어. 아예 안 갔어. 나는 그 가까운데 한 번도 안 갔어요.

사람들이 사택에 와서 집을 부수고 했다고요.

어. 안 나온다고. [사람들이] 이런 각목을 가지고, "이 시팔년들이 [남편은] 저기, 계장이고 감독이고." 그 사택이라도 양반 사택이라 그랬어. 계장부터 산다고 양반 사택이 이름 붙더라고. 막 안 나온다고 막 그랬어. 그런데 그 뭐 여자들 뭐 많지도 않잖아요. 27가구지. 그래 모두 나갔어. 내가 나와서 쭉 650광산까지 내려가다 가만 생각하니까 '아 이건 아니다. 나는 아마 가면 안 되겠다.' 내 생각이, 내가 아이들도 많고 그러니까 안 되겠다고. 가만 보고 우리 친목계한테 "내 올라갈게." 그랬거든요. 그러고 도지[도주]했다니까요. 나는 도저히 안 되겠다고. 내 남편이 집 들어오지도 못하건 말건, 아이들 여럿인데 내가 혹시라도 사진이 찍히거나 저러면 안 된다 싶응게[싶으니까]. 인제 붙들려 맞는 한이 있더라도 도피를 했다니까.

아버님이 나가 계시니까 나라도 집에 있어야 되겠다고 생각하신 거예요?

그럼요. 당연하지. 내 그 생각하고, 나는 오직 내 새끼만 생각했지. 남편은 남편이래서 자기 할 일은 하는 사람이니까. 근데 [나는] 아이들 때문에 그래서 도지해가지고 올라왔어요. 그랬는데 한 며칠 지나고 나니까 지장산[지장산사택] 여자들, 중앙사택 여자들 막 올라와가지고 문짝을 막 집어[걷어]차고 그래. 여자들 담보[담비] 떼 거같이 막 몇 십 명 왔어. 그래서 문을 열고 "누구세요?" 했더니 "니 남편 때문에 우리 남자들이 이래 갔다가, 작업복 입은 것도 막 붙들어 갔다."고 막 난리 나는 거를 진짜 "나도 우리 남편 한 20일 동안 몬[못] 보고 있니더. 그러니까, 나보고 그러지 마소." 또 "기다려 봅시다. 나도 내 남편 한 20일 동안 구경도 못하고 있는데. 죄송은 하는데 내려가시소. 차차 알려지겠지요." 이랬어.

근데 그래가지고, 그래 놓고 인제 동원탄좌 읍사무소에서 방송하기를 "어느 날 며칠 날 전체 모여라. 입적시킨다." 뭐, 회의 한다 그러면서 방송했대요. 그래 그때 담보[담비] 떼처럼 막 모였잖아요. 모였는데 두 버스를 싣고 저기 정선으로 그때 가 버렸대. 버스 올라갔는데 우리 양반은 머리통을 막 때려갖고 피가 나고 그랬대. 그라고는 보지도 몬[못] 했지, 뭐. 아이고야, 그래가지고 내가 21일 만에 원주사령관으로 넘어가면서까지 매일 갔어요. 진짜 매일, 매일 갔어요. 동차를 타고. 아침 다섯 시 몇 분에 정선 들어가는 동차가 있어. 그래 정선역에서 내려가서 가면 막 "씨팔년이 뭐 하러 왔느냐."고 막 욕 얻어먹고도.

경찰들이 욕을 했어요?

어. 면회하러 뭐 하러 왔느냐고. 그래도 매일 갔어요. 혹시라도 싶어 매일 갔댔다요. 그래 내가, 그 이야기를 하이께 "집에 들어앉아 있지 뭐 하러 오노?" 이래. (웃음)

아버님이 그렇게 말씀하셨어요?

　그러는데, 이제 뭐냐고 하면 맨날 보리밥 주더래. (웃음) 원주 가 가지곤 둘째 주, 첫째 주 목요일이던가? 면회 날짜가 있어. 그럼 면회 꼭꼭 갔어. 거기서 뭐[형을] 받으면은 이제 딴데로 옮겨야 돼. 이제 계엄 해제가 됐으니까.

　그래 인제 마지막 공판하는데 수녀님하고 나하고, 우리 양반 누나[시누이]하고 갔어. 내가 우리 ○○이를 업고 그래 갔는데 심지어 그 공판에 "이원갑 10년." 이래 나오더라구요. 진짜 앞이 캄캄하고 눈물이 막 [나고] 어째 그럴까 싶고 그렇더라고. 그랬는데 자기가[남편이] 한단 얘기가 "나는 10년 받아도 좋으니까 나 때문에 이래 왔는 사람들 다 보내."래. 그 군법에서 군인들, 판사들이 그거[힘이] 셌어. 일반 판사가 하는게 아이고. 나는 10년 받아도 좋으니까요. [여기] 오는 사람들은 다 보내달라고. 그 얘기 했다요. 이랬어요.

아버님이 재판에서 10년 선고 받고 "나만 잡아 놓고 다른 사람은 풀어주라."고 얘기하셨을 때 별로 원망 안 하셨어요?

　어. 원망 안 했어요. 안 했는데 [눈앞이] 캄캄하더라구요. 아들만[애들만] 데리고 혼자서 내가 어떻게 하는가 싶은 기요[게요]. 앞이 캄캄하고 막. 어우 눈물이 후두둑, 손 수녀님이 "헬레나. 참고 있어. 헬레나." 내 법명이 헬레나거든. "헬레나. 잘될 거야. 참고 있어." 이러면서. 그 수녀님이 내하고 동갑이었지. 그래도 우리 양반도 인심 안 잃었고, 나도 진짜 착하게 살았고, 그래도 덕분에 그래도 아[애]들하고 열심히 살았다. 그러고 내가 서울 올라가서 신문, 대신문 있지요. 거까정[거기까지] 찾아갔어요. (웃음) 그 신문사 그 찾아가갖고 하소연을 했어. 그러니까, "아주머니, 이래선 안 되니까, 지금 일어난 일이니까 안 되고. 지금 이 광주사태에서도 지금 이렇게 난리고 하니까 그냥 집에 가서." 기다리라고 이래서.

서울에 있는 신문사에 누구랑 같이 가셨어요?

혼자 갔어요.

어느 신문사였어요?

서울 카면 뭐, 무슨 제일 큰 신문.

광화문에 있는 신문사였어요?

그래요. 그, 저기 물어물어 갔어요. 물어물어 찾아가서 "그, 아주머니, 그래선 안 되니까 가서 기다리라고. 안 된다."고 이러면서. 그래까지 됐다 아이요. (웃음)

신문사에 가서 무슨 얘기하려고 하셨어요?

오데[어디] [기사를] 내 달라고. (웃음) 우리 아이들도 그래 많고. 하소연할라고 그래 갔다. 그러고 내가 [남편이] 구속되고 나서는 영등포구치소 가는데, 택시를 타니까 영등포구치소가 구로에서 가깝고, 영등포에서 내리면 멀다 그러더라고. 그래 구로역에서 내려가지고 택시 타니 금방 가는 거 같애. 인제 처음에 갔을 적에 추웠는데 다음에 올 적에는 얼룩덜룩한 담요를 가져오면 안 되고 무지 담요나 누런 거 가져오라 카더라구요[하더라고요]. 그래 인제 옷도 뜨신[따뜻한] 거 있으면 가져오라 이러더라고. 우리 양반이 그런 게 아니고 간수 보는 사람이 [그랬어요].

간수가 그런 얘기를 해요?

예. 옷도 가져오고 이불, 담요 이걸 알록달록한 거는 가져오면 안 된다고 그러는기. 그거를 사가지고 [오라고]. 처음 갈 적에 보이끼네[보니까] 택시 타니 가까워갖고, 걷는다고. 몸뻬 사 입고, 이불이랑 담요 사가지고 역에서 내려가 걸었어. 가는 길은 그 잘 갔는데, 모르고 지나간 거야. 실컨[실컷] 가다 보니 '이건 아인데.' 싶어 물었어. "아유, 아주머니,

너무 내려왔다."고 [하면서] 요짝으로 가서 건널목, 요 좀 더 내려가면 건널목 건너서 다시 가라 그래. 그래 가가 처다보이께, 보이는 거야. (웃음) 그래 가가 눈물이 얼마나 나는지. 서럽고. 그래 가가지고 인제 들라[들여보내] 주고서는 [면회하게 했지요]. 그거는 면회 날짜가 있어요. 그럴 때는 내가 항상 동차 타고 갔었다. 그래야 또 돌아오기가 수월키 때문에. 그래 쫓아 댕겼다니까. (웃음)

아버님이 구속되시면서 어머님이 엄청 바빠지셨겠네요?

그래. 내가 결혼했을 때 해가 온 한복 무명 바지저고리 있어. 그래 그것도 갖다 주니 [도로] 가져가래. 그건 안 입는다 해가지고. 그거는 우리 아버님 돌아가시고 입혀 보냈어. 도포하고.

사북사건 처음 나고 아버님이 갑자기 없어지니까 애기들이 아빠 어디 갔냐고 물어보지 않았어요?

왜 안 그래요? "아버지 볼 일 있었지. 뭐 있지." (웃음)

그냥 아빠 어디 볼 일 있다고 하셨던 거네요? (웃음)

대체로 큰 놈들은 눈치는 알아도. 그때 우리 아이들은 진짜 내 손바닥 안에서 정말 예쁘게 키웠어요. 아버지 뭐 어떤 일 하러 댕기고 어쨌든 간에 그렇게 나는 키왔고. 그러고 저거 아버지 쪼끔 험한 거 있을 적에도 "아버지를 절대 미워하지 마라. 너거들하고 헤어지면 엄마는 남이야. 아버지하고 헤어지면 엄마는 남이니까. 너거 아버지니까 미워하지 마라." [그렇게 말했죠]. 아버지한테 참 잘해요. 얼마나 잘하는지. 전부 다. [딸집에] 가면 우리 딸이 잘하는 것도 잘하지만 사위들이 그렇게 잘해요.

사북사건 끝나고 나서 장학금도 주고 했는데 그걸 받으셨어요?

그래도 우리는 못 받았어요.

퇴직했으니까 못 받은 거예요?

그때는 원래가 저기 광산 직원의 아이들에겐 안 줬어요. 안 줬는데, 그냥 조업원의 학생들에게는 좀 줬어요. 쪼끔씩. 그랬는데 사북사태 나면서 인제 줬는데 그때는 뭐 인제 그거는 하나도 못 받아 봤죠.

아버님이 열심히 하셨는데 혜택을 별로 못 받으셨던 거네요?

그럼. 사북사태 나고 회사 댕기지도 못하는데 장학금 누가 줘? (웃음) 구속 나오고 나서는 둘이 같이 댕기면서 동원탄좌 사장네 집에도 찾아가고, 다 찾아가 인사 다 했어요. 그러니 동원탄좌 사장님 집에를 가니까, 떠나래요. 돈 준다고. 그때 돈 뭐 500[만 원]인가 얼만가 줄 테니까 떠나라 그러더래요. "나는 못 떠납니다. 죄송하지만. 내가 식구하고 리어카를 끌고 댕기면서 장사해서 먹고살아도 나는 사북을 못 떠납니다." 그래 그러고 돈 주는 것도 안 받고 그냥 왔어.

◇ ◇ ◇
종교 활동

성당은 언제부터 다니셨어요?

성당 그게 사북사태 나고요. 왜 그러냐카면, 이제 그러고[남편이 구속되고] 나니까 저기 원주에서 이제 임광규 변호사, 김 무슨, 지학순 주교님이 저 세 분을 선택해 줘가지고 [도움을 받았지요]. 그래가 우리 나와가지고 전체 다 찾아줬어요, 우리 양반하고. 그때 영세(領洗) 했고. 그리고 성당 댕기는 거는 우리 친목계, 형제계 있다 그러잖아요. 내보다 나이가 많은 제일 큰언니가 있었어요. 나 우리 셋째가[셋째 딸이] 이름이 ○○이거든요. 언젠가 "○○아, 니 맨날 이래 들어앉아가 청[청승스럽게] 그러지 말고 성당이래도 나가자. 나가면, 나가야 좀 니가 마음이라도 편안하지 않나." 그래 따라댕겼어요.

따라댕기면서 6개월이 넘었는데, [보통은] 6개월만 되면은 저기 영세를 줬는데 그 노야곱 신부님 계실 적에 영세를 못 준대. 당신 남편이 나와서 승낙을 하면은 영세 주고 [지금은] 못 준다 이래. 그래 그 우리 양반 나와가지고 다 찾아뵀거든. 손 수녀님도 찾아뵀고. 또 그때 노야곱 신부님은 전라도 가셨어. 그[거기]도 가고, 지학순 주교님도 찾아뵀고. 다 댕기며 인사 다 했어요. 그리고 인제 그 교회 댕길 적에는 그 집에가[아는 언니가] 얘기 해 줘가지고 댕겼어요. 댕기다 보니까 인제 영세는 우리 양반 와서 줬고. 그랬는데 그렇게 도와줬어요. 또 우리 둘째 딸이 아파갖고, 이 허리 골절이[관절이] 안 좋아가지고 가가 원주 군병원에 두 달 입원해가 있었어요.

둘째 딸 몇 살 때였어요?

둘째가 고등학교 댕길 제[적]. 그래가지고 두 달 입원하고 그래도 나았어요. 그도[거기도] 이제 야고보[야곱] 신부님이 연락해가지고 손 수녀님하고 같이 가서 입원시켜 놓고 그랬다. 덕 많이 봤어요. 얼마나 고맙는지요. 그래 내가 열심히 댕겨야 되는데 사는 삶이 고마 일요일에 장사 하니라구. 그래 인제 제대로 못 사니까.

그러니까 미사 가기 힘드셨겠네요?

뭐, 저, 평일 때 못 가지. 그리고 또 그러다 보이 또 저 호프 장사도 하지. 돌아댕기며 막 이거 그렇다 보니께 그냥 냉담해 부렀어[냉담해져 버렸어]. 내가 그래서 항시 '내가 죽을 제는 꼭 성당에 가서 대사4 받고 죽을 거다.' 이 생각이 들어. 아주 갑자기 죽으면은 할 수 없고. '내 정신이 좀 있으믄 죽을 제 이래 신부님한테 대사 받고 죽을 거다.' 이 생각은 있어

---

4 가톨릭에서의 면벌 개념으로, 자신의 죄를 회개하고 고백함으로써 그 죄에 대한 벌을 면제하여 주는 것을 뜻함.

요. 나가지는 못할지라도 그 마음은 [있어요].

지금도 교회에 다니시긴 조금 힘드시죠?

지금도 그러니까 못 댕기잖아요. 저 양반만 댕기면 되는데, 저 양반은 술하고 뭐 이리 댕기고 저리 댕기고 못 다니고. 술은 좀 잡솨도[드셔도] 되는데. 그러니 우리는 통 못 댕겨요. 인제 얘기 다 했어요. (일동 웃음)

회장도 하셨다고 말씀하셨는데 무슨 회장을 하셨어요?

그 성모회에서 인제 했는데, 그 어머니들 [모이는 데에서].

어머님 모임이에요?

예. 그 뭐 말하자면 모임이지요. 성모회에서 했는데. 근데 이 집이 가깝고, 성당 요 있으니까요. 그럭[그렇게] 하고 우리 집이 가까우니까 성당 안에서 복잡하니, 뭐든지 뭐 크리스마스다, 사순절 행사 할 적에 이때 [음식을] 먹기 때문에 뭐 좀 해야 되잖아요. 우리 집 와서 해가 가고. 그것도 돈을 내가 안 쓰고 성모회 돈 있는 거 가[가지고] 쓰고.

그건 몇 년 정도 하셨어요?

2년 했어요. 2년 이상 난 몬[못] 해요.

원래 임기가 2년이에요?

원래 1년인데, 인제 좀 저거하면은 2년 하지요. 신부님들도 3년 이상 안 있어요. 3년만 되면 다 인사이동 해 뿌고. 한데 오래 안 있어요.

그 회장은 몇 년 전에 하셨던 거예요?

그러니까 김용진 신부님이 있을 때 했으니까 아마 한 20년 넘어요.

예전에 하셨던 거네요?

내가 저 장사 시작해가지고 13년 하고 요 온 게 18년이니까 못 나간

게 30년 다 넘지요. 그리고 가게 안 되더라구요[가지 않게 되더라고요]. 그래 냉담하고, 이래. 그래도 묵주 반지는 항상 내가 끼고 있고. 그래 지금 인제 성모상, 그때 저 다비드, 성모상도 있고, 십자가도 있고 다 있잖아요. 저거 다 선물 받은 거. 영세 받을 적에 저 대모들 서거든요. 남자들은 대부 세우고 다 선물을 사 준다구.

◇ ◈ ◇
생계유지를 위한 노동

일을 처음 시작하신 게, 아버님 구속되신 다음부터예요?

예. 구속돼 있을 적에, 우리 사택 있을 때 우유 배달했어요. 내 왜 그러냐카면, 사태가 나고 이 밑에 내려오니까 이제 '아… 이 양반 믿고는 안 되겠다.' 이런 생각이 딱 들었어요. '어. 이 양반 믿어가지곤 안 되고, 내대로 저거해야[살길을 찾아야] 되겠다.' 하고. 아들[아이들] 키우니까는 호프 장사도 하고. 또 저 시장에서 일석계[일수계]라 하는 건, 장사하잖아요. 장사하는 사람들 매일 2만 원이면 2만 원짜리 매일 저녁에 가서 받아가지고 한 달을 모으고, 통장 만들어 놓고. 우리 양반은 몰라. 내가 그렇게 했어요. 그래가지고 돈 모아갖고 아들한테 쓰고 그래 살림 살았어요. 진짜, 우리 양반 젊을 때 돈 벌어가 집에 보탠 거 별로 없어요. 고생 많이 했어. 내가 안 한 짓이 없어. 우유 배달도 하고, 금계도 하고 그렇게 댕기면서 했다니까. 한 3년은 안 놀고 막 돌아댕겼어요. 내 저 문아래골 지금 스키장 있죠? 그 장소에서 장사했어요. 식당을 하는데, 닭하고 백숙하고. 인제 쪼끄만한 닭은 삼계탕. 향어, 송어, 메기탕 식당 했어요. 그래 거서 내가 13년 장사했어. 그래 애들 공부시키고. 고등학교까지 시키고. 하여튼, 구속이 딱 되고 나니까요. 쌀 쪼끔 있고, 연탄 뭐 얼마 없는 거예요. 그렇게 사람이 딱 구속 딱 되니까 고마 쌀도 안 주고 배급도 안 줘갖고. 그때 저 양

반 친구들, 동창들이 많아요. 잘하니까 동창들도 도와주대. (웃음)

평소에 손님을 워낙 많이 치르셔서, 손님들이 도와주셨네요? (웃음)

그래갖고, 쌀도 가마니쌀로. 그때 왜 80키로[킬로그램] 자루 있잖아요. 그 쌀도 들어오고. 어 또, 연탄 살 때라 그러면서 연탄도 이제 돈 주고. 내가 천주교 댕기다 보니까 원주에서 연락돼가지고, 군종 신부님들이 내려와서 나 그 서울 구치소 면회 가고 없었는데 우리 세 살짜리 애한테 "돈이 하나도 없다. 이놈의 돈 있으면 마이[많이] 주고 가고 싶은데 돈은 이거뿐이다." 그러며 그때 돈 8,000원을 우리 아들한테 주고 가셨어. 그래가지고 인제 연탄 100장하고, 쌀 60키로 쓱 주고. 그러고 그해 크리스마스 때, 안남미 쌀이라고 있었어. 씰쭉쌜쭉한[길쭉길쭉한] 거. 그게 60키로짜리 여섯 포. 아들 내복 싹 한 벌씩, 아홉 벌 싹 다 보냈더라고. 그래 보내고, 돈 100만 원 보내고. 저, 군에서 천주교에 그래 보냈더라고. 그래 그 60키로짜리 여섯 포가 오니까 엄청 많잖아요. 식구들이 많다 그래도. 그래 먹고, [남편] 동창들도 쌀 몇 키로씩 계속 보내 주고. 동창들이 여기 도와주고 저기 도와주고 그랬어요. 우리 친정에서도 좀 도와주고.

그러다 사택을 나가라고, 비워 내라고 반장이 오고 이런 걸 내가 못 나간다 그랬어요. 애들만 해도 아홉이고 내까지 열인데, 어디로 나가느냐고. 우리 양반 나오면 당장 비왔어도[비웠어도] 못 간다고 막 내부쳤어요. 근데 경리로 들어간 우리 딸이요, 지가 좀 벌다 보니까 직원들하고 계를 한 거예요. 아이가 그래갖고 돈을 모았어요. 그래 계 했는 거 하고 인제 신부님이 그때 돈을 270만 원 [주신 것]하고, 우리가 300만 원 보태가지고 그래갖고 감리교회 뒤에 집을 사가지고 원채는 살고 옆에는 전세를 줬어요. 그래 들어와 살았어요. 그때는 연탄은 안 때고 기름 땠어요. 원채 거실은 지금 사는 집 정도 되고, 방 두 개[였어요]. [방] 두 개 가지고 인제 아들 델꼬. 언니들이 전부 직장 잡아서 인천 가 있으니까 그때 사북에 없었어요. 막내도 누나들이 데리고 가갖고 공부 시켜갖고, 대학 갔고.

누나가 막내를 데려갔었어요?

예. 지가 사북에서 공부 안 한다고. 초등학교 졸업할 무렵, 6학년 1학기 때 집에 와가지고 "엄마. 나는 저 사북에서 중학교 안 가고 누나한테 간다."고 그래요. "야, 누나한테 가면 어떻게 헐까. 아버지한테 얘기해 보고 가야지." 내가 얘기하이께 택[턱]도 없어. 지가 누나 집에 가갖고 뭔 공부한다고 그러대. 택도 없대. 그러다가 "그럼 난 가출한다." 하대요. 참 똑똑해요. 아버지 있는데[서] 공부 안 한다고. 안 한다 이거야. 그래가 할 수 없어 내가 쫓아댕기면서, 내가 인천을 찾아가서 아들[아이들]한테 전화해가지고 그렇다 그러니께, 올라오라 하더라고. 할 수 없어 저 누나한테 얘기해 놓고 학교 찾아갔지.

그래 인제 교장선생님하고 얘기를 하니까 공부도 잘하고 품행도 좋은데 왜 갑자기 그러면 [어떡하냐고]. 1학기 때 왜 안 보내고 지금 와서 [이러냐고]. 그러면은 내보고 T.O.부터 알아보고 오라 카더라고. 그래 송도중학교로 가가지고 그 학교 T.O. 확인해 보니, 품행 [증명] 다 띠여 오라 하대? 그래 가져가이끼네, 그거 거서도 그래요. 공부도 잘하고 품행도 좋은데 왜 갑자기 이리 오느냐고. 그래 내가 "야네 아버지가 직장이 이짝이 되니까 그짝 연고지가 하나도 없고. 우리가 떠나면 혼자 놔두기 안돼서 갑자기 옮긴다."고 해 달라고 뭐 사정을 했어. 그러니까 받아주더라고. 그래가지고 그 학교 갔어. 누나들이 대학까지 싹 다 시켰어. 아버지 돈 10원도 안 줬어요. (일동 웃음)

누나 없었으면 안 됐겠네요?

그래갖고 처음에는 서울에서 이화여대 들어갔다가 가 보니께 남자들지까지 서이[셋]밖에 없더래. 그래가지고 국립으로 다시 간다 하면서 제주도를 간 거야. 제주도 가고 졸업하고 군대 다 갔다 와가지고, 공채 시험

쳐가지고 삼성 들어갔어요. 우리 아들 잘됐어요, 착하게 크고. 누나한테 가서 그럭[그렇게] 하면서도 정말 매형들도 잘해주고 이래 놓으니까 착하게 잘 컸어요.

따님이 집의 기틀을 마련을 했네요?

어. 진짜 지금도 우리 많이 도와줘요. 지도 돈 잘 벌고 있고. 현재도 그 집이 거 있어. 그 감리교도 있고, 그 뒤론 길 나 버리고.

아버님 보험 회사 소장님 하실 땐 사정이 좀 나아지셨어요? 돈도 좀 갖다 주시고?

몰라요. 우리 영감은 진짜 월급봉투 한 번 갖다 준 거 [없었어요]. 나는, 우리 오죽했음 우리 어머님이 그 월급 타러 댕기다가 안 간다 그러고.

아버님이 보험 회사에서 일을 하실 때 가게 하셨던 거죠?

예.

가게 하시는 걸로 집이 또 생계를 꾸렸겠네요?

그 가게 할 적에 보험 회사 댕겼는데 소장들은 [실적] 많이 못 올리면 "소장들 돈을 옇어[넣어]가지고 해라." 막 그래 한다대. 그래가 그런지 소장 했어도요, 월급 한 번도 못 타 보고. 내가 어떤 때 막 "여보 돈 좀 달라."고 전화하고 이러면, "내려와." 이래요. 가면, 5만 원 줬어요. 5만 원. (일동 웃음)

아버님 보험 회사에서 소장 하실 때도 가게에 손님들 좀 많이 데리고 왔었어요?

같이 있고 하니까 그 양반 손님들이 많았죠. 내 손님보다가는 그 양반 손님이 더 많지.

아버님 구속되셨을 때 친척들이 도움 좀 주셨어요?

그래 인제 그 누나는 돌아가셨지만은, 하도 동생이 몬하니까. 우리 돌아가신 형님은 나 하도 불쌍하다고. 그 많은 아들 데리고 불쌍하다고 하면서 참 많이 나를, 마음속으로도 늘 참 신경 썼었어. 그리고 시동생들도 나한테 다 잘해요. 그리고 우애가 있고. 그것도 우리 양반이 진짜 동생들한테도 잘하고, 예의 있게 잘하고.

명절에는 큰집이라고 다 어머님한테 모였어요?

그럼요. 내가 다 기제사 때 [준비했어요]. 옛날에 장성 살 적에는 가깝게 형제들이 있어가지고 제사 때마다 오는디, 인제 서울 가 버리고는 [못오지요]. 마카[모두] 서울 간 지 한 20년쓱 돼요. 그래 그러면 인제 못 오는 거죠. 기제사도 못 오고. 이제 설하고 추석 때, 명절 땐 다 모이지. 우리 친정집하고 처형제들도 같이 계모임을 한 달에 한 번씩 했지.

3. 가족들에 대한 이야기

◇ ◇ ◇
최근 남편과의 관계

이원갑 선생님이 지금도 물론 키가 크시고 젊었을 때 인상이 어떠셨어요?

멋있게 생겼잖아요. (일동 웃음) 그러니까 저 양반 보고 그래. "당신은 지금 돌아갔어도 [돌아가셔도] 아무 원한이 없다. 나라 대통령은 이 많은 국민들이 신경 많이 쓰지만 당신은 우리가 하나 신경도 잘 못쓰는데. 멋지게 사는 사람, 당신도 진짜 멋지게 살았다."고. 멋지게 산 걸 자기도 알아요. (웃음)

아버님이 그래도 멋있게 사셨다고 생각을 하세요?

그래도 멋있게 살았다고 생각해요. 요 살아 보니까, 남자들도 쓸 때 쓰고 친구들도 있어야 되잖아요. 그렇지 않고 맨날 집안에 들어앉아서 짐승 키우고 그런 집이 한 두어 집 있어요, 팽성에. 그 여자는 차 갖고 댕기고 멋지게 살고, 남자는 차도 없고 [운전]할 줄도 모르고. 그렇게 사는 집들이 있어. 그래 나는 옛날에 그렇게 고생하고 뭐 우옛든[어쨌든] 간에, 멋지게 살았다고 생각해. 당신 진짜 멋지게 살았고, 어디 나가도 인심 팔리는 사람 아니고, 멋지게 존대 받고. 어떻게, 그 맞아요. (웃음)

젊으실 때도 남편이 좀 괜찮은 사람이라고 생각하셨어요?

그래 나는 진심인데. 지금도 마찬가지라. 내 남편이 최고다. 그래 그 생각뿐이에요. 지금은 영감 저기 건강하니까요. 아주 건강하잖아요. 술도 많이 마시고 담배도 그렇게 피우고 해도 어쨌든 괜찮아요. 아픈 데가 없어요. 내만 이렇게 많이 아프지. [남편이] 그렇게 건강하니까 나를 잘 데리고 댕겨요. 어제도 집에 있는데 "너 따라갈래?" 그래. 또 "데려가면 따라가지 뭐." 그랬드만 (일동 웃음) 그래 오늘도 [기념식에] 가서, 이렇게 시간이 가는 줄은 난 몰랐지. 이것도 저것도 모르고. 그 "따라갈라면 가자." 이래. "알았어." 그러고 따라갔다. (웃음)

요즘 꼭 같이 다니세요?

어. 그래갖고 내가 '이렇게 오래 걸릴 줄 알았으면 오지 말걸.' 그런 얘기도 안 하고. 안하고 와놓이, 따라와 갖고, 내가 그, 그랬드만, "괜찮다." 이러드라. (일동 웃음) 지금 잘해요. 옛날엔 진짜 참 싸우기도 많이 싸웠어. 내가 그렇게 싸우고 막 그래도 '[집 나]가야지.' 이 생각은 요 만큼도 절대로 안 해 봤어. 오직 내 아이들 때문에라도. 남편이 암만 미워도 '나가야지.' 이 생각 한 번도 안 해 봤어. 안 그래도 우리 오늘도 [사북에] 내려갔다가 친구가 점심 사 주더라고. 그러면서 인제 [밥을] 샀는데 그러잖아. "형님. 형님은 그래도 복이 많아. 늦게, 옛날에 젊었을 적에 소장님 그거 그 난리를 치고 참 그래도, 형님 참고 살아 놓으니 이제는 그래도 형님 복이다."고. "소장님 저리 건강하니까, 형님 편하잖느냐."고. 그래 맞다 그랬어. (웃음)

요새는 아버님이 어머님 얘기하시면 그래도 이제 거의 다 수용을 하시나 보네요?

어, 수용하죠. 옛날엔 안 들어줬어. 아주 안 들어줬어. 젊을 때는 들은 척 만 척 해 뿌고[버리고] 안 들어줬어. 지금은 그래도 내가 몸이 워낙 안 좋으니까. [무릎] 양쪽 수술 다 했지. 여기도 시술했는데 잘 안 돼가지고 아프지. 이러니까 인제 청소도 밀대가[밀대로] 닦는 거는 없어 [안 해]. 청소기 가지곤 잘 해. (일동 웃음)

그럼 어머님이 아프시니까 아버님이 집안일도 좀 해 주세요?

예. 해 줘요. 빨래도 인제 있으면, 방에 그걸 둘러가지고 갖다 널어 놔요. 그런 거 도와줘요.

아버님 젊을 때는 집안일 좀 하셨어요?

　아 전혀, 아주 안 했어요. 나 이[무릎] 수술하고 와가지고, 인제 7년 됐거든. 요거 이제 3년 되고 그러는데, 요거 하고 와서는 5일을 그래도 뭐 설거지도 하고 뭐 하고, 이래 하더만은. 이번에 두 번째 하고는 한 번도 안 해 주대. 이 근래에 내가 자꾸만 몸이 안 좋으니까. 이 위장도 안 좋고, 이래갖고 위 검사 그저께 했거든요. 그래 하는데, 이걸 종양이 있어갖고 조직 검사한다고 떴다. 떴는데 핏발이 떨어졌다고 그카더라고. 그래서 인제 매운 거 며칠 먹지 말고 그래라 그러대. 그래서 인제 그래 알고 그래 잘 하고 있어요. "자기도 내가 죽으믄 혼자고, 나도 또 당신 죽으면 혼자고 이러니까 둘 다 같이 살다 죽자." 내가 이랬어. (일동 웃음)

지금 의지할 데가 어머님밖에 없으셔서 그런가 봐요?

　그래요. 지금은 이제 믿는 게, 자기도. 나도 자기만 믿고. 미운 거는 잠깐이고, 다 지났고. 그런 거 자꾸 생각할 필요도 없고. 이제 서로 편하게 살고 싶은 것뿐. 응.

◇ ◈ ◇
자녀들과의 관계

사북 말고 다른 데로 이사 가고 싶었던 적 없으세요?

　난 지금, 너무 요 적적하고 좋긴 참 좋아요. 좋은데, 그냥 아이들도, 이 사위들 둘이가, 인자 "아버님도 연세가 자꾸 들고 장거리는 차 가지고 댕기기 힘드니까요." 여주나 이천 쪽으로 땅만 사면은 집은 저거들이 지어 주겠다 그러는데, [남편이] 안 간대요.

아버님이 안 가신대요?

　예. 안 간대요. "요 살다가 내가 진짜 차 가지고 못 댕기겠다 할 적에
는 뭐 어떻게 하더라도 아직은 안 간다." 이러더라고.

어머니는 이사 가고 싶으세요?

　가고 싶죠. 나 혼자 가고 싶어. 아이들도 그래요. 가깝게 있으면 저거
들이 저녁에 왔다가도 아침에 출근할 수도 있고 하니까. 여긴 워낙 머니
까. 이제 [애들이] 자주 못 오니까 가까운 데 [가고 싶지], 우리 양반이 말
을 안 들어. (일동 웃음)

어머니 생각하시기에 왜 아버님이 안 가려고 하시는 거 같으세요?

　이 사북을 안 떠날라 그래요.

왜 그런 거 같으세요?

　그렇게 나와 가지고[출소해서] 회장네 집에도 갔는데, 돈 얼마 줄 테
니까 떠나라 그랬는데도 "나는 못 떠나가겠다."고. 내가 비록 당신네 회사
안 여어[넣어] 주면은, "내가 우리 식구하고 리어카 끌고 장사하고 살아도
절대로 안 떠난다."고 그랬다이[그랬다니까]. 그리고 돈도 안 받고. 주지
도 않았지.

그런 얘기 들으면 '아이구, 우리 남편이지만 참 멋있다.' 이런 생각이 드세요? 아
니면 '하이구 참, 아직도 정신을 못 차렸네.' 이런 생각이 드세요? (일동 웃음)

　그런 얘기도 안 했어요. 인제, 안 했어요. 또 아이들이 자식도 있고 이
러니까. 그때 요거, 우리 아들이 제대를 하고 나와가지고 인천에 누나들한
테 싹 모아가지고[모여서] 누나들 가깝게 있고 인제 요 하나만 원주에 있고
이러니까. "누나. 인제 내가 직장이 됐으니까 아버지하고 엄마하고 생활비
는 내가 드려야 되는데, 누나들이 날 좀 도와 달라." 그러더래.

그래서 형제들끼리 계를 만들었어요?

예. 그래 인제 모임 하는데, 얼마금 내냐고 하면 저거들 10만 원 가지고 저 2만 원 계 기금하고. 내 알기로는 뭐 우리들 수술할 적에 그거 모아놔갖고 10만 원씩 이제 유사(有司)를 줘요. 인제 이거를 하면은 형제들 10만 원씩 거둬갖고. 아홉이잖아요? 10만 원씩 유사 줘요. 90만 원가지고 안 돌아가더라고요. 식구가 많아갖고. 저거 펜션 같은 거 좋은 데 가서, 큰 거도 이렇게 40만 원씩 달라대. 그러니께 이 50만 원 가지고는 못 먹겠대. 그래가 2만 원은 이제 기금 쌓아 놓고, 우리한테 쓸라고 세워[쌓아] 놓고, 이제 10만 원쓱 해가 아홉이 90만 원. 내가 "이 달에 한다. 오늘, 오늘 한다." 그러면 날 90만 원을 줘.

그걸로 모임하고?

어. 90만 원 가지고 안 돌아가더라니까. 그래 그 큰 데, 도회지 저짝 뭐 좀 좋은 데 있잖아요. 인제 펜션 어디 그 40만 원쓱 [하고], 노래방 있는 데는 45만 원 이래 달라 그러대요. 오늘 한 시에 들어가면 내일 오후 1시에 밥 먹고 나오는 게 그래요. 그렇게 비싸더라니까. (웃음)

9남매 지금 모이는 것도 돈이 많이 드는데, 애기들 키울 때 어디 놀러가지도 못했겠네요?

그때는 놀러 못 댕겼죠. 못 댕겨도, 그래도 나는 내대로 막 저 양반 어떻게 해도 내대로도 많이 댕기고. 나 사진 찍은 날 엄청 많아요.

형제 분들하고도 많이 다니셨어요?

그 형제들하고도 많이 댕겼고. 그 형제들 다 생일잔치 있다 카면, 뭐 하면, 또 우리 남매들하고 댕기고.

사택 주변에 사는 분들하고는 같이 어디 놀러 가지 못하셨어요?

가요.

어디에 놀러 가셨어요?

어. 여, 한 집에는 참 제주도까지도 같이 가 댕기고 했는데 그 집도 이사 가 뿌고 없고. 막 요 새로 들어온 집들이 있고, 또 나이가 많은 사람들이 있고. 또 쪼끔 젊은 사람들은 카지노 직장이 있고 이래갖고 모임이 잘 안 돼요. 그래서 우리 양반하고 내하고 좀 자주 나가요. 거의 우리가 여기서 한 반은 거의 아이들 집에 갔다가, 저거들 여럿이니까 영종도도 놀러 가고. 차 가지고도, 배도[배로도] 가고. 가면 놀다 오고 그래요. 잘 해요.

시집 오셨을 때, 시할머니 시어머니 다 같이 살았는데, 지금 며느리랑 같이 못 살아서 섭섭하지 않으세요?

그 며느리는 뭐 요즘은 같이 살 수가 없잖아요, 저들대로 편하게 살았고. 그래 이제 명절 때야 작년까지도 안 그랬는데 올해는 명절 제사 지내고 이러니까네 내가 너무 힘드는 거예요. 내가 너무 힘들어서 우리 양반 보고 인제 올 추석 때나 형제들 모이거든요. [제사] 지내라고 며느리한테 물려주자고, 나 너무 힘들어 안 되겠다고. 보기에 내가 음식 잘 먹고 지내는데, 이 아픈 데가 많으니까 힘이 없는 거예요. 걸음도 걸으니까 이상하게 두둥두둥한 거 같고. 또 눈이 안 좋고 하니까 높은 데 낮은 데도 조심스럽고. 그래서 인제 올 추석 땔라[때는] 형제들 모여들[모이면] 우리 며느리한테 물려주자고 내가 그래 그 소리 했어요. [그랬더니] "그때 보자."고요. 우리 양반, "그때 보자." 이래 했다.

◇ ◇ ◇

처음으로 인터뷰 주인공이 된 소감

아버님은 인터뷰 많이 하셨잖아요?

많이 했어요.

어머님은 처음이시죠?

처음이에요. 인터뷰 [하러] 와도, 난 뭐 거기에 가담을 안 했기 때문에 이 사생활에서 묻는 게 없더라구요. 안 묻고, 우리 양반한테만 하고. 인제 홍춘봉 씨 있어요. 그분이 인제 내한테 좀 묻고. 그러고 인제 이미현인지? (면담자: 이미영 감독?) 예, 예. 그분이 와가지고 묻고 그뿐이랬어. 그냥, 이런 사사로운 얘기는 한 개도 안 하고 아이들하고 사는, 어려운 얘기.

그런 거 물어보셨어요?

고것만 얘기하고 딴 거는 아무것도 안 했어. 털어놓고 얘기는 처음이에요. 우리 친정에 가서도 우리 남편 얘기 안 하고. 그러고, 우리 동서네들한테도 절대로 안 해요.

오늘 이렇게 처음으로 털어놓고 얘기하셨던 거네요?

처음이에요. 이 진짜 털어놓고 얘기하고 이건 진짜 진심이에요. (일동 웃음)

이야기하고 나니까 기분이 어떠세요?

좋아요. (일동 웃음) 인제 저녁 시작해가서 먹자.

예. 감사합니다. 수고하셨어요.

고맙습니다.

이옥남

1953년 경북 상주 출생
1967~75년 국민학교, 대구 가내방직공장 근무, 야학 참여
1978년 최돈혁과 결혼
1980년 사북항쟁으로 남편 수감 후 '대책위원회' 활동
1987~89년 태백으로 이주 후 식당 운영
2000~10년대 어린이집 보육 보조, 마을 반장, 손녀 돌봄

1. 결혼 전의 다양한 경험들

◇ ◈ ◇
상주와 대구에서의 어린 시절

시작 전에 상주에서 태어나셨고, 대구에서 사시다가 결혼 후에 이쪽으로 오셨다는 얘기를 잠깐 나눴었는데요. 그러면 고향인 상주에서는 부모님께서 농사를 지으셨어요?

농사도 짓고, 안 그러면 포목 장사도 했어요. 옷 장사.

장사를 하셨어요?

예.

형제는 어떻게 되세요?

2남 3녀예요. 제가 둘째고 밑으로 여동생이 둘, 남동생이 하나, 오빠가 하나 있어요.

언제까지 상주에 사셨던 거예요?

초등학교 졸업하고 바로 대구로 왔지요.

대구로 옮겼던 이유가 있었어요? 아버지가 결정하셨어요?

제가 결정했지요. [국민학교 졸업하고] 돈 벌러 가겠다고.

그럼 어머님만 대구로 가셨어요?

저 혼자 갔어요. 대구에는 친척들이 많이 살아요. 친척집에 놀러왔다가 살게 됐죠.

국민학교 다닐 때부터 졸업하면 도시로 갈 생각이셨어요?

  그렇진 않고. 또 형편이 그렇다 보니까 돈을 벌어야 되기 때문에 왔지요.

왜 대구 친척집으로 가셨어요?

  그냥 놀러 왔다가, 친척집에 뭐 이래 공장을 했어요. 거서 일 도와주고 이러다가 기술을 배웠지요.

공장에서 어떤 기술을 배우셨어요?

  기술은 뭐 이래가 포목 짜는 거, 뭐 그런 거 배웠지요.

어려움 없이 바로 익히셨어요?

  네. 머리가 좋다 보면, 손재주가 있는지 빨리 익혔어요.

방직이나 방적, 면 짜는 거랑 실 짜는 게 있잖아요. 방직처럼 면 짜는 거와 실 짜는 것 중에 어느 쪽으로 주로 기술을 익히셨어요?

  저는 실 만드는 걸 다 하고 그랬죠.

친척분이 운영하셨던 공장에 사람이 몇 명 정도 있었어요?

  사람은 많이 있었지요. 한 50, 60명.

그래도 규모가 있는 공장이었네요?

  네.

거기서 이제 기술을 익히셔서 계속 근무를 하셨던 거예요?

  예. 거서 근무하고 다른 업체로 옮겼지요.

그 친척집에는 얼마 동안 있었어요?

  한 3년.

시간이 좀 지나면 1년차 때 할 수 있는 일이랑 차이가 생기나요?

다르죠. 기술을 완전히 익히는데.

어떻게 달라요?

　뭐 하는 게 기술이 다 다르지요. 많이 배우지요. 한 3년 되면 거진[거의] 다 배울 거는 배워요.

가르쳐 주는 선배 언니가 있었어요?

　예. 그렇지요.

원래 너무 어리면 공장에 들어갈 수 없을 텐데 친척집이어서 가능했던 거예요?

　그렇지요. 친척집이라서 바로 [들어갈 수] 있었지요.

그때 월급 받으시면 집에 다 부치셨어요?

　그때는 집에도 부쳤지요. 집에도 부치고 쓰기도 하고.

부모님이 고생하셔서 도우려고 집을 나오신 거예요?

　제가 나가고 싶어서 나갔지요. 집에는 뭐 먹고사는 거 걱정은 없었어요. [집에서] 포목 장사, 옷 장사 이런 걸 했으니까. 대구 와서도 제가 직장 생활을 하는 동안 또 부모들이 대구로 다 내려왔어요.

가족들이 언제 상주에서 대구로 왔어요?

　제가 거[대구에] 있어가 한 5년 돼가지고, 한 열아홉 살 돼가지고 [가족들 모두 대구로] 왔나 봐요. 대구로 가니 가족들은 인제 장사를 하기 시작했지요.

오빠는 계속 상주에 계셨어요?

　오빠는 세 살 많으니까요. 오빠는 고등학교까지 나와가지고 다른 일을 하다가 양말 공장을 시작했어요.

오빠는 계속 부모님이랑 같이 상주에 사셨던 거예요?

그럼요. 계속 같이 살았지요. 대구 있을 때도 돌아가시기 전까지 계속 부모님하고 같이 사셨어요.

상주에서 국민학교 다니셨을 때 촌에 있기 싫고 나가고 싶다고 생각하셨던 이유가 뭘까요?

그때는 내 자신을 발전시키기 위해서 나왔지요, 도회지로. 촌에 있는 것보다 그래도 큰물에 가서 놀아야 되겠다 싶어서 나왔지요.

막상 대구에 나와 보니까 어떠셨어요?

시골에 있는 것보다 낫지요. 근데 부모들을 한 5년 동안 못 만나니까 그게 너무너무 보고 싶더라구요. 그래 할 수 없이 부모님 대구로 불러들여가지고, 집 하나 얻어가지고 거서 살다가, 부모님은 밑천이 좀 있으니까 그거 가지고 장사 시작했지요.

그럼 정말 엄마 아빠를 설득해 가지고선 불러 오신 거예요?

예. 그래도 시골 있을 때는 그렇게 부자는 아니지만도 남한테 꾸러 안 가고 빚 안 지고 이렇게 그냥 잘살았어요. 살았는데 제가 대구로 왔으니까 오빠도 대구로 왔어요. 장남하고 딸하고 다 왔으니까 그 밑의 동생들도 와가[와서], 이 동생들은 국민학교 때부터 와서 다 대구서 학교 다니고 이랬지요.

동생들은 국민학교부터 시작해서 학창 시절을 대구에서 다 보낸 거군요.

예.

그래서 대구에 가족들이 다 온 다음에는, 한 열여덟 살 이때쯤부터는 같이 사셨던 거지요?

예. 같이 살았지요.

처음에 3년간 근무하셨던 친척이 운영하는 공장에서 일을 많이 배우셨는데, 그래도 이때 나이가 열네 살 정도잖아요. 힘들지 않았어요?

힘은 좀 들지만 어떻게 그래도 (웃음) 배워야 되겠다는 일념 하나로 열심히 했지요.

기술을 배우면 하고 싶은 것이 있으셨어요?

하고 싶죠. 학교가 가고 싶어 미치겠던데요.

근데 집에서 어머니 아버지가 형편상 안 된다고 하셨어요?

동생도 있고 또 오빠도 계셨는데, 오빠를 가르쳐야 되니까.

"너가 이제 그만 다녀라." 이랬어요?

그렇죠. 그래도 오빠들하고 동생들은 다 중학교, 고등학교 나오고 막내는 대학까지 나왔지만도. 그래도 오빠한테 치이고 밑에 동생들[한테] 치이나노니까는 [치였으니까] 딸로서 뭐 할 수 있나요? 그러니까 억울하게 됐다.

그래서 대구로 나오셨던 거예요?

예.

◇ ◈ ◇
공장 다닐 때의 일화와 신앙

혹시 공장 다니시면서 국민학교나 중학교 야학에 다니려는 시도도 하신 적 있으세요?

그렇죠. 중학교, 저 뭐꼬 그 야간중학교 댕기면서 많이 다녔어요. 다녀가지고 한문 같은 거 배우고 이랬어요.

야간학교는 재미있으셨어요?

그럼요. 재밌지요. 학교 가는 게 엄청 재밌지요. 그래 내 결혼해가지고 몇 년 살면서도, 요즘도 계속 꿈꿔요. 아이고, 대학교를 가긴 갔는데 이 공부를 한 개도 모르는 거여. 그런 꿈 자꾸 꾸게 돼요. 아직도 꾸기도 해요. 이제 좀 잊혀질 때가 됐는데요.

그게 오랫동안 마음속에 남아 있었던 거죠?

그렇지요.

야간학교 다니셨을 때 소풍 같은 것도 가셨어요?

소풍 같은 거 가지요, 뭐.

그 야간학교에 얼마나 다니셨어요?

오래 못 다녔어요.

아무래도 직장 생활이랑 같이 하기에 좀 힘들어서 그러셨어요?

그렇죠.

그러면 주간 근무 일찍 끝내 주면 가셨어요?

가죠.

거기서는 주로 어떤 거 배우셨어요?

주로 수학 배우고 한문도 배우고 그렇게 배웠지요.

한문 공부하시는 것을 좋아하셨어요?

예. 좋아해요.

기억에 남는 선생님이나 친구들은 있으세요?

한상률 선생님도 있었고, 그 선생님이 지금 살아 계시는지 모르겠네요.

그 선생님은 무엇을 가르치셨어요?

한자, 수학, 많이 가르쳐 줬죠.

그분들은 대학생이었어요? 아니면 성당 같은 데에 다녔던 사람들이었어요?

　대학생이었죠.

친절하셨어요?

　친절하지요.

3년 동안 근무하셨던, 처음에 기술을 가르쳐 줬었던 그 공장보다 월급이 더 나은 데로 옮기셨던 거예요?

　그렇죠. 기술이 있으니까 아무래도 낫죠.

기술을 익힌 다음에는 다른 공장을 어떻게 알아보셨어요?

　그때는 아는 사람도 있고, 지인들이, 많은 친구들 있으니까. "니 어느 회사에 가서 해라." 이러고. 거기 가서 반장도 하고 이랬지요.

반장 같은 거 하셨을 때는 그 밑에 있는 분들이 잘 따르셨어요?

　예. [기술을] 잘 가르쳐 주니까 잘 따랐지요.

되게 어린 친구들부터 들어오죠?

　그럼요. 옛날에 우리 나이 때는 국민학교 졸업하고 공장 같은 이런 데 다니는 사람이 많았어요. 우리가 결혼해서 애기 낳는 [시절에] 우리 밑에 동생들, 우리보다 한 열 살 적은 동생들은 다 대학 나왔어요. 우리 친척들 밑에 여동생도 그랬어요. 사실은 그때는 우리 53년생, [5]2년생 이런 때 는 굉장히 힘들었어요. 대구 같은 데는 공장 다녔는데 중학교, 고등학교 나온 거 보면 이래가 교복이나 교련[교련복] 입고 체육 할 때 입는 거 있 잖아요. 그런 거 입으면 엄청 부러워했다니까요.

그렇지요. 공장 다니는 분들 10대부터 들어와서 기술을 익혀서 집에도 돈 보내고 동생들 공부도 시키고 하시는 분이 많았죠?

　예. 그렇죠.

제사 공장이나 다른 방직 공장 다니실 때 혹시 월급 떼먹거나 나빴던 공장은 없어요?

저는 잘 모르지만, 성실하다 [보니] 그런지 그거는 없었어요. 다른 데 옮겨 가며 10년 동안 했는데 한 번도 돈 떼여 보고 제 날짜에 안 나와 본 적이 없어요. 결혼할 때 그 사장님이 큰 선물까지 해 주고 이랬는데요. 성실하게 했나 봐요. 제가 한 번도 결근한 적이 없으니까.

야근 같은 거는 얼마나 하셨어요?

그거는 주간, 야간 이러거든. 3교대도 있지만 그 시절에 2교대로 많이 있었거든요. 한 5년 동안 했지요.

그러면 주간 한 다음에 야간 하고, 철야 네 시간 하고 이렇게 되는 건가요?

이제 아침저녁에 하는데. 아침에 일곱, 여덟 시부터 일하면 저녁에 일곱 시까지 일하고, 저녁 일곱 시부터 아침 여덟 시까지 하고. 그래 열두 시간 일한다 아인교. 원래 공장 같은 2교대 열두 시간 하고 3교대 하는 데는 여덟 시간 하고 이런다니까네.

야간 근무는 좀 힘들지 않아요?

예, 힘들지요.

야간으로 하면 월급 더 주나요?

네.

공장에서 일하셨던 시기에 노동조합은 없었어요?

그때는 노동조합 이런 게 없었나 봐요. 사장님 이하 공장장, 기사, 그런 사람 휘하에서 막 우리가 다 일을 했으니까. 그때는 데모하고 그런 게 없었어요. 그러니까 말을 잘 들었지. 텔레비 연속극 보면은 아주 큰 공장 같은 데는 막 그지요[그러지요]. 데모하고 이러잖아. 그지[그치]요? 저희들 근무할 때는 [공장이] 그렇게 많이 안 커서 그런지 그게 없었는데. 대구에 있는 큰 공장에는 몇 백 명, 몇 천 명이 이래 [일]하는 데가 있었거든요. 그런 데는 그런 게[노조] 있겠지요. 한 100명 안쪽으로는 그런 게 없었나 봐요.

그래서 처음에 그 친척이 운영하는 데 있다가, 그 다음에 또 한 번 옮겼다가?

끝났지요.

그러면은 근무하셨던 데는 두 군데만 근무하셨던 거네요?

예.

한곳에 오래 계셨네요?

예. 한 번 들어가선 나오질 안 했지요.

그쪽에서 잡았어요?

그럼요. 못 가게 잡으니깐 고마 거서 끝나고, 또 엄마가 아프니깐 조금 간병하다가 그만두었어요. 엄마가 아프니깐, 쓰러져가 꼼짝을 못 하니까. 이 병원 저 병원 가니까 간병인 있어야 되거든요, 보호자가. 아버지는 그때는 먹고살아야 하니까 돈을 벌어야 되니까.

아버지는 계속 장사하셨어요?

예. 계속 장사했어요.

오빠는 결혼한 상태였어요?

결혼 안 했지요. 오빠도 직장 생활했지요.

그럼 오빠랑 아버지가 집에 돈을 벌고 어머니 병원비도 벌었어요?

예. 그렇죠.

어머니를 간병하기 위해서 이제 직장을 다니다 그만두셨군요.

예. 그렇죠.

한 스물세 살쯤에 그만 두신 거죠?

　그렇죠. 스물세 살쯤 돼서 그만뒀지요.

공부는 언제 정도까지 하셨어요? 그 공장 다니시면서?

　공부는 한 열여덟, 열아홉, 한 스무 살까지는 [했어요].

뭔가 하시려고요?

　예. 그때 제가 또 천주교인이라니까요. 그런데 결혼하고는 저 양반[남편]하고 약속을 했다니까요. "전국 원하는 성당에 다니는 걸 허락하면 당신하고 결혼하겠다." 이랬는데. [남편은] 허락한다 해 놓고, 사북 있을 때는 허락을 해 같이 혼배성사도 하고 이랬는데, 여 와서 고마 대중식당 장사를 우리가 한 3년 했어요. 여기서 이 방이 없고, 욜로는 방을 세 개 쫙 놓고, 절로는 방이 [하나], 홀이 없고 [방이] 네 개요. 88년도 오면서 이걸 집을 지어가 왔거든요. 퇴직하고 바로 일로[이리로] 와가 했는데, 여 와서는 대중식당을 한 3년 동안 했는데, 고마 성당 갈 시간도 없고 안 갔더니만 인제는 못 가게 해 가지고 안 갔는데요.

못 가게 하세요?

　그래요. 내가 막 울면서 보내 달라고 해도 안 된대요. 성당 가지 마래.

그러면 대구에 계셨을 때는 성당에 다니셨어요?

　그럼요. 우리 엄마까지 다 다녔지요. 엄마까지 집안이 천주교인이야.

어느 성당에 다니셨어요?

　내당천주교회. 계산성당도 자주 갔고요. 거서 영세, 견진 다 받았거든요. 나중에는 커서는 수녀 되는 게 꿈이었거든요. 수녀 되고 싶어서 결혼도 안 할라고 하고 미루다 미루다 이래가지고 결혼 늦게 했지요. 지금도 그 꿈은 버릴 수 없어요.

성당에서 운영하는 야간학교에 다니셨던 거예요?

그렇지요. 그렇지요.

천주교 믿음은 어린 시절부터 계속 있으셨던 거죠?

국민학교 들어가기 전부터 우리 외갓집이 함창 있었거든요. 함창, 상주군 함창면에 있었어요. 우리 외할아버지 댁이, 외갓집이 독실한 천주교인이에요. 그래 엄마가 애기 때부터 다녔기 때문에 우리가 다 [그랬지요].

유아 세례 같은 거 같이 하셨어요?

그럼요. 다 했지요. 다 했는데 우리가 결혼하고 나서 한 10년 동안 사북에 살았거든요. 10년 광산 생활하다가 여기 와서도 또 한보[탄광도] 몇 년 다니다가, 이제 뭐 사고가 나니까 그만두고 이랬거든요. 그래서 저는 아직까지 천주교 다니고 싶은 마음을 못 꺼내. 죽을 때까지 하기는 그렇지만 언젠가는 [남편이] 허락하면 다니지요. 허락을 안 해서 못 다니지.

천주교의 어떤 면이 마음에 위안을 주세요?

천주교는 우리나라의 믿음은 하나니까, 천주교는 어디 가도 가톨릭이란 하나라는 뜻이에요.

그게 좋으세요?

그럼요. 그럼요. 변치 않는 하나거든요.

힘들고 이러셨을 때도 힘을 많이 얻으세요?

그럼요. 그럼요. 혼자 기도하고. 시어머님 살아 계실 때 시어머니가 막 굿도 하고 전부 다 이러거든요. 그래가지고 제가 천주교인 줄 알고, 내가 싫어하니까 우리 시어머니도 성당에 나가지 마라 이러거든요. 그래 안 나가지. 그래도 가정의 평화를 위해서는 내가 조금 속을 끓고. 아무래도 시어머니보다 저희들이 오래 살 거 아니겠어요? 그러니까 고마 참고 있었지요. 참고 인제 돌아가신 지가 한 18년 정도 됐을 걸요. 이제 다녀도 괜찮다 싶어가지고 다닌다니께 또 저 양반이 태클을 거는 기라.

그냥 나가시면 안 돼요?

안 그래도 우리 아들도 그래요. "아빠, 그거는 우리 가정을 위해서 그렇게 하고, 자식을 위해서 기도하고, 우리 가정의 평화를 위해서 기도하는데 왜 못 나가게 해요?" 그러니까 [남편이] "나는 너 엄마 그래 나가는 게 참 싫다." 이러거든. 싫을 까닭이 없는데, 그죠? 더 가정에 충실하고 가정을 위해서 모든 기도를 다 하고 참 세상을 위해서, 행복하기 위해서 가는 건데 못 가게 하니까.

공장에 다니셨을 때도 그 공장 직원 분들 중에도 성당 다니시는 분 있으셨어요?

다니시는 분 많죠.

같이 다니셨어요?

예, 그럼요. 반은 다니고 반은 안 다니는데, 저는 그래도 그 회사 다니면서도 무슨 일이 있어도.

꼭 미사는?

그럼요. 갔죠. 성당 갈 때가 제일 즐거우니까.

성당 다니는 거에 대해서 그 공장 쪽에서 뭔가 이야기를 안 했어요? 일요일도 근무하거나 이런 일은 없었어요?

안 했죠. 일요일은 근무 안 했어요. 일요일은 일한 날이 없어요, 아무리 바빠도 일요일은 놀았어요. 그라고 전에는 6일제지만, 요새는 5일제지만, 옛날에는 일요일 하루는 놀거든요.

사장님이 일요일을 꼭 쉬게 하셨군요.

예, 모든 직원은 다 쉬었어요.

그럼 보통 주일에는 미사 다녀오시고 집에서 쉬셨어요?

그럼요. 쉬었죠. 쉬는 것보다도 저는 또, 저 양반은 모르지만 영화 같은 거 엄청 좋아했어요.

대구 시내 영화관이 있었던 거예요?

예. 대구 한일극장, 시민극장, 대구극장, 명동극장.

어떤 영화를 좋아하셨어요?

슬픈 영화 뭐 이런 것도 좋아하고. 안 그러면 희극영화 웃는 것도. 슬플 때는 막 웃으면 좋잖아, 그지요?

코메디 영화 같은 거?

코메디 영화 그런 것도 좋아해요.

주로 누구랑 같이 보러 다니셨어요?

친구하고 많이 다녔지. 그리고 우리 오빠하고도 많이 다녔어요. 우리 오빠는 서점 가는 게 취미였거든요. 책 읽고, 독서고 우표 수집 이런 거 좋아했기 때문에 오빠하고 성격이 비슷해요. 비슷해나노이[비슷하다 보니] 그런 거 좋아하니께 우표 수집도 많이 하고, 두 남매가 극장도 많이 다녔다니까요. 지금도 우리 형제들은 엄청 사이가 좋아요.

5남매이신가요?

예. 서로 못 줘서 탈이니까 엄청 좋아요. 그래가 1년에 한 번씩 꼭 놀러 가서 2박 3일로 5남매가 놀러 갔다 온다니까요.

부부끼리 같이 만나요?

　예. 다 부부끼리 같이 만나요.

남편도 그때는 같이 가세요?

　예. 형제들 그리 가면 좋으니까 우리 애들도 3남매 그리 [와요].

자녀들 사이가 좋아요?

　예. 큰아들하고 딸내미하고는 서울 살고, 막내가 여기 태백에 코레일
에 다니고.

2. 결혼과 사북항쟁으로 인한 변화

◇ ◇ ◇
어머니 간병과 결혼 생활

어머니 간병을 하셨을 때, 그 간병을 맡는 게 당연하다고 생각하셨어요? 밑에 동생들이 맡을 수도 있잖아요?

당연하다고 생각했지요. 맏이가 맡아야지요. 동생들 맡아라 하면 되나요. 그래도 언니가 맡아야지요.

동생들은 그때 학교 다니고 있었어요?

학교 다녔지요.

바로 밑에 여동생도 고등학교 나오신 다음에 직장 다니셨어요?

예. [고등학교] 다니고, 그 바로 밑에 여동생은 결혼을 일찍 했어요. 한 열아홉 살에 결혼했나?

그래서 또 가정이 있으니까 엄마 간병할 수는 없었던 거예요?

예.

3년간 간병하시면서 힘들다거나 그런 생각은 안 하셨어요?

힘들지요. 꼼짝도 못 하고 이러니까. 밥도 다 멕여야 되고, 소·대변 다 갈아야 되고. 엄청 힘들었지요.

돌아가셨을 때는 어떠셨어요?

돌아가실 때는 엄청 울었지요. 돌아가실 때는 돌아가신 거 인정을 못했지. 제가 결혼하고 8개월 돼가 엄마가 돌아가셨거든요. 새벽에 전화가 왔으니까, 엄마가 돌아가셨다고, "내려와라." 이래 아버지가 걸었으니까. [마지막 인사를] 못 하고 돌아가셨지요. 제가 20대 때 엄마가 돌아가신 [거죠]. 사십 일곱에 뇌출혈로 돌아가셨어요. 3년 동안 앓았지요. 병원이란 병원 안 가 본 데 없고, 요 병원에 가서 3개월, 저 병원 3개월, 한 3년 동안 계속 병원에 가서 입원하고 계시다가 나중엔 돌아가셨어요.

나이는 찼지, 중매는 들어오지 그래가지고 할 수 없이. 또 결혼도 하고 싶어서 했겠지, 그죠? 그래가 결혼하고 한 8개월 만에 임신했고, 아기가 8개월 돼가지고 막 그래가 엄마가 돌아가셨다는 소리 듣고 대구 내려가니 함[이미] 돌아가시고 없데요.

간병할 때는 같이 있으셨던 거예요?

그럼요. 친정엄마 돌봐야 되니까.

아무래도 결혼이나 연애에 신경을 못 쓰셨겠네요?

연애는 안 해 봤어요. 저 양반도 만났을 때 나이가 많았지요. 그때 저 사람이 서른네 살 때 결혼했거든. 친척 소개로 했는데, 친척이 "좋은 총각이 있다." 이래가지고. 저 양반 친척의 친척이 바로 옆집에 살았거든요.

그래서 알음알음으로 알게 되신 거네요?

예. 그래 "대구 놀러 가니 시집을 안 갔다더라." 이러매 "강원도 좋은 총각 있는데 소개해 줘야지." 이카매[이러면서]. 그래가지고 우찌[어찌] 처음 보고 고마[그만 결혼하게 됐어요]. 결혼하자마자 임신돼가 애기를 낳았죠.

혹시 어머니가 돌아가시기 전에 결혼을 하라고 하셨어요? 나 죽기 전에 결혼하면 좋겠다고?

예. "결혼 빨리 해라.", "해라." 이랬지요. 그래 결혼해가 일로 이사 가니까, 또 저 양반이 집안이 부유하지를 못하니까. 결혼하고 하여튼 2년 만에 또 이런 사북사태가 터졌지요. 그리 우리 첫애가[첫애를] 놓고[낳고], 이제 돌 지나고. 또 돌 지나기 전에 제가 임신이 됐거든요.

그럼 제일 큰아드님이 몇 년생이세요?

78년생이지. 78년 1월 달에 결혼해가 12월 달에 애기를 낳았거든요. 둘째 딸이 80년생이에요. 그러면 내가 배가 불러, 한 8개월 돼가 저 양반이 교도소 가 있었고, 그러고 100일 만에 나왔거든요. 애기 낳는 거 그런, 먹고사는 게 빠듯해 나노니께네[놓으니까는] 집도 우째가[어쩌다] 쫓겨 나가지고. 저 양반이 [영창] 사는데 집 나가라 해가 짐을 딴 집, 그 셋방 사는 집 거따[거기에다가] 처박아 놓걸랑. 나는 시댁에 여 있었거든요, 철암에요. 그래가 그 작은아[작은애]를, 돌 지난 아[애]를 또 시어머니[에게] 맡겨 놓고. 나는 배가 남산만 하니깐 대구 친정 가서 한 2개월 있다가 애기 낳고, 한 달 좀 넘어가지고 저 양반이 또 연락이 왔데[더라구]요. 시매부가 면회 가자고 해서 면회했는데, 그때 공판 그거 받는 날이라고 이러데. 그래, 그때 같이 나왔지요.

공판 재판을 직접 들어가셨어요?

들어갔지요.

집행유예 받으시고 바로 나오셨죠?

예. 집행유예 맞아요.

여기 철암에 시댁은 선 보신 다음에 와 보셨어요? 아니면 그냥 결혼하고 오셨어요?

결혼하고 왔었지. 연애도 한 번 안 하고 이랬으니. 우리 친척집에서 대구 있는데 함창으로 오래요. 그래 가가지고 저 양반도 고마 우리 집에 놀러 와가지고 막 몇 시간을 졸라 제끼고 또 훌쩍 넘어가 와가지고 결혼했지요.

만난 지 얼마 만에 결혼하셨어요?

　만난지 한 3개월 만에 [결혼]했나?

함창에서 먼저 보고 난 다음에 아버님이 집에 오셔서 결혼하신 거지요?

　예. 나이 많다고 친정엄마는 아프면서도 "하지 마라. 하지 마라." 이러고.

친정어머니가 하지 말라고 하셨어요? 인상이 안 좋으셨나요?

　인상보다도 뭐, 나이 많다고 못 하게 하데.

남자가 나이가 많다고? 그럼 남편은 왜 이렇게 결혼이 늦어지셨어요? 아버지 일찍 돌아가셔서요?

　아버지 일찍 돌아가시고 뭐 동생들도 많고 이래 노니께, 동생들이 그러니까는 너이[넷] 되지. 그지요? 다섯 남매니까 동생들 책임도 져야 되고 이러니까는.

남편은 그럼 결혼하기 전에도 계속 탄광에서만 근무하셨어요?

　딴 일 좀 하다 [탄광 일을] 했나 봐요.

동원탄좌 오기 전에도 다른 탄광에서 계시다가 동원탄좌로 옮기셨어요?

　동원탄좌 오기 전에도 조금 하긴 했대요. 그 얘기는 잘 안 하니까요.

그러면 결혼하실 때는 동원탄좌에 근무 중이셨어요?

　예. 그렇죠. 그 지장산이라고 있거든요. 결혼하기 전에 거서[거기] 한 번 올라가 본 적 있어요.

일하는 곳도 가 보셨어요?

　일하는 곳에는 안 가 봤지요. 사택만 가 봤지요.

그 사택에 시어머니랑 동생들 다 같이 살고 있지 않았어요?

아니에요. 혼자였어요. 시어머니는 동생들하고 요기에 철암에 [있었어요]. 늪바다라고 지금 쇠바우가든 있지요. 고 밑에 너른 농공 단지. 그게 전에는 집이었거든요. 다 뜯어가지고 농공 단지 차렸지만도. 거기 사셨어요.

사북에 오셔서 지장산사택에 들어오신 거지요?

예. 사택에.

"우리가 결혼하면 여기서 살 거다."라고서 보여 주셨던 거예요?

예. 거기서 아예 하룻밤도 안 자고, 딴 데. 결혼하자마자 그땐 짐은 아직도 여 시댁에 놔두고, 이제 결혼하고 나서 방을 얻어 가지고 글로[거기로] 갔지요. 옛날에는 [방세가] 한 달에 5,000원짜리 사글세방이 있었는데 처음에 거서 살았어요.

바로 사택으로 안 들어가셨던 게 공사가 다 안 끝나서 그랬어요?

아니에요. 공사는 다 됐어요. [사람들이] 살고 있었어요.

근데 왜 바로 안 들어가시고 5,000원짜리 방에 계시다가 들어가셨어요?

이미 글로[그리로] 가야 되니, 그리 결혼하고 방을 얻어가지고 바로 이사를 글로 갔죠.

지장산사택으로요?

사택보다 밑으로요. 안경다리 옆에 살았거든요. 안경처럼 생겼다는 그 다리 옆에 철둑 가새[옆에], 거 살았거든요. 철길 가새[가에].

혹시 아버님이 독신자 숙소 같은 데에 있으셨나요?

아이요. 그냥 가정집인데 사택처럼 돼 있대요. 지장산사택[처럼].

왜 어머님은 사택으로 안 들어가시고 그 방을 따로 얻으셨어요?

아이, 결혼하면 이사를 갈라고 함[이미] 방을 얻어 났나 봐요. 그래 막 바로[곧바로] 갔지요.

그렇구나. 나중에도 사택으론 안 들어가셨나요?

　사택은 안 들어갔어요.

아, 계속 밖에서만 사셨어요?

　예. 그 사택이 주문[신청]하는 사람이 많아가 그게 안 얻어걸렸나 봐요. [사택] 집은 부족하고. 안 그랬으면 그런데 얻지요. 얻지를 못 해가지고.

그 다음에 또 어디로 이사하셨어요?

　그 다음에 새마을사택이라고 있었어요. 그 옆에 개인 주택에 살았지요. 개인 주택을 얻어가지고 사글세로 [살았어요].

시댁에 처음에 와 보셨을 때 생각했던 것과 다르다고 생각하셨죠?

　많이 달랐지요. 완전 속았다 생각했지요.

아, 네. 괜찮아요. 다른 어머니들도 친정에서 고생 안 하고 살았는데 깜짝 놀랐다는 얘기 많이 하셨어요.

　진짜 깜짝 놀랐어요. 그래도 아후, 결혼하고 나서 진짜 고생 많이 했지요. 마음고생 많이 했지요. 왜 그러냐면 저 양반이 막 그래가지고 저 사북사태 일나고[일어나고] 주동자로, 주동자 이름 제일 처음에, 첫 빠따로 최돈혁이라 써 있거든요. 결혼하고 애들도 낳아가지고 애들도 엄청 고생 많았죠.

2년 동안엔 신혼이시면서 애기 키우고 사셔야 되는데, 보통 사택에 계시는 어머니들은 서로서로 연락하면서 친하게 지내시잖아요. 근처에 그런 친한 분들이 계셨어요?

　있었지요.

그분들도 다 동원탄좌 다니는 집이셨어요?

예. 그렇지요. 다 동원탄좌 댕겼지요. 장사하는 분들도 있었지만도 동원탄좌 많이 다녔지요.

애들 데리고 사실 때 월급은 어떠셨어요?

월급이 맨날 빠듯했죠. 월급 받아가지고 그날 하믄[쓰면] 그날 다 없어졌어요. 왜 그라믄 한 달 먹은 거 외상값 갚아야지. 외상값 갚고 또 계같은 거 한 달에 만 원짜리를 넣으면 그거 줘야지요. 또 저 양반 또 술을 좋아하니깐 술값 줘야지. 이러다 보면 뭐 돈 남는 게 한 개도 없었어요. 맨날 한 달 벌어 오면 그거 다 빚 갚고 방세 주고 하다 보면, 아[애]들 키우고 맨날 없지요.

예전에 어머님도 월급 받았잖아요. 그것에 비해 봤을 때 임금이 적다고 생각하셨어요?

적지요.

그러면 내가 나가서 벌어야 되겠다고 생각 안 하셨어요?

그때는 애기들이 있으니깐, 다 두 살 차이니까 갈 수가 없었어요. 애기를 놔두고 갈 수가 없다니까요. [돈] 벌러 나갈 수가 없었어요.

자녀들은 1978, 80, 82년생, 이렇게 되는 거예요?

예. 78, 80, 82 맞아요. 다 두 살 차이거든요. 어리니깐 놔두고 가지를 못 해요.

친정 오빠가 오셔서 사는 것보고 속상해하지 않으셨어요?

그때 친정오빠도 공장하고 이래니깐 바빠서 [사북으로] 한 번도 안 왔지 싶어요.

시어머니는 어떤 분이셨어요?

시어머니는 더없이 좋은 분이었어요. 우리 시댁 식구들이 다 좋아요.

시동생부터 8남매가 다 좋다니까요. 인상도 좋지만 마음도 그렇게 좋을 수가 없어요.

경제적으로는 생각했던 거랑 달랐지만 사람은 좋았던 거네요.

예. 사람은 좋았어요. 경제적으로는 힘들었지.

남편은 첫 인상이랑 얼마나 다르셨어요?

180도 달랐지요.

처음에 결혼시켜 달라고 할 때는 자상했어요?

자상했지요.

결혼할 때까지 3개월 동안은 그랬어요?

예. 그래도 결혼하고 1년 동안은 말을 안 놓데요. 존댓말 [쓰고] 1년 지나니깐 "야, 자." 이러데요.

사북에서 남자 중심주의 같은, 아버지들을 중시하는 게 있잖아요?

우리는 지금도 그래요. [남편이] 지금도 이조시대 때하고 똑같은 성격이라니까는. 지금도 난 신랑한테 꼼짝 못 해요.

근데 요즘 딸들은 안 그렇잖아요.

딸들은 안 그렇지요.

딸한테도 그런 거 요구하지 않았어요?

우리 3남매 아들, 딸이고 애들이고. 지 아빠 말이라면 참말로 하느님 말씀처럼 잘 들었다니까요. 대꾸 한 번 못 했어요.

되게 보수적이시네요?

무서웠다니까요. (면담자: 호랑이 아버지셨구나.) 진짜 호랑이죠. 조금 뭐 [마음에 안 들면] 주어[쥐어] 패고, 뭐 그래. 지금은 손자 손녀들 오니깐 그렇게 귀여워하는데. 인제 바뀌었어요.

계는 몇 개 정도 하셨어요?
　　많이 안 했어요. 한두 개 정도 해 가지고.

다 모이면 보통 어떻게 쓰셨어요?
　　모이면 보지도 못 했어요. 계는 몇 번이나 한 삼사 년, 한 오륙 년 넣었는데 한 번도 만져 본 적이 없으니까요. 저 양반이 다 써 치았버렸어요 [버렸어요].

근데 그건 어머님이 드셨던 건데 내놓으라고 하셨어요?
　　신랑이 [일을] 하니깐. 난 벌지도 안 하고 애기만 키웠으니깐, 뭐.

목돈을.
　　예, [남편이] 혼자 미리 다 땡겨 썼으니깐.

술을 누구랑 그렇게 드셨어요?
　　회사 동료들하고. 그래 좋아하데요, 지금도 술을 좋아해요.

아버님은 조합원이거나 대의원으로 노조 활동도 하셨어요?
　　그런 건 안 했어요.

그냥 일 다니시면서 동료들이랑 같이 술 드시면서 생활하셨어요?
　　예.

만근 거의 하셨어요?
　　만근은 거의 다 했어요. 일은 안 빠졌어요.

항쟁 당시의 상황

1980년에 사북사건 났을 때 그 소식을 어떻게 들으셨어요?

소식을 어떻게 들었냐 하면, 일하러 간 사람이 오질 않아요. 오지 안 해[않아]가지고. 이제 사북사태 나고는 집에 며칠 들어왔지요. 며칠 들어 와가지고 도시락 싸 주고 일하러 가고 이랬는데. 한 며칠 들어오다 보니 까, 아니 퇴근할 때가 됐는데 퇴근을 안 해요. [집에] 안 들어왔어요. 그래 나중에 알고 보니까 일하다 붙들려 갔대요.

사건 딱 발생했을 때 있잖아요. 사람들 광장에 다 모일 때 안경다리 옆에 살고 계 셨어요?

예. 그때는, 사북사태 있었을 때는 시어머니 생일인가, 하여튼 친척에 뭔 일이 있어가지고 [사북에서] 나오니깐 사북사태가 일났대요.

그럼 철암에 머무르셨다가 와 보니까 사건이 발생한 뒤였어요?

예. 몰랐지요.

4월 24일 이후에 다 끝나고 오셨어요?

끝나고 그 이튿날 왔는가? 고 이튿날 오니까 저 양반 들어오지도 안 하고 뭐. [시어머니한테] 갔다 오고 나서 많이 들었지요.

주변 사람들이 뭐라고 했어요?

사람들이 누구 사람 하나, 순경이 죽었다 이러고 난리가 났대요. 다 뿌수고, 사택 가가지고 뭘 다 뿌사가지고 별걸 다 훔쳐 먹는 사람도 있고, 폭동을 많이 저질렀나 봐요.

음, 그런 얘기를 주변에서 들으셨어요?

예, 들었어요.

다른 아주머니들한테?
예, 예.

혹시 그 김○이 씨 얘기도 들으셨어요?
예.

이재기 씨 부인인데, 어떤 내용으로 들으셨어요?
잡혀가서 곤욕을 치렀다 이러지요.

그때 사람들이 김○이 씨한테 많이 갔다고 들으셨어요?
예. 많이 갔다 이러대요. 이재기 그 사람 저 뭐고, 나쁘다 이랬지, 그지요?

원래 그분을 알고 계셨어요?
몰라요. 다 얘기로 들었어요.

주변에서 얘기해 주신 분 중에 직접 가서 보신 분들도 있었어요?
저는 사람하고 왕래를 많이 안 하니깐, 집에 애기만 키우고 살림만 사니까 별로 들은 적이 없는 것 같아요.

사북사건이 끝나고 나서 들어와 보니깐 상황이 어땠어요?
예, 예. 완전 사북이 [아]수라장이 돼 있더라고요. [안경다리 안쪽도 광업소 쪽도] 다 뿌수고 파편은 날라[날아가] 있고. 그때까지 청소가 안 됐는지, 엉망으로 돼 있던데요.

그래서 놀라셨어요?
놀랬죠. 그래 며칠 동안 [남편은] 회사 다녔어요. 다니다가 붙들리 갔거든요.

그럼 아버님께서는 집에 들어와서도 아무 얘기도 안 하셨어요? 물어보셨을 거 아니에요.

자세한 얘기를 잘 안 하니깐. 집에 와서는 걱정하니깐. 나중에 교도소하고, 이래 나중에 정선경찰서에서 영월로 넘어가고 이러니께네 옆에서 [주변 통해서] 들었지요. 딴사람이 뭐 이집 아저씨도 갔더라, 또 어떻고 저떻고 이카니[이러니] 그때 알았지. 직접 듣지 안했으니깐[않았으니까]. 그래 갔다 와서 우예[어떻게] 됐다 이야기하데요.

아버님이 퇴근을 안 해서, 어머님은 집에 계시다가 어디로 찾으러 가셨어요?

예. 광업소 찾아갔죠. 찾아가니께 그런 사람 붙들리[붙들려] 갔더라 이카고 자기들끼리 수군수군하고.

아버님하고 같이 근무했던 분들한테 물어봤어요?

그때는 물어봐도 뭐 얘기 잘 안 해 주데요. "몰라요. 형님 일하다 갔다. 이렇게 경찰들이 와가지고 말도 없이 고마 붙들리 가가지고, 그 사람이 왜 갔는지 모른다." 하면서. 다 [정확한 이야기를] 안 해 줬어요. 쉬쉬하고 이랬다니까요.

그래가지고 이제 직접 사업소 가 보니까 거기에서 경찰에 잡혀갔다고 얘기를 해 줬어요?

예.

뭐 때문에 잡혀갔다는 얘기도 해 줬어요?

예. 폭동 주모자라고. 며칠 있다 보니 신문에 났데요. 그러니 알았지요. [원래 나서서 하는] 그런 스타일이 아닌데 저 그 돼가지고.

사건 후에 아버님은 언제 잡혀가셨어요?

며칠 날 잡혀갔는지 그건 확실히 기억을 안 해 놨기 때문에 잘 모르겠는데.

아버님이 경찰서에 잡혀갔다는 소식을 어떻게 아셨어요?

정선으로 바로 갔다 이러대, 정선으로. 그래가 좀 있다 보니께네 아는 분이, 같이 잡혀 갔는 분이 정선경찰서 갔대. 가가지고 또 자기 신랑 보니께네 그렇게 뚜드려 맞더래요. [저는] 한 번도 못 가 봤어요, 그것도. 겁이 나가지고. 애기가 있으니 [안 갔어요]. 아[애] 놓고, 아[애] 하나는 저 어리니까요. 그때는 막내는 안 낳았지만요. 하나는 금방 낳았으니깐 업고, 한 달 됐잖아요. 한 달 된 아[애] 놓고, 돌 지난 거 글카고 이원갑 씨 아줌마한테도 찾아가고, 신경 씨 아줌마한테도 찾아갔어요. 다 찾아서 댕기면서 서로 막 그거 말을 들었죠, 어떻다 저떻다. 면회 가 보니깐 우리 아저씨도 많이 뚜드려 맞고 뭐 어떻고 저떻고. 뭐 이러면서 그런 소리를 계속 듣고 이러니까 그때부터 머리가 아프기 시작하는데, 계속 약 먹고 이랬다니깐.

도와주시는 분들은 누가 계셨어요? 혹시 성당에서 도와주시는 분들이 안 계셨어요?

없었어요. "어떻게 되고 있나?", "빨리 나올 수 있나?" 맨날 그랬지요.

아버님이 구치소에 계시고 시매부가 면회 가자고 이야기하셨을 때 시댁에서도 도움을 주시거나 알아봐 주셨어요?

시매부님이 가자고 연락이 왔데요. 교도소에서, 구치소에서 그래가 대구 있다니께 전화가 왔데요. 그때도 있을 데가 없고 이래가 대구에 있었거든요.

아버님이 매부한테 와 달라고 전화를 했던 거예요?

몰라요. 그렇겠지요.

아버님은 거기에 들어가 있을 때 누구한테서 도움을 받았어요?

그건 이야기기를 안 들어봤으니깐 모르겠어요.

친정오빠한테 도움을 청하셨어요?

　친정오빠 걱정할까 봐 친정에 알리지도 안 했어요. 못 알렸다니까요. 괜히 또 주동자로 나와서 뭐 어떻고 저떻고 그칼까[그럴까] 봐 싶어가 친정에도 알릴 수 없고. 친구한테 알릴 수 없고. 맨날 아 업고 경찰서 찾아가고 광업소 찾아가고 그카다[그러다] 말았지요.

정선경찰서까지는 안 가시고. 그러면 사북지서로 찾아가셨어요?

　예. 사북지서로 찾아가고 나중에 영월까지 갔다 오고 이랬지요.

영월은 법원에 가셨던 거죠?

　예.

재판 비용은 어떻게 하셨어요?

　우리 시매부하고 거기도 가다 보니, 참 그 우에 어떡하면 빼낼 수 있겠어요? 변호사도 만나러 가고 이랬는데 그것도 돈이 있어야 빼내지. 그러니 거기 갔다가 치아[집어치워] 버렸죠. 돈 많이 달라 하니깐 하지도 못하고. 그 당시도 [변호사] 수임료 비쌌어요.

그럼 아버님 100일 동안 갇혀 있을 때 생계 같은 건 어떻게 하셨어요?

　생계 같은 거는 친정이 있으니, 친정에서 다 먹여 살렸지요. [애기들 데리고] 바로 친정으로 갔으니까요.

5월에 아버님이 잡혀가고 나서 친정으로 가셨어요?

　한 달 동안 집에 있다가 [갔어요]. 대구에 가서 두 달 있었고, 석 달 있다가 왔으니까요. 그 소식 듣고 경찰서에 있을 때 아[애] 데리고 이원갑 씨 마누라도 만나고 왔다 갔다 했으니까, 그러면 대구에는 한 달 반 정도 있었나.

여기서 좀 알아보시다가 대구로 가셨던 거죠?

예. 저 양반이 시어머니한테다가 편지를 했나 봐요. 집 식구를 애기하고 임신했으니깐 너무 고생시키지 말고, 먹는 것도 옳게[제대로] 못 먹고 이러니 대구 보내 주라고 이랬나 봐요. 그래 그때 시어머니 보내줘가[시어머니가 보내줘서] 대구 갔다 왔지 싶어.

그래서 친정 가서서 둘째는 낳으신 거죠?

예. 대구 남부보건소서 7월 4일에 낳았으니까. 또 우리 시어머니가 저 애기 낳고 7일 만에 또 환갑이었어요. 애기 낳고 7일 됐으니까 오지도 못하고 그랬었죠.

사건 나셨을 때 그렇게 알아보는 거 말고, 회사에서 도와주거나 이런 건 없었어요?

한 번도 없었어요.

회사에 가서 뭐 달라고 하진 않으셨어요?

달라고 할 줄도 몰랐다니까요. 너무 순진했나 봐요. 무조건 대구 친정에는 인색하고, 그때는 그래가지고 돈이 없으니까 내가 공장 다녔을 때 열심히 해가 돈을 모아 놓은 걸 가지고 먹고 살고 이랬지요.

그거를 가지고 시집 오셔서, 아버님 구치소 들어가셨을 때는 그걸로 계속 먹고사셨던 거네요?

예. 그런데 지금 우리 3남매 애들도 다 대학교 졸업했지만도, 제가 처녀 때 벌어 놓은 돈 가지고 [키웠어요]. (혀를 차며) 저 양반 그리고 많이 다쳐. 거서 막 많이 두드려 맞고 이래 나노니께네 [놓으니까] 직장도 옳게 못 잡고 온몸이 지금도 [아파요]. 하도 맞아가지고 나중에 죽어 놓으면 피멍이 다 들었을 [거예요]. 다리가 지금도 보면 매른[멀쩡한] 데 없어요. 그래가지고 일을 옳게 못했으니까. 그래도 참 3남매 대학 졸업한 것도 다행이죠.

아버님이 다치셨을 때 어머님이 계속 일을 하셨어요?

계속 일했어요. 거진 애들 크고 나서는 지가 밥 찾아먹을 정도 되면 계속 일했어요. 안 해 본 일이 없었어요. 대중식당도 내가 한 3년 했지만도 남의 집 식당일도 하고, 남의 집 청소도 하고. 계속 많이 했어요.

◇ ◈ ◇
남편의 석방과 복직 후의 생계

아버님이 가을에 나왔죠?

가을에 나왔지요. 7월 4일에 [둘째를] 낳았고, 한 달 있다가 [남편이] 나왔으니까. 그때 한 8월 4일, 5일쯤이었을 거예요.

아버님은 나온 다음에 사북에 있는 집으로 가시고, 어머님은 어떻게 하셨어요?

사북이죠. [애기 다 데리고] 같이 갔죠.

원망스럽지 않았어요?

그래도 내 운명이려니 하고 생각하고, 원망하고 그럴 줄을 몰랐다니까요.

그래도 남편이 잡혀갔다가 돌아왔으니까.

예. 맨날 친정에서 교육을 받았어요. 친정아버지가 무조건 참고 살아야 되고 신랑을 하늘처럼 받들고 살아야 된다고 이랬어요. 그 소리가 [뇌리에] 박혀가지고 이혼이니 헤어지니 그런 생각을 입 밖에도 안 내 봤다니까요. 무조건 죽어도 [같이] 살아야 되는 줄 알고, "당신 때매[때문에] 내 고생시킨다[고생한다]." 그 소리 안 해 봤다니까요.

그런 소리를 한 번은 하고 싶지 않으세요?

하고 싶죠. 지금은 막 해요.

아버님은 석방돼 나오고 나서 처음으로 둘째를 본 건가요?

처음으로 봤죠. 한 달 넘어가 봤지요. 그래가 이래 잡혀온 구치소서 [있었을 때]는 [임신] 5개월. 지금은 5개월 되면 남잔지 여잔지 알잖아요? 그때 몰랐은께 아들인지 알았대. 나중에 면회 가 딸이라 [해] 놓으니께네 "아이, 그때 아들인 줄 알았더니 딸이구나." 이러대. [딸이라고 하니까] 섭섭해 했는데, 지금은 얼마나 그 딸이 잘하는지 몰라요.

아빠가 태어날 때는 있지도 않았지요? (웃음)

있지도 않았지요, 맞아요. 지금 그 딸이 제일 효도 잘한다니까요.

사북으로 다시 돌아오셔서 아버님은 바로 동원탄좌로 복직하셨어요?

좀 더 있다 복직했지요. 이제 회사서 연락 오데요. 복직하라고 통보가 오데요.

한 1981년도 정도에 복직하셨어요?

81년도 그 정도 됐겠네요.

둘째 돌 되기 전이었어요?

예. 돌 되기 전에.

그때부터 아버님은 동원탄좌에 얼마나 다니셨어요?

10년 다녔으니까.

딱 그때가 한창 애기들 클 때잖아요.

클 때지요. 한창 돈 필요할 땐데, 그때도 월급이 쥐꼬리만 해가지고 쓸 게 없었다니까요.

그래서 3남매 키울 때 부족한 돈을 메꾸기 위해서 어머님이 일을 계속하셨어요?

예.

어떤 일부터 시작하셨어요?

그때는 애기들 다 키워 놓고 했으니깐. [당시엔 애들이] 너무 어리니까요. 한 살, 세 살, 다섯 살 이거 놔두고 할 수 없잖아요. 그러니 그때는 일을 못 하고 혼자 벌어가지고 먹고살다가, 애들 여기 [태백에] 와가지고 한 초등학교 댕길 [때]부터 장사를 시작하고 이랬지요.

태백 오신 다음부터 시작하셨어요?

예. 사북 있을 때는 일 안 했고 애기만 키웠다니께. 큰애가 국민학교 3학년 때 왔지. 둘째가 1학년 2학기 때 왔으니까. 그라고 막내는 여섯 살이니까 여 와서 바로 장사 시작했지요. 장사 시작하다가 또 잘 안 돼가 치았[집어치워] 버렸지요.

아이들 국민학교 다녔을 때 지장산국민학교 다녔어요?

아니요. 사북국민학교.

사북국민학교에는 기사 아이들이나 사원 아이들도 같이 다니죠?

그렇죠. 같이 다니죠.

그러면 차이가 있었어요?

아무래도 차이가 있지요.

아무래도 월급 차이도 있으니까 그랬겠네요?

예. 그럼요.

그것 때문에 아이들이 좀 힘들어 하고 그랬어요?

힘들어 하지요. 상처도 받고.

엄마한테 와서도 그런 얘기를 했어요?

예.

뭐 사 달라고도 그러고?

사 달라고 그러는데 맘대로 못 사 주지요.

아버님이 사북사건 주동자라고 알려지니까 그것 때문에 막 놀림 받고 그러진 않았어요?

어렸으니까 그때 그거 잘 모르겠지요. 커가지고는, 인제 여 와서는 철암초등학교 다니고 뭐 중학교 다녔을 때는 [그런 일도 있었겠지요]. 그래도 우리 큰애가 공부는 잘했어요. 대학교 때도 공부 잘해가지고 맨날 장학금 받고 이랬는데, 남자들 군대가 ROTC [있잖아요]. 그거는 모든 게 다 되지. 인물도 돼. 우리 큰아들 보면 알지만 인물도 잘생겼어요. 키도 크고 잘생기고, 공부도 잘하고 건강하고 다 좋은데 신원조회 때 아빠 사건 때문에 걸려가지고 [ROTC를] 못 했다니깐요. 그 나오면 대번 또 장교로 입사한다고 하데요.

아빠가 구치소 다녀온 거 애들이 몰랐어요?

이야기를 안 했지요. 그[신원조회에] 걸려가지고 그때 알았지요. "그때 됐는데. 아빠, 대체 우리가 왜 신원조회 걸렸는데? 왜 그래?" 그래가 이야기를 해 줬지요.

애들이 이해했어요?

이해해야지 어떡해요. 아빠가 워낙 무섭게, 아주 마누라하고 애들한테 완전 호랑이라니까, 지금도. 내가 오죽하면 대통령보다 성격 아주 무섭다 했을라고.

곤조가 있으시구나.

최 씨잖아요. 우리 아[애]들은 그래, 누가 최 씨 앉은 자리에 풀도 안 난다 하면, 우리 아[애]들은 풀이 너무 잘나 탈이다 이러는데요.

사북사건 직후에 직접적으로 어머님한테 주동자라고 막 뭐라고 하는 사람들은 없었어요?

했지요. "저 집 아저씨가 사북 주동자래!" 이러면서.

그런 얘기 들었을 때 속상하셨어요?

예. 속상하지요.

속상한 게 누가 제일 원망스러웠어요?

하는 사람도 원망스럽지만 남편이 더 원망스럽지요. 왜 그래 나가가지고 날 고생시켰고 애들까지 고생시키고, 원망했죠. 또 나중에 마지막 나올 때 면회를 가서 남편을 보니깐 [몰골이] 형편없어서 그것도 좀 불쌍하다는 생각이 많이 들었지요.

원망하는 마음이랑 같이 있는 거겠지요?

예.

사북사건 당시에 남편이 어땠는지 이런 이야기를 듣고 싶은데 안 하시는 거예요?

안 하지요.

궁금하기는 하세요?

궁금하죠. 궁금한데 [남편이 이야기를] 안 하니까요. 고마 좋은 일이 아니니까요. [남편이 이야기를] 안 하니깐 [나도] 고마 들을 생각을 안 하고 스스로 하길 바라지요. 기다려 기다려도 인제 안 하니깐 포기한 상태지요.

애들이 학교 다닐 때 아버님은 계속 탄광에서 광부로 있고, 어머님은 애들이 초등학교 졸업한 다음 중학교 간 다음부터 일을 시작하셨어요?

예. 그렇지요.

처음에 어떤 일부터 시작하셨어요?

처음에는 맨 식당에서 일했어요. 월급 받는 데에서도 하고 분식 가게도 나가고. 안 그러면 저 태백에 [있는] 자활센터에서도 몇 년 청소 같은 거 했어요. 노인 돌보미[도 하고요]. 그래가지고 지금 요양보호자 자격증도 땄는데, 요새는 팔다리가 너무 아프고 이래가지고 고만 안 하고 있어요.

그 일 시작하셨을 때 아버님 벌이가 부족하긴 하잖아요.

그럼요. 많이 부족하죠.

애들 공부시키려고 일을 더 하셨어요?

예. 부족해도 공부는 시켜야 되겠다. 내가 공부를 못 해나노니까[했으니까], 애들은 어쩌든 대학은 마쳐 줘야 되겠다고.

공부 열심히 해야 한다는 얘기를 자식들한테도 늘 하셨어요?

예. 그러니깐 우리 딸아[딸애]가 대학에, 고등학교 졸업하고. 졸업하는 날 편지를 가득 두 장 써가지고 학교 가면서 "엄마, 편지 봐." 이러면서 "책상에 놔두고 간다." 하면서 가고 난 뒤에 [보니까] 얼마나, 아주 편지를 잘 썼더라고요. 지 사정을 얘기하면서 대학교만 보내 주면은 내 힘으로, 입학금만 내 주면 공부 열심히 해서 장학금 타가지고 공부하겠다고. 그래가 지는 선생님 되고 싶은데 늘 아빠가 반대해가 못 했다니까요.

왜 반대하셨어요?

괜히 돈 많이 든다고 그랬지요. 그래가지고 다 학비가 싼 국립대 나왔어요. 큰아들 안동대, 작은아들은 삼척대, 또 딸내미는 강릉대. 그것도 다 지들이 집에 돈 없는 거 알고 그랬는지 학자금[장학금] 다 받았어요. 고등학교 때도 우리 큰애는 돈 하나도 안 들었다니까요. 초등학교부터 고등학교 때까지 선생님한테 밥 얻어먹은 사람은 저[큰애]뿐이라니까요. 공부 잘하면 맨날 1등으로 다 해가지고 맨날 학생회장 하고. 그래가지고 밥 사 주고 나오라 해가 밥 얻어먹었다니까요. 오히려 선생한테 대접해야 되는데.

그럼 학원을 안 다니고 공부를 다 혼자서 했던 거예요?

큰애는 학원을 좀 다녔지요. 안 그라면 태권도학원, 컴퓨터학원 이런 데 다니고. 딸내미는 돈이 없으니깐 학원 한 번도 못 보냈죠. 그 밑으로는 혼자서 공부[했고], 내가 공부를 가르쳐 줘야 했고. 참말로 여섯 살 되기 전에 한글을 다 깨우쳐가 보냈으니까. 집에서 다 가르쳐 줬었지요.

애들 가르치기 위해서 어머니도 특별히 공부하거나 하셨어요?

예. 한자 공부도 하고 뭐 이래가, 제가 학원 같은 데 야간으로 한자 공부도 배우러 다니고 이래나노니 마, 한자 공부도 하고 가르쳐 줬어요. 애들이 그래서 그런지 공부는 잘해요.

특별히 속 안 썩이고 그랬겠네요?

속 썩인 아[애]들 없었어요. 딸내미도 또 공부를 그렇게 좋아하니까, 책을 좋아하니까, 어릴 때부터 내가 공부를 가르치다 보니까 놀 때도 이래 놀면서도 책 보고 놀다가 자고. 다섯 살, 여섯 살 이럴 때도 그리 뭐 공부를 잘하데요. 대학교 가서도 공부 잘한다고 맨날 학자금[장학금] 탔어요.

그렇구나. 되게 자식 복이 있으시네요.

자식 복은 있어요.

아버님이 사북에서 일하실 때는 탄광에 장학금 제도가 있지 않았어요?

예. 못 타 먹었지요.

아버님이 동원탄좌에 10년 다니셨는데 못 타 먹었어요?

그때 [아이들이] 초등학교에 다니니까 한 개도 타 먹은 게 없었어요. 그라고 아들 대학교 다 졸업했고 그러니까 한보[탄광] 다닐 때는 탄광에서 학자금이라고 받아먹은 건 10원도 없었어요.

3. 태백 이주 후의 삶

◇ ◈ ◇
태백 이주와 새로운 생활

동원탄좌 나오신 다음에 바로 태백으로 이주하셨어요?

　예. 바로 왔지요. 집을 지어가지고 바로 나왔지요.

그때 아버님은 왜 퇴직하셨던 거예요?

　고향 오고 싶어가지고 [퇴직했어요]. 거[사북에] 있으니까 별로 대우도 안 좋았고, 주동자 소리 듣고 이러니 고마 안 좋았나 봐요. 그러니까 부모님이 여 계시니까 맨 "고향으로 가야 된다. 안 그러면 여 와서 석공에 다녀도 된다." 이러면서 고만 집을 지[지어]가지고 일로 나오데요. 저는 거서 정이 들어가지고 안 간다고 마 이랬다[가], 그래 12월 24일 날 이사 왔어요. 크리스마스 이브 날. 잊어먹질 안 한다니까요.

1987년 12월 24일인가요?

　예. 여 와서 88올림픽 지났으니까요.

진짜 서운하셨겠네요?

　예. 그랬으니까 그때 일요일 되면 아이들을 다 데리고 [사북에] 몇 번 놀러도 갔어요. 잊지 못해가지고 한 2년 동안은 계속 놀러 댕겼다니까요.

어떤 분들이랑 주로 친하셨어요? 가까이 사는 분들이랑 친하셨어요?

　예. 가까이 사는 [사람인데], 결혼도 같은 해에 하고, 1년 먼저 [결혼]한 언니도 있고 이러니. 같이 결혼하고 같이 한집에서 한 3, 4년 살았으니까. 3, 4년 살고 또 같은 도사곡아파트라고 글로 또 이사 갔거든요. 거기 가서 몇 년 살았어요. 한 5, 6년 살았지. 거기서도 같이 또 이사 가이 [가니] 옆에 살았고, 친하니깐 한 3년 동안은 계속 왕래를 했지요. 빨리 사귀지는 못 해도 한번 사귀어 놓으면 전 끊을 줄 모르니까요.

겟돈 떼먹거나 그런 배신한 친구는 없었어요?

몰라. 없어요. 겟돈 친구한테 빌려주면 그냥 못 받는다 생각하고 빌려 줘야지 받는다고 생각하고 빌려주면 안 되잖아요. 그런 쪽으로 살았어요.

여기 태백으로 오셔서 식당 하신다 생각하시고 집을 지으셨던 거예요?

처음에는 당구장 할라고 지었어요.

당구장은 또 누가 조언을 해 줬어요?

저 양반이 당구장 한대. 그래가지고 보니께네 당구장 할 터는 좀 비잡고 [비좁고] 당구대 몇 개 놓지도 못했어요. 그래가지고 고마 식당을 했지요.

식당 하려면 요리를 좀 해야 되잖아요. 원래 요리나 주방 일에 대해서 아셨어요?

그때는 몰랐지요.

식당 하려면 그래도 음식 잘하거나 이런 게 필요하잖아요?

근데 그때는 주방장을 데리고 했죠. 대구에 둘째 시누가 식당 다니고 이래서 또 요리를 잘해나노니까요[잘했으니까요].

같이 식당 하자고 그랬어요?

예. 같이 한 몇 달간 여 살다가 가르쳐 주고 그래 갔지요.

품목은 뭐였어요?

고깃집 했어요. 돼지갈빗집. 나중에 돼지갈비 잘됐는데 저 양반 또 사고 나고 아프고 이러니까 한 1, 2년 잘되다가 고만했어요.

그럼 사고 났을 때는 어머님 혼자 식당을 하시고 아버님은 한보탄광 다니셨어요?

　이제 식당 끝나고 다녔지요.

식당을 부부가 같이 운영을 하셨던 거죠?

　예. 식당 이름은 내 앞으로 하고 같이 했지요.

이전에 거기 있었을 적에 주동자라고 힘들게 했다고 하셨잖아요. 그런 거 때문에 회사 다니기 싫다, 탄광 다니기 싫다 이런 걸 얘기를 하셨어요?

　예. 그렇지요.

이야기를 많이 하셨어요?

　예. 그래 하도 먹고 살기 그 하니깐[힘드니까] 그래가 한보탄광 또 들어갔지요. 그래도 벌어먹는 덴 또 탄광 다닌 그 시절도 제일 낫잖아요.

그래도 일한 만큼은 월급 나오니까?

　맞아요.

아버님 탄광에서 10년 동안 일하면서 건강은 괜찮으셨어요?

　건강이 안 좋았지요. 폐가 나쁘고 진폐가 있었지요. 지금도 진폐 환자잖아요.

동원탄좌에서 나오면서 받았던 퇴직금으로 그 장사를 시작하셨던 거죠?

　예. 그걸로 했지요.

1, 2년 하고 힘들어진 다음에는 계속하다가는 도산할 수 있겠다고 생각하셨어요?

　예.

그런 판단은 주로 누가 하셨어요?

　내가 했지요.

이걸 이렇게 계속 가다가는 힘들다고 생각하신 거예요?

예. 그리고 저 뭐, 그 한 3년 돼가지고 태백산 가다가 이 교통사고가 났댔어요. 그래 사람이, 여 버스 건널목 바로 거기서도 사고가 나서 그때 세 사람 죽었어요.

◇ ◇ ◇
남편에게 일어난 두 번의 사고

큰 사고였어요?

크게 났어요. 차가 그 철도 밑으로 넘어져서 많이 다치가지고 병원에 한 3, 4개월 입원하고 있었거든요. 1년 동안 [병원에] 있었던 사람도 있어요. 그 세 사람 바로 즉사했거든요. 여자하고 남자하고. 여자들은 요 위에 담배 공장이라고 고 다니고. 출퇴근 [시간], 마침 아침에 한 8시인가 그쯤 됐어. 그래가 출퇴근했는데 여자가 한 세 사람 그 자리에서 즉사하고 다치고. 많이 다쳤댔어요, 그때. 큰 사고였어요. 그래 그 주부터 병원에 간병하러 댕기다 왔다 갔다 하니까 가게 신경 못 쓰고. 그카다[그러다] 보니 장사도 안 되고 문 닫자 해가 때려치았[때려치워] 버렸지요.

아버님이 교통사고 후유증이 어느 정도 있겠지만, 그냥 탄광을 다시 들어가셨어요?

그때는 탄광 안 들어가고 후유증 오니 집에서, 몸이 아파서 놀았어요.

얼마나 집에 계셨어요?

그때 얼마나 있었는지 잘 모르겠어요. 저 케이블카 만드는 거 있잖아요. 전기 만드는 것도 몇 년 다녔어요.

공사장에요?

예. 거기도 다니고 공공근로도 하고 그러더니 한보탄광에 들어갔어요.

한보탄광 들어가셨을 때는 벌써 애들은 다 스무 살 이상 되어서 대학 진학했었겠네요?

그렇지요.

그럼 어머님이 일을 같이 하실 수밖에 없는 상황이었겠네요.

예. 한보탄광 다닐 때는 우리 큰애가 [고등]학교 댕길 때였어요. 한보탄광에 한 1, 2년 댕기다가 또 [직장에서] 사고가 나가지고 또 한 몇 개월 병원에 입원하다가, 그러시고부터 고마 너무 몸이 아프니깐 안 할라고 하데요. 그래 계속 생활이 어려웠지요.

그래서 어머님이 계속 같이 일하셨던 거네요?

예. 같이 해야지요. [그래야] 애들 공부도 시키고 하지요.

어디에서 일하셨을 때가 월급 제일 많이 받으셨어요?

[월급을 많이] 받는 데가, 물론 한보겠지요. 80년대에 동원탄좌에 다녔을 때만 해도 돈이 얼마 없었어요.

어머님이 일 다니실 때 벌이가 제일 괜찮았던 게 어디에 다녔을 때였어요?

전문적으로 안 해 봐서, 여 몇 개월 몇 년 하고, 여 몇 년 하고 이러다 보니까. 여자 월급 얼마 되나요? 전문직이 아닌 다음에는.

그래서 딸에게도 "직업을 꼭 가져야 된다." 이런 얘기하셨어요?

안 했지요. 안 했는데 지가, 뭐 요새는 다 벌어야 되니깐, 그지요?

딸은 그냥 시집가서 살아야 된다고 생각하셨어요?

아니에요. 저는 벌어야 된다고 생각해요. 같이 벌어가지고, 우리 딸은 또 애기가 없으니깐 열심히 벌어가지고, 노후에 편안할라면 돈을 벌어가지고 모으다가, 애기 없는 대신에 둘이 행복하게 살아라 이거지요. 노후 자금은 마련해야 되거든. 그지요? 나이가 서른아홉인데, 딸내미가. 우리 며느리들은 다 놀지만도.

며느리들도 직장 다녔으면 좋겠어요?

애기 키워야지요.

딸이 중학교에서 인문계 고등학교 진학할 때는 아버님이 별 말씀 안 하셨어요?

안 했지요. 그때는 고등학교 엔간히[어지간하면] 시키는 줄 알고, 고등학교 가고 이랬는데. 대학교는 안 시킬라 했다니깐. 내가 우겨가지고 "아이, 딸이라도 대학은 나와야 된다. 쟤가 저래 가고 싶어 하는데 보내야 된다." 그카이께네[그러니까] 뭐 군말 없이 보내야지, 어떡해.

그래서 가지고 계신 돈을 다 쓰셨어요?

다 써 버렸죠. 친정에서 보내준다 하고 제 여동생이, 막내 여동생이 있는데 많이 도와줬어요. 지금도 도움을 받고 있지만도.

그래가지고 딸 입학금은 마련이 됐던 거예요?

예, 그래가 마련됐지요.

큰아드님은 아버님이 주셨어요?

예. 큰아들은 아들이니까 시켜야 된다고, 막 대학 붙으라고 새벽에 나가가 어데 성황당[에 가서] 기도하고 이러던데요. 새벽 2시 돼 나가 기도하고 이러던데요.

아들과 딸을 차별하셨어요?

차별했다니까요.

따님이 그런 거에 대해서 섭섭했다거나 하는 얘기 안 하세요?

안 해요, 그래도. 하도 저 아버지가 무섭고, 엄마한테 함부로 대한다고 맨날 "아빠 밉다." 이러지요. 지금도 엄마만 행복하면 된대.

그렇구나. 아버지랑 딸은 데면데면한 사이에요?

　그래도 "아빠, 아빠." 지가 아빠한테 잘해야지 [아빠가] 내한테 잘하지. 엄마한테 잘한다고. "아빠, 아빠." 이래요. 좋아해요. 그래도 사위 하나 있는 게, 사위는 진짜 자랑할 만하다니까요. 너무 잘한다고요.

장인 장모님한테도 잘해서요?

　너무 잘해요. 둘이 연애했거든요. 사위는 한양대학교 나왔어요.

여기 근처 사시는 분이어서 연애하셨던 거예요?

　아이요, 제천에. 같은 과였나 봐요. 사위가 너무 잘해.

한보탄광 다니시다가 사고 당하셨을 때는 보상 같은 거 좀 나왔어요?

　안 나왔어요. 하나도 안 나왔어. 치료만 받았어요. 일절 10원 한 푼 안 받았어요.

원래 산재를 당하면 보상이 좀 나오지 않나요?

　다 완전히 나았으니깐, 뭐.

그래도 쉬는 동안 월급은 나왔죠?

　예. 쉬는 동안 나왔는데 [기간] 딱 끝나고 나니까 없데.

그러고 나서 며칠 좀 다니셨어요? 아니면 바로 퇴직하셨어요?

　바로 퇴직이 됐지요.

4. 현재의 생활과 남기고픈 이야기

◇ ❖ ◇
항쟁과 보상에 대한 생각

황인오 씨가 도망 다니실 때 어머님이 숨겨 줬다고 이야기를 들었는데 맞아요?

사북 도사곡아파트 있을 때였어요.

그때 어쩌다가 그렇게 숨겨 주셨던 거예요?

저는 그 사건을 잘 모르는데, 애들 아버지 아시는 분이 왔으니까 대접해 드려야 되겠다 싶으니까요. 원래 오는 손님 밥이라도 한 그릇 드시고 보내라 하잖아요. 그런 게 우리 부모들은 무조건 웃어른한테도 부모한테도 잘하고 형제간에 우애 있으라고 항상 머리에 박히도록 들었으니까. 오는 손님을 내칠 수 없잖아. 모셔 왔으니깐 그래도 숨겨 주고, 대접은 참 없는 살림이나마 정성껏 대접해야지요.

아버님이 데리고 왔어요?

예, 그럼요. 같이 왔죠. 돈도 빌려주고 이랬어요.

동원탄좌 복직해서 다니실 때는 이원갑 씨랑 신경 씨는 안 다녔잖아요.

예.

그리고 아버님은 다니고 계셨는데, 그때 동원탄좌 안에서는 모임도 있었어요?

그런 건 못 들었어요. 나가서 [있었던 일은] 얘기를 안 하니까요. 회사서 있었던 얘기는 집에서 도대체 [안 해요]. 여자들은 알 필요 없다고 얘기 안 하데요. 얘기를 안 하는 성격이라 [제가] 물어보지도 안 해요.

아버님이 고문당하고 나오셨잖아요. 많이 다치고 오셨는데 그 뒤로 후유증 같은 거 보셨어요?

예. 많이 아파하데요. 그래도 맞아도 얼마 맞았다 내한테는 그런 소리 안 하고. 이웃 사람들이 누구 오면 "아이, 저 사람은 맞았다, 뭐다." 이웃 사람을 통해서 듣지요. 별도로 내한테 할 말이 없어요. 절대로 안 해. 맨날 아프다 해가, 추우니깐 약도 많이 해 주고 이렇다니께네.

사북사건이 어머님한테는 어떤 사건이었어요?

상황을 바꾼 사건이니까 안 좋았지요, 뭐.

'왜 남편이 여기에 가담해서 같이 했을까?' 이런 생각도 하신 적 있으셨어요?

그럼요. 그래가 "뭐든지 나서지 마라."고.

다시 탄광에 다니실 때 그런 얘기하셨어요?

예. 나서지 말아야지요. "주동자로 절대로 나서지 말고 뒤에 멀찌감치 있으라." 이러지요.

그때는 알았다고 하셨어요?

그러지요.

마지막에 아버님이 10년 동안 탄광에 다니셨을 때는 그렇게 큰 사건에 휘말리거나 그런 거 없이 그냥 다니셨어요?

예.

사북사건 나고 나서 좀 동원탄좌 좋아졌다고 하던데요?

많이 좋아졌다 하잖아요.

어머님이 느끼신 것도 있었어요?

월급이 좀 많이 나아졌지요.

그래도 아버님 같은 사람들이 좀 애써서 좋아졌다는 생각도 드셨어요?

그럼요. 사람들이 그런 소리 하데요.

그런 거 들으셨을 때는 기분이 어떠셨어요?

내한테 얘기하는 게 아니고, 저런 주동자였던 사람이 잘해가지고 월급이 많아[졌다] 그래 생각하지요. 그때 그래도 사북사태가 일나고부터 월급도 좋아지고 인제 바로 나왔으니까 살고. 여기서도 모이면 "석공이 그래가지고 좋아졌다." 이러데요.

그래도 아버님이 동원탄좌에 10년 다니셨으니까 월급도 좀 올라갔지요?

그때 그런 소리 듣기는 들었어요.

어머님도 나아졌다고 생각하셨어요?

별로 모르겠네요.

사북 읍내나 회사에 목욕탕이 생겼다고 하던데, 그렇게 구체적으로 좋아진 게 있어요?

몰래[몰라]. 거 한 번도 안 가 봤으니까요. 그때 애들 때문에 개인 목욕탕에 다녔으니까요. 애를 셋 데리고. 그래도 사북사태 때문에 다 좋아졌다고 얘기하기는 하데요.

애들 사북에서 학교 다닐 때하고 태백에서 학교 다닐 때는 학교 분위기는 달랐어요?

비슷했죠.

태백에도 학생들 중에 광부의 자녀들이 많았지요?

거진 많죠. 여거 철암 지역 [사람들은] 90프로가 다 탄광 다녔으니깐. 다 석공 다녔으니까요. 그때만 해도 요 직원 아파트도 개인에게 안 줬고, 다 석공 종업원들이었거든요. 지금은 한 3분의 2는 개인이 살아요. 석공 직원이 별로 없으니까요. 이제 탄이 떨어져서 한 1년 있으면 [석공이] 문

닫는다는데요.

사북사건과 관련한 상황이 최근에 많이 바뀌었잖아요. 특히 아버님 같은 경우에는 중요한 역할을 하셨던 분이라서 민주화운동에 대한 보상 같은 것도 신청하셨어요?

　　했죠.

아버님도 보상금 받으셨어요?

　　조금 받았어요.

너무 조금 줬다고 생각하셨어요?

　　그렇지요. 몇 푼 안 되니깐. 지금도 그 후유증으로 계속 아프니까. 젊어서도 많이 뚜드려 맞았다 이러대요.

그거 참여할 때 어머님도 그게 좀 잘돼야 된다고 생각하셨어요?

　　그럼요.

4월에 동지회에서 하는 기념식도 같이 잘 다니시는 편이셨어요?

　　예. 계속 나가요.

어머님도 가고 싶어서 가시는 거세요?

　　예. 그래도 가서 들어 봐야 되고, 화끈한 속 시원한 말을 좀 들어 보면 좋고 그치요. 그러니 가고 싶죠. 혼자 가는 것보다. 그지요? 그래도 그것 때문에 고생하고, 그래도 참 10년 동안 몸담고 고생 많이 했는데. 그래도 가서 응원도 하고, 모든 사람들도 알려줬으면 싶고, 우리 겪었던 고통을 나누고 그 고통에 대가도 좀 받고 싶고. 솔직히 그런 마음이 있더라구요.

자녀들한테도 이야기하세요?

　　예.

자녀들은 보통 어떻게 생각하고 있어요?

"시간 있으면 4월 21일 날 같이 아빠하고 우리 가족이 많이 참석하는 게 좋으니깐 참석하자."고 이래면 바빠가지고, 참 주말 같으면 오는데 평일 날 되잖아. 주말 할 때는 또 볼일이 있을 수도 있고. 그래가 맨날 애들은 못 오고, 애들은 언제 한번 간다 이러지.

같이 오신 적도 있으셨어요?

예. 작년에는 큰아들하고 왔다 갔는데 들을 만하다 이랬대요. 저는 그때 대구에서 볼일 있어서 참석 못 했지만요. 요번에 우리 최문순 [강원도 지사] 돼가 좋아했다니까요.

아무래도 사북항쟁에 대해서 재조명하고.

재조명하고. 올해 4월 21일에 오셔가지고 말도 잘하시던데요. 똑똑하고 화끈하게 하시던데요.

어떤 점을 좀 기대하세요?

새로이 해가 보상 책정이 좀 잘돼가지고 나왔으면 좀 사는 데가 나아지지 않을까 싶은 생각이 들죠.

아프셨고, 그것 때문에 일도 오랫동안 잘 못 하셨으니까.

예. 맨날 아프고 일을 하고 오면 막 짜증 내고 이랬으니까, [경제적인 보상을] 해 줬으면 좋지요.

그럼 명예 보상은 어떠세요?

명예 보상도 좋고, 다 확실하게 해 줬으면 좋죠. 바램이지요.

자녀들 이야기

결혼하기 전에 공장 생활 외에도 다른 일을 하셨어요?

　스무살 때 어린이 돌보미로 한 2년 다녔는데, 애들도 그래 좋아하데요. 제가 토끼 선생님으로 부임을 했거든요. 애들이 좋아하더라구요.

계속 하시지 않으셨던 거는 힘드셔서 그랬어요?

　힘든 것보다도 그때 선생님이 다 바뀌는 바람에 우리가 나왔어요. 집도 멀고. 여기[태백]서 있고 저 직장 거 서학골이니깐 머니까요.

그리고 요양보호사나 여러 일하시면서 만났던 사람들 중에서 좀 곤란한 사람들이나, 곤란한 일 겪으셨던 건 없으셨어요?

　요양보호사 자격증만 땄지 일은 안 했으니까요.

청소 노동이나 식당 노동하셨을 때 좀 힘들게 하는 사람들은 있었어요?

　그때는 저 양반이 그런 게 있었다는 걸 모르고, 내가 표현 안 했으니까요. 내는 주어진 일만 열심히 하면 되니까.

어떤 일 하셨을 때 제일 재미있으셨어요? 별로 다 힘들기만 했지 즐거운 일은 없었어요?

　그렇죠. 먹고살려니까.

일하고 힘들 때마다 제일 큰 힘이 되는 거는 어떤 거였어요?

　애들 크는 게 제일 힘 되죠. 다행히 애들은 참 공부도 열심히 하고 성실했으니까.

사춘기 때도 그랬어요?

　사춘기도 없었어요.

세 명 다?

　예. 주어진 일에 열심히 하고 공부 잘하고, 말 잘 듣고 딴 데 놀러가는 일 없고 그러니까요. 지금도 보면 진짜 우리 애들 착해요.

엄마가 착해서 애들이 다 착한 게 아닐까요?

　그래서 그런가 봐요.

어머니 밖에서 일하시니깐 아이들이 집안일 많이 도와줬나요?

　예. 많이 도와줘요. 우리 큰애가 초등학교 댕길 때 일하고 내가 대구 볼일 있어 친정에 갔다 오면, 아이, 걔가 한 중학교 1학년쯤 되나. 갔다 오니깐, [집안일은] 빨래가 반인데, 빨래를 다 해 놨더라구요. 손빨래를. 그때 세탁기로도 안 하고. 그래 착했다니까요. 그거 보고 놀랬다니깐. 내가 있을 땐 빨래 안 하는데 [내가] 없으니깐 빨래를 다 해 놓더라고요. 죽 걸어 놓더라고 빨랫줄에다가. 착했어요. 지금도 고마 착하죠.

밥도 자기들끼리 잘 차려 먹었어요?

　예. 맨날 애들만 놔두고 없었으니까. 그 전에 내가 집에 항상 있었을 때는 내가 삼시세끼 했지, 뭐.

어머니가 계실 때는 차려 주셨어요?

　예. 다 차려 줬지요. 일 안 하고 이럴 때는 전업 주부로 있었으니까.

고등학교 다닐 때까지는 다 집에서?

　예. 집에서 다 다녔죠.

그러고 나서는 다 자취하러 나갔어요?

　예. 중학교 때는.

자녀들이 집을 떠날 때 섭섭하지 않으셨어요?

가서 지 살길하고 공부 잘 하러 가는데 뭐 섭섭해요. 맨날 반찬 해가 부치고, 한 달에 한 번씩 애들 찾아가서.

어떻게 사는지 들여다보셨던 거죠?

예. 그렇죠.

딸이 선생님 되고 싶다고 했을 때 어머님은 좋으셨죠?

좋지요. 선생님 되고 싶어가지고 끝내 춘천교대 갈 성적이 됐는데, 아빠가 반대해가 못 갔지요.

그때 교대 갔으면 잘됐을 텐데요.

그래도 지가 좋아하는 출판사 다니니까.

만약에 20대로 돌아가면은 어떤 직업을 갖고 싶으세요?

선생님이나 수녀님 되고 싶어요. 딴 건 되고 싶은 마음이 없어요.

아이들 원래 좀 좋아하셨어요?

예.

그래서 애들 키우는 것도 그렇게 힘들지 않으셨던 거겠네요?

예.

그리고 둘째 애기 손녀를 잠깐 키워 주셨다고 하셨는데 그거는 사정이 있으셔서 그러셨던 거예요?

아, 며느리가 직장 다니니까. 태백시청에 다니거든.

지금도 다니세요?

지금도 다녀요.

그래서 애기 때 잠깐 봐주셨던 거네요?

예. 둘째가 또 생기니깐 안 봐줄 수 없고, 또 그때는 [며느리가] 직장 댕기니깐 애를 안 봐줄 수 없고, 키웠어요. 그때 키우고 또 돌 지나고 보니깐 둘째 생겨서 낳아야 됐어요. 둘째를 낳고 나서는 인제 휴직계 내고 지가 키웠지요.

아직 복직 안 하셨어요?

복직했죠. 하매 키워 준 애가. (면담자: ○○이에요?) 예, 최○○.

막내아들의 첫째 딸인 거죠?

예. 첫째 딸이에요.

그 손녀딸을 키워 주셨던 거지요?

예. 그래 그 손녀딸이 첫 손주였고, 지금도 가가[그 애가] 제일 예쁜 것 같애요. 같이 키웠으니까 정이 들어간다니께네[들었다니까]. 완전 저 할아버지는 손녀바보라니까. 아무리 화가 나도 손녀를 보면 화가 다 풀리나 봐요.

◇ ◇ ◇
현재의 상황과 생활

황인오 선생님께 들었는데 사북사건 전에도 사북성당에서 공부하는 모임이나 사람들이 모여서 행사 같은 것도 했다던데, 알고 계셨어요?

못 들었어요. 사북에서 성당 다닐 때 전국적으로 도는 성지 순례는 몇 번 갔는데요. 지금도 성당 댕기면 그런 모임 같은 거는 꼭 하고 싶어요.

성경 공부하는 것도 하고 싶으세요?

그럼요. 그런 것도 좋아요.

사북에 계실 때도 성당에는 다니셨지만, 거기서 공부 모임이나 그런 거는 안 하셨어요?

안 했죠. 애기들 놔두고 갈 수가 없으니까요.

이사 다니신 후에 순례 같은 건 좀 다니셨어요?

예. 저 양반이 워낙 조선시대 남자 같애. 그래가지고 마음대로 댕기지를 못 했다니까.

뉴스 같은 것도 자주 보세요?

계속 보죠. 틀어 놓지요. 뉴스 관심 있고 《황금알》 이런 것 재미있어요.

언제부터 뉴스를 보시거나 정치에 대해서 관심을 갖게 되셨어요?

살다 보니 그렇지요.

많이 알고 알아보고 다니까 어떠세요?

저는 알아보러 댕겨도 성격이 내성적이라서 신랑이 못 하게 하면 고마 내 한 번 참으면 가정이 편하겠다 싶어가지고 나서질 않지, 뭐. 그래도 아가씨 때는 너무 나서서 막 댕기고 사람들 웃기고 이야기도 잘했는데, 결혼하고 나서부터는 완전 고마 신랑한테 잡혀가 있어요. 제가 이 마을에서 동네 반장 하잖아요.

그것도 아버님한테 물어봤어요?

물어보기는 [안 했지요]. 그런 건 내 마음대로 하지 그걸 뭘 물어봐요.

반장 하시면 주로 어떤 일을 하세요?

반장은 바르고 나르고, 인구 조사만 하고, 날라 주고, 연탄 같은 거 받아 타 주고, 어려운 사람 가서 [도와주고].

원래 그거 하고 싶으셨어요?

하고 싶진 않았는데 할 사람이 없으니까, 하라니까 해야죠.

잘 모르는 사람 만나고 이런 거 좀 어색해 하세요?

지금은 괜찮아요.

지금은 이제 같은 마을 사람 됐으니깐?

그럼요.

혹시 지금 동네에서 반장 하시는 것도 교육 다니고 이런 거 있지 않아요?

통장이라면 모를까 그거는 없어요.

나중에 통장까지 하실 생각은 없으세요?

아이고, [없어요].

요즘에 어떤 책을 많이 읽으세요?

단편 소설이나 안 그러면 시 같은 걸 읽죠. 드라마 같은 것도 좋아하니
까요. 여자들 다 드라마를 좋아하잖아요. 웃기는 것, 몸신, 《황금알》 같은
것 여 많이 나오잖아요. 오락 프로그램 같은 것도 좋아하지요.

아까 아직도 대학 가는 꿈을 꾸신다고 그러셨잖아요.

예. 그런 꿈꾼다니까요.

요즘에는 방송통신대학이나 지역에서 하는 대학 같은 것도 많잖아요.

노인대학 같은 것.

주부대학, 노인대학 이런 데도 가고 싶다고 생각하지 않으세요?

가고 싶죠.

아버님 아프셔서 못 다니시는 거예요?

예. 그런데 그런 거 막 여자들 쫓아댕기는 거 별로 안 좋아하니까요.

아버님이 안 좋아하세요?

　나는 뭐든지 배우라[려] 하는데, 내 같으면 다 뭐든지 하고 싶은 대로 하라는데, [남편은] 배우러 다니는 걸 덜 좋아하니까. [남편은] 내가 같이 밖에 다니는 걸 싫어하니까 가정의 평화를 위해서 꾹 참는 거지요.

자녀들 대학교 졸업식도 다 가셨어요?

　예. 다 갔어요. 대학교 구경하고 꽃다발도 주고 용돈도 주고 그랬죠.

대학 다니는 꿈을 꾸신다고 하셨는데, 만약에 지금 20대로 돌아간다면 무엇을 하고 싶으세요?

　20대로 돌아간다면 공부도 하고 싶고 놀러도 가고 싶고 다 하죠. 할 게 많지요. 그렇지만 그거 꿈이지, 뭐 되나요. 그지요?

어머니는 건강 괜찮으세요?

　저도 팔다리는 많이 아파요.

그조. 일을 계속하셨으니까 아프신 거죠?

　예, 지금 팔도 아프고 다리도 아프고 허리도 아프고. 우리 나이 한 육십 다섯 되면 많이 아프잖아요.

지금 병원에 다니신다거나 검사 받으신다거나 이런 거는 없으세요?

　저는 그런 건 없어요. 혈압 약을 몇 년 간 먹었는데 끊은 지가 한 2, 3년 돼요. 병원에 가니깐 또 안 먹어도 된다고 이라대요. 신경을 쓰니깐 머리는 늘 아프고 팔 아프고 고뱅이[무릎] 같은 것도 아파가지고, 우리 딸내미가 맨날 "엄마, 제발 다리 좀 펴." 이러고, [집에] 오면 발끝까지 다 주물러 준다니까요. 우리 딸내미처럼 잘하는 게 없어요.

◇ ◇ ◇
남편에 대한 생각과 남기고 싶은 말

아버님이 많이 아파서 불쌍하다는 생각도 드세요?

그 생각 들지요. 처음에는 "아[애]들 고등학교만 졸업하면 이혼하고 [말지]." 그럼 그런 소리 말지요[말라고 하지요]. 맨날 내 생각에 "이혼하기 싫으면 졸혼하지." 이랬는데. "졸혼이 뭐야?" 이래. (면담자 웃음) "당신은 당신대로 살고 난 대구 친정이니 대구 가서 살고 그럽시다." 이러면 "안 된다." 이러지, 또.

오늘 인터뷰도 어머님은 "난 좀 부끄럽고 별로 생각 없는데." 이러는데 아버님이 "아, 해라." 이러셨던 거 아니세요?

아니에요.

어머님도 이야기하고 싶은 게 있으셨어요?

그렇죠. [원래는] 그런 소리 안 해요. 그런데 뭘 좀 해 줬으면 싶고 바램이 있지요. 저 양반 하도 아프다 하고 이러니까. 지금도 앉아 있으면 아프고 누워야 된다니까요. 집에서 맨날 누워요. 또 맨날 허리도 아프지. 다리도 아프고. 귀도 위에 막 맞고 이래가지고 인제 귀도 아프다 하지. 막 그래가 누우면 조금 덜 아프고 일어나면 아프다고 해가 계속 누워 있다니까요. 맨날 저 방에 이불 깔아 놓고 있어요. [인터뷰] 오시니깐 걷어 놨지만도 맨날 누워 있어요. 그랑까[그러니까] 일어나서 가가지고 지금 이래 뭐 붙이고 있거든요.

어디 나가서 밭에 조금 일을 하면 아파 죽는대요. 그래 오면 고마 눕고, 조금 앉아 있으면 아파서 뭐고 안 되고, 누워 있으면 좀 편하다면서 계속 누워만 있다니까요. 삼식이가 됐다니까, 삼시세끼 밥 차려 줘야 해요. 그러니 그카다도[그렇게 하다가도] 이래 누워가 있으면 측은한 생각이 들고 불쌍한 생각이 들어가지고, 저런 사람 버리고 가면 내가 죄받지요. 또 참고 또 끝까지 살아야지 싶고 그렇다니까요.

인터뷰 마지막으로 하고 싶은 이야기가 있으세요?

그래 이런 거라도 잘 돼가 보상이라도 조금 받으면 조금 생활이 나아질라나 하고 또 기대를 걸고 있지요. 저 양반도 지금은 좀 미안해 [하는 거 같은데], 언제 한 번 "당신한테 뭐 좀 해 줘야 되는데, 돈이라도 좀 쥐켜[쥐여] 줘야 되는데. 나 당신한테 너무 미안하다." 그 소리 하데요.

아버님도 보상 좀 잘 돼서 뭐를 해 주시고 싶은 생각도 있으신가 보다.

예. 조금이라도 [보상을] 받았으면 [하는] 생각이 있는 거 같애요. 며칠 전에 얘기하는 걸 보면 이제 최문순이 [도지사에] 당선되고, 3선이 되고 나니깐 어째 좀 잘됐으면 좋겠다고 기도를 하고 있는 것 같아요.

감사합니다. 말씀하시니까 해소에 좀 도움이 됐어요?

해소에 도움이 됐어요. 저도 감사합니다.